21世纪普通高等院校规划教材

应用文写作实训教程

主　编：吴慧媛　阮学云　杜云辉

西南交通大学出版社
·成　都·

图书在版编目（CIP）数据

应用文写作实训教程 / 吴慧媛，阮学云，杜云辉主编. —成都：西南交通大学出版社，2018.8
ISBN 978-7-5643-6343-7

Ⅰ. ①应… Ⅱ. ①吴… ②阮… ③杜… Ⅲ. ①汉语－应用文－写作－教材 Ⅳ. ①H152.3

中国版本图书馆 CIP 数据核字（2018）第 189949 号

应用文写作实训教程

主　编 / 吴慧媛　阮学云　杜云辉

责任编辑 / 孟　媛
封面设计 / 原谋书装

西南交通大学出版社出版发行
（四川省成都市二环路北一段 111 号西南交通大学创新大厦 21 楼　610031）
发行部电话：028-87600564　028-87600533
网址：http://www.xnjdcbs.com
印刷：成都中永印务有限责任公司

成品尺寸　185 mm × 260 mm
印张　15.75　　字数　336 千
版次　2018 年 8 月第 1 版　　印次　2018 年 8 月第 1 次

书号　ISBN 978-7-5643-6343-7
定价　42.00 元

课件咨询电话：028-87600533
图书如有印装质量问题　本社负责退换

前 言

应用文写作是每个大学生必备的基本技能，虽然应用文写作课程是各高等院校、高职学院普遍开设的一门基础课，但现状却是很大比例的大学生、高职生毕业后还是无法写出合格的应用文书。其原因是多方面的，其中一个重要原因是教材陈旧，不能适应学生的需求。

本书是编者根据多年教学实践经验编写而成的，以任务驱动为先导、以案例分析为范本、以文体知识为基础、以范文选读为补充，避免了传统教材从内容入手、冗长的叙述过程，便于学生接受和理解，能较好地调动学生的积极性，解决现代大学生普遍存在的面对应用文写作不知从何下手的问题。

本书内容突出时代色彩，在文种选择上注意从大学生的实际需求出发，力求能契合学生的特点，引发其兴趣。本书主要有应用文写作概述、日用类文书、社交礼仪类文书、求职竞聘类文书、商务类文书、会务类文书、诉讼类文书、规章类文书、公文类文书、大学生实用文书等十章。

本书理论与实践相结合，具有较高的实用价值和针对性，适合作为本科、高职学生的教学用书，亦可作为机关、企事业单位相关人员的培训用书。

本书在编写过程中，参考了大量专家、学者的有关教材、专著，在此向有关作者表示感谢！由于编者学识所限，书中难免有错谬之处，恳请读者不吝批评、指正！

编 者

2018 年 5 月 6 日

目　录

第一章　应用文写作概述

【情境与任务】

明太祖朱元璋手下有个叫茹太素的大臣。一次，他给皇帝上了一本一万七千余字的奏折。侍从读到六千多字时，朱元璋仍不知所云，读到一万六千余字时，才谈到正题。朱元璋不禁勃然大怒，令手下将茹太素杖打了五十大板。朱元璋后来对茹太素说："你那几条建议若明直写来，几百字就足够，何尝遭此杖打？"

从这个故事，你可以看出应用文写作和一般的写作有什么不同？

第一节　应用文的内涵与特征

一、应用文的概念

自古以来，人类为了表达思想感情、传递交流信息，在长期的社会生产、生活实践中发明了语言文字。随着社会的发展，读书识字、著文立说成为社会文化生活的重要组成部分，也成为人们工作、学习、生活中不可缺少的重要技能。文章对人类积累知识、推广经验、表达思想、抒发情感、弘扬正义、鞭挞落后、传承文明、促进社会进步，具有不可估量的作用。文章形式多样，大体可以分为两大类：一类是以文学作品为主的美文，其核心功能是通过对客观事物的生动描绘，抒发情感、表达观点，给读者以精神上、情感上的愉悦和享受。一类是以应用文为主的实用文，其核心功能是通过真实反映客观事物、传递信息、解决问题，使人们提高办事效率。

"应用文"一词，最早出现于宋代。北宋苏轼在《答刘巨济书》中曾说："向在科场时，不得已作应用文，不幸为人传写，深为羞愧。"苏轼的这篇科场作文，题为《为政之宽严》，是一篇策论。南宋张侃的《拙轩集·跋》中写道："骈四俪六，特应用文耳。"但此时并没有把应用文作为专用的文体概念，并未对其内涵和外延做出科学的界定。清末学者刘熙载在《艺概·文概》中指出："辞命体，推之即可为一切应用之文。应用文有上行，有平行，有下行，重其辞乃所以重其实也。"他虽然没有全面阐述应用文的概念，但指出了应用文重实用、讲实效的特点。

应用文，指国家机关、企事业单位、社会团体或个人在工作、生活中为了处理各种公私事务而使用的具有实用价值和规范格式的文书。它是人们交流思想、传递信息、进行科学管理的重要工具。

二、应用文的特点

在长期的使用过程中，应用文逐渐形成了自己的特点。

（一）实用性

应用文是为了解决实际问题而产生的。最早的文章——甲骨刻辞，就是应用文。它用来占卜，问的是吉凶、胜负，是为了决定是否采取某一实际行动。在社会飞速发展的今天，人们的日常事务更加繁忙，遇到的问题更加复杂，应用文的实用性也就越来越突出了。有没有实用性甚至成了判断应用文写作成败的标准。失去了实用性，文采再出众，辞藻再华丽，也算不上是好应用文，甚至可以说不是应用文。

应用文最大的特点在于“实用”，这是应用文与其他文学作品的主要区别之一。一般文学作品的创作是“有感而发”，如诗歌、散文、小说等，主要是表达人们的喜怒哀乐、抒发情感、反映现实。而应用文的写作主要是为了解决实际问题，是“有事而发”，比如要和远方的朋友联系，就要写信；要借款，就得立字据。这些都是为了解决实际问题而写的，所以应用文往往被人称为实用文，是“为实用而作之文”。

（二）针对性

应用文的写作都有明确、直接的对象。比如信写给谁，字据开给谁，报告打给谁，都有对象，即使是一些广告、启事也是针对有关消费者、知情者的，只不过对象的范围大一些。而文学作品的阅读对象往往不明确，没有严格的针对性，像一首诗、一篇小说、一部电影剧本，谁都可以看，谁都可以不看，老少不分，雅俗共赏。应用文必须针对某一具体事项或某一问题，做出相应的处理，旨在务实办事，解决实际问题。同时还必须针对应用文特定的对象和特定内容，选择相应的文种。

（三）时效性

由于应用文是为了解决实际问题而写的，所以它的时效性很强。一旦出现问题，就必须及时反映，否则拖延时间就会给生活、工作、生产带来影响。尤其是当今社会，市场竞争激烈，信息传递若缓慢，企业随时有被淘汰的危险，而信息反映及时，就会给企业带来效益。相对而言，文学作品的写作时间性不强，像《红楼梦》写了十年之久，欧阳修的《醉翁亭记》写好后又搁置了很长时间才发表。

（四）真实性

文学作品的真实是艺术的真实，源于生活又高于生活。应用文的材料必须是真实的，一切从实际出发，要求数据准确无误、事实确凿可信。应用文写作必须真实、客观，实事求是地反映问题、反映情况，不允许像文学创作那样，进行艺术再加工，“杂取种种、合成一个”，也不能发挥主观想象、夸大其词，否则就会歪曲事实真相，造成不良影响甚至是严重后果。

（五）程式性

应用文写作有其特定、惯用的格式，这些格式有的是长期以来约定俗成、相沿成习的，有的是由国家、有关部门统一制定的。如书信有书信的格式，公文有公文的格式，经济合同有经济合同的格式等，每一种应用文包括哪些内容，哪些在前，哪些在后，分几部分，都应严格遵守，不得随意标新立异，也不能像文学创作那样，随意编排，自由联想，打破时空观，讲究情节的曲折变化等。应用文的格式也不是一成不变的，随着社会的发展，人们生活习惯的变化，观念的变化，应用文写作格式也会变化，使它更加方便满足人们表情达意的需要，更加顺应社会发展的需要。

（六）简约性

应用文具有简约性，要用最精练的语言准确地表达，以达到处理好公私事务的目的。在表达方式上，应用文多用说明，也要用叙述，但叙述只要求简洁明白，不要求形象生动。用议论也只要就事论理，不需要旁征博引。至于抒情、描写，则要尽量少用，甚至不用。它的语言也讲究务实，就是语言要简洁、朴实、明白、准确、规范，便于理解执行，不能像文学创作那样讲究生动、形象、含蓄、朦胧。

三、应用文的源流

从有文字开始就有应用文写作。我国最早的文字——甲骨文，就其内容和形式来看，是原始应用文的雏形。随着社会经济的发展和国家的产生，除了民间的应用文日益丰富外，国家机关等适应公务需要的应用文发展更快。例如，《尚书》可以说是我国现存最早、保存最为完整的以应用文为主的文献，它的体例，分为典、谟、训、诰、誓、命六体。典用于记载上古典规章制度，如《尧典》；谟用于记录君臣议政时的谈话和他们的治国之策；训用于教诲、开导，给后人以警示；诰是训诫、勉励的文告，用以告诫、鼓舞民众；誓是兴师讨伐前对士兵发布的文告；命是君主的命令，帝王赐给臣子的诏书。这些文种相当于现代公文中的命令、布告、会议纪要等。

秦汉时期政治和文字的统一，为公务应用文的统一创造了条件，不仅产生了诏、疏、策等公文体式，而且还区分了上行文、下行文、平行文，如皇帝对臣下用诏、制、策、敕，臣下对皇帝则用章、奏、表、议，在表述上也采用了相对固定的格式。汉代还把应用文写作列为选拔人才的考试内容，使得许多有才学的名家创作了不少佳作名篇，如贾谊的《陈政事疏》、晁错的《论贵粟疏》等。

魏晋南北朝是应用文发展的自觉时期，不仅有名篇如诸葛亮的《出师表》、李密的

《陈情表》、嵇康的《与山巨源绝交书》，而且应用文写作理论研究成果十分突出，如南朝名家刘勰的《文心雕龙》，在二十篇评论体裁的文章中，谈到的十二篇就属于应用文。

隋唐宋时期是中国古代应用文发展的高峰期，其特点是名家辈出、名篇如云。著名的唐宋八大家韩愈、柳宗元、欧阳修、苏洵、苏轼、苏辙、王安石、曾巩都留下了许多名作。如韩愈的《祭十二郎文》、魏征的《谏太宗十思疏》、白居易的《与元微之书》、刘禹锡的《陋室铭》、王安石的《答司马谏议书》等。

元明清时期是古代应用文发展的稳定期，应用文的文体趋于定型。名作有海瑞的《治安疏》、宗臣的《报刘一丈书》、夏完淳的《狱中上母书》等。应用文的理论研究上，明代吴讷的《文章辨体》、清代姚鼐的《古文辞类纂》、刘熙载的《艺概·文概》从不同侧面给应用文写作以理论概括。

1911 年的辛亥革命推翻了清王朝，结束了中华民族两千多年的封建专制统治。1912 年，南京临时政府颁布了近现代第一个公文程式条例，废除了传统公文体式，确立了新的体式，在用语上规定不许用“大人、老爷”等封建色彩的称呼，官吏相互称职务，民间相互称“先生”，并要求公文写作用白话文，使用新式标点符号。但由于当时公文文书的撰写者和阅读者大都受旧文化传统教育的影响，加上旧民主主义革命的不彻底性，决定了它不可能与旧公文彻底决裂。国民政府的公文仍是文言或文白相杂，标点符号也极少使用。1921 年中国共产党成立以后，应用文成为我党斗争的有力武器，特别是 1942 年延安整风运动中毛泽东所作的《反对党八股》的报告，对公文写作产生了极为深远的影响。

中华人民共和国成立后，中央人民政府政务院于 1951 年颁布了《公文处理暂行办法》，后来又陆续发布了一系列文件，使我国公文走上规范化、系统化、科学化的道路。1978 年党的十一届三中全会以后，我国实行改革开放，社会主义各项事业蓬勃发展，应用文使用范围更加广泛，使用频率更高，专业化程度更加明显。1987 年 2 月 18 日，国务院办公厅发布了《国家行政机关公文处理办法》。经过 6 年的实践，又于 1993 年对《国家行政机关公文处理办法》进行了修订。2000 年 8 月 24 日，国务院发布了新的《国家行政机关公文处理办法》，并于 2001 年 1 月 1 日起施行。经过十余年的实践，2012 年 4 月，中共中央办公厅、国务院办公厅联合印发了《党政机关公文处理工作条例》，于 2012 年 7 月 1 日起施行，一直使用至今。

四、应用文的作用

应用文是人们处理事务、沟通关系的重要工具，在社会主义现代化建设过程中发挥着越来越重要的作用。

（一）管理规范作用

一个社会的良好秩序，需要各种各样的法规和制度来维持。应用文是实施管理的重要工具，大到国家的宏观调控，小到企事业单位的制度建设，都离不开应用文的制作与颁布。特别是其中的公文，不仅是国家政府或执政党实施领导、管理、指导、指挥各部门的有力工具，而且是各项政策方针具体化的书面形式。国家进行有序的管理就必须有从上而下的政令，如上级机关发布的命令、决定、意见等，都起着管理、约束的作用。下级机关对此必须遵照执行，或根据本地区的实际情况参照执行。同时，下级机关所做的请示、报告、总结等，能够及时反映基层的情况，为上级机关的决策提供正确依据。可见应用文在社会管理工作中发挥着指挥管理作用。

（二）协调沟通作用

随着社会的发展，人类的社会交往越来越频繁，联系越来越密切。由于社会分工的细化、专业之间的差异，人们更加需要加强联系、传递信息、互通有无、协调行动。应用文作为文字桥梁，起着联系业务、沟通关系、交流经验、商洽工作的作用。为了达到双赢或多方共赢的目的，人们更要发挥应用文沟通信息的协调作用。此外应用文能突破时间与空间的限制，在沟通上下左右关系、交流信息、联系情感、协商事宜、协调行动、相互支持等方面起着重要的作用。

（三）凭证依据作用

应用文常作为人们行动的指南，它既是人们开展各项工作时必须遵照的依据，也是人们检查工作成绩，解决存在问题的凭证。如经济合同签订的双方会据此明确各自的权利、义务和责任；法律文书就是具体进行司法诉讼、体现当事人合法权益的根据。应用文记录了人们开展各项工作、活动的目的、要求和程序，是各种工作的见证，其中不少文体在其现实效用消失后，仍具有历史效用，成为档案资料，以备后查。

五、学习应用文写作的意义

根据未来社会对人才的需求，人们的工作能力不仅体现在对实际工作的处理上，也体现在对与工作密不可分的各种文书的写作上。应用文写作是一门综合性、实践性很强的应用学科，它是写作学的重要组成部分，是写作学科系统的一个子系统。随着时代的进步和社会的变化，应用文写作的作用和地位更加突出，范围和内涵也不断扩大。因此加强应用文写作理论的学习和研究，具有重大的现实意义。

21 世纪是一个以知识经济为主要特征的信息时代，市场经济日趋完善，经济、司法、科技、涉外等领域的业务工作日益增多，对应用文的专业化要求越来越高。一方面，要求专职的文秘人员要加强相关专业业务知识的学习和积累；另一方面，要求其他专业人员要提高语言表达能力和写作水平。教育家叶圣陶老先生在《作文要道》一文中曾说：“大学毕业生不一定能写小说诗歌，但是一定要能写工作和学习中实用的文章，而且非写得既通顺又扎实不可。”现在的情况是社会用人单位对学生综合素质的要求越来越高，而学生因各种原因导致轻视汉语写作，两者形成巨大的反差，因此大学生有必要学习应用文写作课程。这对个人而言，可以积累知识、开拓思维，为顺利走上工作岗位打好基础；对社会而言，可以促进信息传播和知识普及，提高现代人的文化素质，提高办事效率。

第二节　应用文的构成要素

一篇完整规范的应用文由主旨、材料、结构、语言四要素构成，这四个要素相互作用，形成有机整体。

一、主旨

主旨，又称主题、题旨、立意等。具体地说，主旨就是通过文章的具体材料所表达的中心思想、基本观点或要说明的主要问题，是作者对客观事物的评价和态度。它也是文章内容与形式共同表述的核心思想。

应用文的主旨多是“意在笔先”，下笔前先确定了主旨，材料取舍、结构安排、方法运用、语言调遣就有了依据，写起来当然就可“得举止闲暇”，从容成篇。此外，应用文的主旨弱化个人情感和意愿，必须真实地反映客观实际，不允许进行夸张、想象。

主旨在文章的构思行文过程中起着统帅的作用。清代王夫之说过：“意犹帅也。无帅之兵，谓之乌合。”这里的“意”就是指主旨。主旨是文章的灵魂，是衡量一篇应用文质量优劣的主要依据。

主旨的确立应该做到：首先要正确、客观。应用文的主旨要符合党和国家的法律法规，反映客观事务的本质和规律。应用文主旨的提炼是依材取义，从纯客观的材料中提取，应尊重事实，不将主观感情强加于客观事实。其次要单一、集中。文学文本可以一文多义，不同的欣赏者可以从中领略不同的含义。应用文的主旨则要求单一纯粹，即一文一意。要使主旨单一，作者在动笔前就必须明确写作的目的和意图，在行文中就题论事，删除多余的信息和材料。最后要鲜明、精要。应用文的主旨在文中要用简明的语言概括出来，并在文章的显要位置直接明白地表达出来，如在标题中概括主旨、在段首揭示主旨等。主旨要清晰，使读者一看就明白，不致产生歧义。应用文写作时表意要精当，注重主旨的提炼，使文章文短意精，如清代刘熙载在《艺概·经义概》中说：“凡作一篇文章，其用意俱要可以一言蔽之。扩之则为千万言，约之则为一言，所谓主脑是也。”

显示主旨的主要方法：

（一）标题点旨

标题点旨即用标题概括点明主旨。如《××集团公司关于实行“产品三包”责任制的通知》便在标题中概括点明了主旨。标题点旨的形式，要求概括事由或概括主旨的文字要严密、准确。

（二）开宗托旨

在公文和其他应用文书中，明白、准确地表达主旨的句子，叫主旨句。主旨句以介词结构“为了……”为特征。在正文开头用主旨句托出写作主旨，是一种开宗托旨、开门见山的方法。通知、通报、通告、报告、意见以及规章文书等常用此方法。有的应用文书开宗托旨，首句并不出现主旨句，而是直接阐述意义、主张或基本观点，如一份通知的开头：“棉花是关系国计民生的战略物资，是产棉区农民收入的基本来源，是纺织工业的主要原料。做好棉花购销工作，对于稳定农业大局、保证纺织行业正常生产、安排好人民生活、增加出口创汇具有重要意义。”

（三）小标题显旨

小标题显旨的形式，是将文章主旨分解成几个部分，每个部分用一个小标题来显示。值得注意的是，各个小标题的排序必须注意合理的逻辑关系。

（四）呼应显旨

在正文的开头和结尾前后呼应，以突出主旨。这种写法多是开头提出与主旨相关的问题，篇末呼应之。

（五）篇末点旨

篇末点旨即在应用文正文的结尾点明写作主旨。

二、材料

材料是写作的基础，是构成文章的一大要素。广义上说，指作者从社会生活中搜集和积累的未经加工、提炼的原始事实和生活现象，又称素材。狭义上说，指作者经过加工、提炼后作为文章内容写进文章中的用来表现主旨的客观事例、理论依据及其他资料。

材料又被称为“文章的血肉”。一方面，主旨来源于材料，受制于材料，依靠材料来表现，没有材料，主旨这一“文章的灵魂”便无从体现。另一方面，文章的主旨是统帅，材料受到主旨的制约。

文章必须材料丰富、全面，才有利于形成正确、深刻的主旨。写作者必须选择有说服力和感染力的材料，通过恰当的结构、语言来表达主旨，因此从这个意义上说，主旨与材料是融为一体的，二者是统一的。清代文论家章学诚在《文章通义》中说："夫立言之要在于有物"，这里的物就是指材料。可见收集材料、选好材料、用好材料是写作的一个重要环节。

获取大量材料是应用文写作的第一步。材料的搜集和整理要根据自己学习、工作的性质和写作的目的、任务、要求来进行，主要靠平时观察积累、深入调查研究以及查阅文献资料。

积累、获取材料是为了应用，但并非所有材料都能用，还要经过筛选，选择真实、切题、典型、新颖的材料。真实是应用文的生命，因此所用材料必须符合客观事实。只有基于准确的数据和真实的情况，才能得出正确的结论，才具有普遍指导意义。切题是指材料的选择必须以表现主题为依据，不能孤立地着眼于材料本身。因此要对材料进行仔细推敲，从中选择最能说明观点、最能表现突出主旨的内容；凡是与观点无关或关系不大的材料，无论是否真实新颖都应坚决舍弃。典型的材料是指那些最能说明事物本质和特点，具有最强说服力的材料。典型的材料能以一当十，起到支撑观点的作用。选择典型材料，通过个别反映一般，通过个性反映共性，是选材的重要原则。新颖的材料指新发生的事物，新发现的事例，新出现的观点、观念等材料。应用文写作要选择具有时代感，能够反映客观事物的材料。

选好材料，更要用好材料。材料的使用上要注意分清主次、先后有序，做到详略得当。对材料的使用要根据表现主旨的需要和材料的性质，对表现主旨起重要作用的材料详写，次要的材料略写；典型、新颖的材料详写，一般的材料略写。使用材料还要注意条理顺序，可以先概述主旨，后列举材料；也可以先列材料，后归纳主旨；或者先提供背景材料，再阐明主题，后列举材料。实际操作中可以根据情况灵活运用，但必须注意条理清晰。

处理材料的常用方法有：

（一）筛选法

筛选法指对材料进行鉴别、筛选，从纷繁复杂的材料中找到最切合主旨的材料。

（二）类化法

类化法是通过确立反映事物本质特征的、与分类目的相适应的标准，将纷繁复杂的材料进行梳理归类的方法。应用文书写作中，用这种方法可以找出各类材料间的内部联系，从而提炼出有价值的小观点甚至全篇的主旨。类化后的材料因其具有重要的类别特征而极具使用价值。

（三）截取法

截取法是选用一个完整事件的片段或完整事物中的部分以表现观点的一种处理材料的方法。用这种方法，不求事件的连贯、事物的完整，只求能言简意赅地说明问题和阐明观点。叙事性较强的应用文书，如简报、通报、调查报告以及应用文书中叙事性较强的部分，常用此法。

截取材料的多少或详略，需适度。为此，必须考虑材料与观点的密切程度、读者对材料的熟悉程度。同时，在截取材料时，不能断章取义，不能扭曲原意，还要注意上下文的衔接过渡，并与整篇文章表述角度一致，不能牵强附会、生硬别扭。

（四）浓缩法

浓缩法是对虽有价值但却非常纷繁的材料加以概括压缩，使精华部分更为突出的方法。在具体操作上，对叙述性的事实材料，往往保留主干，抓住要点，理清线索，剔除细节，变描写、详述为略述、概述，只要求简要交代事件的概貌和实质，而不求像文学作品那样细腻传神、形象感人。

三、结构

结构指文章的谋篇布局，是对文章的内容安排与组织，是作者的思路在文章中有层次的反映，是把主旨和材料组织成一个有机整体的文章的内部构造。它是文章内容的重要表现形式，是构成文章的要素之一。

任何文章都只有根据一定的规则安排组织材料、谋篇布局，解决了脉络层次、发展顺序等问题后，才能成为逻辑严密、和谐统一的有机整体。文章好比一个人，主旨是灵魂，材料是血肉，结构就是骨骼。

应用文文本结构由外在的格式和内在的要素模式组成，而这些又因不同的文体有所差别。比如，公文的外在格式由眉首、主体、版记组成，而内在模式则是“凭”—“事”—“断”，即发文的依据、发文的事由、发文的要求。每一种应用文都有特定的外在格式和内在要素模式。

应用文结构的基本内容包括：

（一）标题

公文式标题，一般由发文机关、事由、文种组成；文种式标题，由文种名称组成，如启事；论文式标题，一般用论题做文章标题，如学术论文、调查报告。

不管是什么方式的标题，都要能显示主旨或主要内容，这是应用文的要求，也是其与文学作品灵活多变的标题的不同之处。

（二）开头与结尾

1. 开头

应用文的开头必须直截了当、开门见山。开头应当点题或揭示应用文的内容，并领起下文。

常用的开头方式：

（1）概述情况。即在开头简明扼要地介绍有关情况或背景。简报、报告、会议纪要、总结等常用此法开头。

（2）提出问题。即在开头提出问题，提示应用文书的主旨或主要内容，以引起阅读者的注意与思考。调查报告常用这种方式开头。

（3）直陈目的。即在开头以“为了”“为”等介词构成的主旨句领起下文。法规、规章、决定、通知等应用文书常用此方式。

（4）引述来文。即在开头引述对方来文、来电的标题、文号，然后引出下文。应用文书中的复函、批复普遍使用此方式开头。

（5）阐明观点。即在开头先提出观点，或者点明主旨，接着加以解释说明，以引起读者的重视。

（6）表明态度。即在开头直截了当地对批转、转发或发布的文件或者有关的事项、会议表明态度，做出评价，提出看法。批转、转发性通知多如此开头。

（7）交代原因。即在开头以“由于”“因为”“鉴于”等词领起下文，也可直接陈述发文原因。

（8）说明根据。即在开头引用有关法律、法规或上级指示精神，具体来说，是以“根据”“遵照”“按照”等词语领起下文，鲜明标示出行文有据。通知、批复、规章文书等常用这种方式开头。

应用文书的开头，有时是多种方式结合运用。

2. 结尾

应用文结尾要求言简意赅，意尽言止。常用的结尾方式有：

（1）专门语式。用专用词语结束全文，如“此复”“特此证明”等。

（2）祈请式。提出请求、表明意图，如请示、函等文种。

（3）强调式。即在结尾对文中的主要问题做强调说明，以引起阅读者的重视。

（4）总结式。对文中的主要观点或问题做出归纳或总结，使读者对全文有一个较完整的印象。

（5）号召式。提出要求，指明方向，发出号召。

（6）补充式。在结尾补充交代有关事项、事宜。通知、法规、规章等常用这样的结尾。

（7）祝贺慰问式。多用于社交礼仪文书，如慰问信、贺词等。

（三）层次与段落

层次与段落是文章内容的逻辑表达次序，层次与段落的划分要注重单一性、完整性。层次清晰、段落分明是应用文写作中结构布局的基本要求。层次段落的安排方法有：

1. 纵向式

按纵向展开，结构层次之间是延续、承接、深入的关系。具体的方式有：按照时间先后顺序展开层次；按照事物或矛盾发展的各个阶段展开层次；按照作者认识的发展深化展开层次；按照论证推理的各个步骤展开层次。

2. 横向式

横向式又叫并列式，是按事物的逻辑联系进行分类归纳，按事物构成部分、特性、性质的不同侧面来安排层次，结构层次间是平行、平等的关系。具体的方式有：按照观察者立足点的转移或空间位置的变换展开层次；按照事物各个构成部分展开层次；按照材料的类属展开层次；按照论述、说明的问题或各分论点展开层次。

3. 综合式

综合式是将纵向递进式和横向并列式综合起来交叉展开层次的方式。采用这种纵横交叉式要注意有主有从：或是以纵向为主，以横向为辅；或是以横向为主，以纵向为辅，不能平均用力。内容比较复杂、时空变换较大、篇幅较长的报告、总结、调查报告常采用这种模式。

4. 总分式

这种层次展开方式在应用文书中，用得较多的是先总后分，也有由总到分再到总，很少是先分后总的。应用文书中的通告、通知、会议纪要等的正文结构常呈现这种层次。

（四）过渡与照应

过渡与照应是文章内容前后连贯、承上启下的重要手段，它在文章的谋篇布局中穿针引线、关照呼应，增强了文章的整体性、严谨性和逻辑力量。

常用的过渡方式有：过渡段，承上启下的自然段，一般用于两个层次之间或上下文的衔接；过渡句，一般用于前一段结尾或后一段开头；过渡词，如“为此”“总之”“由此可见”等；也有的不用明显过渡标志，靠文中内容的内在联系过渡。

常见的照应方式有：首尾照应，使文章首尾圆合，结构严谨；文题照应，应用文的标题一般体现主旨，照应标题往往可以突出主旨。前后照应、多处互相照应，可以起到强化主旨、突出中心的效果。

四、语言

语言文字是人类思维交流、表情达意的工具，是写作的基本工具和载体。应用文种类繁多、体式各异，但它们都是处理事务、解决实际问题、讲求实效的，因此与一般文章相比，应用文的语言有其独有的特点。

（一）平实、庄重、得体

人类的语言分为两大基本类型：实用语言和文学语言。实用语言和文学语言虽然在词汇、语法上没有太大区别，表面看起来是同一种语言，但它们的功能却完全不同。实用语言只传达“实用”的内容，而且为了能够最大限度地达到行文的实际效果，利于人们准确理解、有效运用，在表述上也应是清楚、实在和准确的。而文学语言并不限于传达词语的字面意义，更追求的是意在言外。应用文的语言必须以实用性为准则，表达必须直接明了，杜绝弹性和模棱两可的话。在用语上，要尽量简洁；在造句上，严格遵循语法规则；在修辞上，只适当运用比喻、对偶、排比等常规修辞格，而对夸张、通感、暗示等可使事物有较大变形的或曲折达意的修辞格一般不用。

应用文语言要得体，根据行文目的、内容、对象，恰当地使用语言。例如指挥性公文的命令、决议、决定的语言注重的是庄重严肃；法规、规章和管理规章类文书讲求严谨、确切、利落；计划性文书必须实在、周密、可行；会议报告应富于鼓动性等。应用文书的语言，应根据不同的受文对象，注意其接受心理，考虑不同的分寸。上行文的语言，应尊重而不阿谀讨好；下行文的语言，应谦和但又不失度；与平行机关往来函件的语言，则应以诚以礼相待，多商量、互相尊重。对上级的情况报告，不必有过多的宣传议论；对下级布置工作的通知，又不可过于原则、空洞，应实实在在、切实可行、有可操作性。

不同文种的语言，都应有与文体风格相协调的基调。而各类文种的语言，从总的方面看，又大都是比较庄重、通俗的大众化书面语言，而较少用口头语言和方言。

（二）常用专门用语及行业术语

长期以来，人们常在应用文中沿用一些使用频率较高、专用的或固定模式的词语，如称谓语、经办语、祈请语、表态语、结束语等。这些词语虽不是法定的，但却是约定俗成的，有助于使文章语言简练。经济应用文的行业性较强，在语言上有明显的行业特征，行业术语运用较多，这在一定程度上消融了作者本人的语体个性，这也决定了应用文写作要在语言准确上多下功夫，而不一定致力于语言的创新，有时还要有意地选用某些经常重复使用的行业术语。

（三）具有模式性

在应用文写作中，沿用一些固定的模式化语句和语词的现象比较常见。模式化的语言对文学作品来说可能是失败的语言，而对于应用文书来说却是必需的、正常的。应用文语言的模式性主要体现在相同的句式、相同的词汇可以在不同内容、不同作者的文章中反复出现、重复使用。下面是两则不同内容的“通告”的开头，一则是《公安部关于严厉打击违反爆炸物品枪支弹药管理违法犯罪活动的通告》：“为加强爆炸物品和枪支弹药管理，维护社会治安秩序，保障公共安全，保护人民群众生命财产安全，公安部决定，坚决收缴非法爆炸物品、枪支弹药，严厉打击违反爆炸物品、枪支弹药管理的违法犯罪活动。根据国家有关法律、法规的规定，特通告如下：……”，另一则是《国务院关于保障民用航空安全的通告》：“为保障民用航空的安全，防止劫持、破坏民航飞机和破坏民用航空设施事件的发生，确保公共财产和旅客生命财产的安全，特通告如下：……”。这两则通告的内容不同，撰稿人也不同，但在用语和句法上呈现出某些相似性，这就是应用文用语的模式性。

【复习与训练】

一、下面前后两段例文都是为了说明“我县教育事业蓬勃发展”这个观点，试比较初稿和修改稿在使用材料方面的优劣。

初稿：

1949 年以来，我县教育事业发展很快。不但办起了中小学，还办起了中专、技校，甚至大学；在校学生人数已占全县人口的四分之一，专职教师已逾两千。还聘请了不少有实践经验的兼职教师。全县乡级以上领导干部和科技人员中，百分之八十是 1949 年后的学校培养出来的。

修改稿：

1949 年以来，我县教育事业蓬勃发展。1949 年前，全县仅 1 所中学、10 多所小学。现在已有小学 635 所、普通中学 40 所、职业中学 4 所、中专技校 10 所、高等学校 4 所；各级各类在校学生已达 23 万人，专职教师共 2300 多人；适龄儿童入学率达 99.6%。全县 1986 年已普及初等教育；幼儿教育、特殊教育、成人教育也都有较大发展。

二、阅读下面两段文字，说说有什么不同？体会应用文语体的特点。

1. 春夏之交，滕格里沙漠东南的中卫县呈现出一派生机盎然、朝气蓬勃的景象，天气晴朗、微云淡抹、暖意宜人。但是，在下午六时许，沙漠东北部的天际突然竖起一道黑墙，越升越高，迅速向前推进。黑色的帷幕很快向两边拉开，帷幕后边窜起无数沙、云，转眼将夕阳吞没。同时，地面上升起黑色的、灰色的、黄色的尘云，交织在一起，翻滚着、变幻着，出现千奇百怪的景象。接着帷幕四合，一声巨响，一瞬间白昼变成黑夜，强大的气流卷着沙尘横扫过来。室内尘土弥漫，呛得人喘不过气来，这就是黑风沙尘暴！

2. 这次强沙尘暴主要是西伯利亚强冷空气侵入造成的。强冷空气前锋于 5 月 4 日 8 时进入新疆西北部，风速逐渐加大，在北疆地区和东疆北部形成第一片沙尘暴；5 月 5 日 8 时在新疆哈密以东、猩猩峡至甘肃安西一带形成第二片沙尘暴；5 月 5 日 14 时以后，在阿拉善盟、甘肃酒泉以东至宁夏北部形成第三片，也是最大的一片沙尘暴。沙尘暴风力达 8 ~ 12 级，能见度大多仅在 200 米以内，局部地区能见度为零。沙尘暴所到之处，地表土层风蚀厚度一般达 10 ~ 30 厘米，沙丘前移 1 ~ 8 米，每平方千米降沙量达 166 多吨。有的地区出现高达 300 ~ 700 米的沙尘暴壁，1 千米以外都能听到轰鸣声。

第二章　日用类文书

第一节　启事、条据

【情境与任务】

1. 请评析下面这则启事。

寻物启事

今天下午五点左右，本人在东校区篮球场不慎丢失钱包一个，钱包为褐色牛皮质地，长方形，李宁品牌。内有人民币三百元和食堂饭卡一张，最重要的是还有本人的英语六级考试准考证和本人身份证。英语考试在即，没有这些证件本人将无法应考，后果十分严重。如果有哪位同学或老师捡到，恳请您尽快与我联系，本人先对您无私的品质和急人所急的精神致以最诚挚的谢意和敬礼。我的手机号码是 1312345××××，寝室电话号码是 8765××××。

祝好人一生平安！

计算机学院 0306 班学生：马××

2016 年 10 月 11 日

2. 假设班里要开晚会，需要向学院借一套音响，学院要求你写一张借条，你会怎么写？

一、启事

（一）文体知识

1. 启事的概念

启事，是一种公开陈述事情的文告。是指机关、企事业单位、团体或个人，因事需要向公众说明某事或提请公众注意，希望公众协助办理某事时使用的一种告启类的日常事务文书。这是一种常用的周知性文体。“启”含有“陈述”的意思，“事”即“事项”。

启事可以张贴在公共场所，或刊登在报纸、杂志上，也可以在电视台、广播电台播出，传播方式十分灵活。

2. 启事的种类

启事的种类很多，根据启事事项的不同，可以分为：

（1）寻找类启事：是为了求得公众的响应和协助。这类启事有寻人启事、寻物启事、招领启事等。

（2）征招类启事：是为了求得公众的配合与协作。这类启事有招生、招考、招聘启事；征文、征订、征集设计启事等。

（3）周知类启事：是为了开展工作和业务，把某些事项公诸于众，以便让公众知晓。这类启事有开业启事、迁址启事、变更启事、婚庆启事等。

（4）声明类启事：是为了完成法律程序，启事事项经公开声明、登报后，对其引起的事端不再承担法律责任。这类启事有遗失启事、更正启事和其他声明启事等。

（二）启事的写作格式和方法

1. 启事的写作格式

启事的种类很多，但其结构大体相同，通常由标题、正文和落款三部分组成。

（1）标题。

标题的拟写有多种方法：一是以文种作标题，如《启事》《紧急启事》等；二是以事由作标题，如《招聘》《招工》等；三是由启事单位和文种作标题，如《××公司启事》等；四是以事由和文种作标题，如《招标启事》等；五是由启事单位、事由、文种共同构成标题，如《××商城开业启事》等。

标题的拟写要注意：

① 标题要醒目、简洁。

② 不能将“启事”写成“启示”。这两个词的读音相同，但意思完全不同。“启事”，是陈述事情的意思，是应用文体的一个文种。“启示”，是启发、指示，使别人有所领悟的意思，是动词。

（2）正文。

正文是启事的主体，具体说明启事的内容，必须将有关事项一一交代清楚。正文一般包括启事的原因、目的、具体事项、要求等方面的内容。如果内容较多，可分条列项、逐一交代明白。

正文部分是体现各种启事不同性质和特点的关键部分，应根据不同启事的不同内容和要求，注意突出不同启事的相关事项，不可强求一律。

如招聘启事一般应包括招聘单位的基本情况（招聘单位的性质、所在城市、地理位置、企业的基本情况等）、招聘对象（招聘的岗位等）、应聘条件（应聘者的性别、年龄、学历、专业、工作经历等）、招聘待遇（应聘者的工作待遇、优惠条件等）、招聘方法（招聘单位的名称、地址、联系人、电话、网址等）等内容；寻物启事应着重交代丢失物品的名称、特征、时间、地点、失主姓名、住址或单位名称、地址、发现后交还的办法和酬谢方式等；开业启事则应写明开业单位的名称、概况、性质、地点、经营项目和开业时间、开业期间为消费者提供哪些优惠让利活动等内容。

（3）落款。

应写明启事单位的名称或个人的姓名和启事的日期。有的启事还应写明单位的地址、时间、电话、电子邮箱、联系人等。凡以机关、团体、单位的名义发布的启事应加盖公章以示负责。

2. 拟写启事的注意事项

（1）启事正文具有陈述性的特点，应做到具体简洁、针对性强、不遗漏应启之事。

（2）启事正文的内容具有单一性的特点，应“一事一启”，便于公众迅速理解和记忆。

（3）启事的语言表达要求准确、恰当，语气掌握讲究分寸。有些启事希望获得公众的协作、帮助，语言要诚挚恳切，使人能够做出积极的反应。

（三）例文评析

例文一

××中学教师招聘启事

××中学隶属于××市教育局，是一所公办的全日制完全中学。因办学发展的需要，需向社会公开招聘老师若干名。

一、所需学科：中文、数学、英语、物理、生物。

二、招聘条件：有良好的敬业精神和较强的教育、教学能力，大学本科及以上学历，年龄在45周岁以下，高级、特级教师年龄可适当放宽。

三、待遇：凡被聘用者，可办理正式调动手续，家属工作、子女入学问题学校帮助解决安排，年薪和待遇从优。

四、报名办法：凡有意者，请将个人简历、学历证书、职称证书、身份证等复印件，近期免冠两寸照片两张，在×月×日前寄往××市教育局人事科。初审合格者，通知面试试讲。

联系地址：××省××市教育局人事科

联系人：×××

联系电话：×××××××××

×年×月×日

【简评】这则招聘启事首先介绍招聘单位的性质、所在城市、地理位置及学校的基本情况；其次说明应聘者的条件和工作待遇、优惠条件等方面的内容，介绍简洁明了；最后说明报名办法、需要准备的个人资料及应聘流程等；落款的联系人、联系地址也具体清楚。

例文二

寻物启事

×月×日晚 8:00 左右，本人不慎在××路××桥的车上遗失一个公文包，内有金额为 5 万的存折一份、派遣证一个及它物，有拾到者请与失主联系，本人定重金酬谢！

联系电话：××××××××王先生

××××××××张先生

×年×月×日

【简评】这则寻物启事中失主详尽交代出了丢失物品的时间、具体地点、所丢失物品的详细情况及原因，留下了联系电话并许诺重金酬谢。篇幅短小，文字精练。

二、条据

（一）文体知识

1. 条据的概念

条据是人们彼此之间为处理财务、物资或事务往来，写给对方作为凭据或有所说明的条子。

条据的主要特点在于“便”和“广”。便，是指文字简便，要言不烦，一望而知；广，是指它应用广泛，随需随用、快捷有效。

2. 条据的种类

条据的分类方式很多，根据条据的内容和格式可以分为凭证式条据和函件式条据两大类。凭证式条据主要有：借条、欠条、收据、领条、发条等；函件式条据主要有请假条、留言条、便条等。

（二）条据的写作格式和方法

1. 凭证式条据

（1）标题。

在首行居中的位置，写明条据的性质，如《借条》。

（2）一般不写称谓。

在标题下第一行空两格直接写表明条据的性质、关系的常用语，如：“今收到”“现收到”“代领到”等。

（3）正文写明钱物名称、数量、归还日期。

所涉及的数字要求用大写；涉及钱款，末尾要加上“整”。数字如有写错的情况，改正后必须加盖印章，或重写一张。正文之后可以另起一行写“此据”两字，以示郑重。

（4）落款。

署名和日期。在正文右下方写明制件人姓名；如是单位，除写明单位名称（全称）外，还应写明经办人姓名。另起一行写日期，要写明年月日。

2. 函件式条据

（1）标题。

在首行居中的位置，写明条据的性质，如《请假条》。

（2）称谓。

函件式条据要在标题下顶格写明称谓，并以冒号引出下文。

（3）正文。

在正文中应清楚简洁地叙述相关事情。如请假条应陈述请假理由、请假的起止日期等，结尾常用“此致敬礼”等习惯用语。

（4）落款。

署名和日期。在正文右下方写明制件人姓名，另起一行写日期，要写明年月日。

（三）拟写条据的注意事项

（1）不能用铅笔、红墨水或其他易褪色的墨水书写，字迹要端正、清楚；写成后不得涂改；如有涂改，必须在涂改处盖章，以示负责。

（2）条据涉及物品的，要写清物品名称、数量，重要物品还要写上质量或规格；借款金额要大、小写兼有，数额一致，注明币种；数字之前不留空白，之后写上“整”，防止被添加或篡改。

（3）无论是自己书写还是他人代书，在签字盖章前都应字斟句酌，认真审核。

（四）例文评析

例文一

借　条

今借到××中学凳子叁拾条，作为表彰大会用，会后立即归还。

此据

××居委会（公章）

经手人：李××（签章）

×年×月×日

【简评】标题、条据的性质、被借物品的单位、名称、数量、借物品的单位、经手人等书写清楚，但归还日期不够明确。注意钱物归还后，应把借条收回作废或销毁。

例文二

领　条

今领到厂部福利科发给三车间的保温桶壹个，保温杯伍拾个，手套伍拾双。

经手人：张××

×年×月×日

【简评】向单位领取钱物时，写给负责发放的人留取的条子，称领条。此领条中标题、条据的性质、领到物品的单位、名称、数量、经办人等书写清楚。

例文三

请假条

××培训中心：

因我行于×年×月×日晚举行员工大会，任何人不得缺席，所以本人×月×日晚不能回校参加培训。特此请假，恳望批准！

此致

敬礼！

××银行××支行营业部刘××

×年×月×日

【简评】此请假条请假理由充分，时间具体，格式规范。

【复习与训练】

一、你班 12 月 28 日举办“迎新年”联欢会，你是组织者之一。根据下例情境拟写条据，必要内容可以虚拟。

情境 1：你需要到生活委员处领取班费若干元购买所需物品，请拟写一张领条。

情境 2：出去购物前，你想叮嘱文艺委员别忘了提前邀请任课老师，恰巧文艺委员不在，请拟写一张留言条。

二、下面是一则请假条，细读可发现毛病，请说明原因并认真修改。

请假条

王老师：

我因身体不适，不能坚持上课，请假一天，请批准。

此致

敬礼！

学生：李××

×年×月×日

三、找出下文不妥之处，并修改。

招领启示

本人捡到白色钱包一个，内有一张伍拾元人民币、龙卡一张，卡号为 123456789。有丢失者请与我联系。

王××

2015.6.6

第二节 计 划

【情境与任务】

下面两则故事给你什么启发？想想自己人生中的计划是怎么制订的？

1. 一个心理学家做了一个实验：他组织三组人，让他们分别向着 10 千米以外的三个村子进发。第一组的人既不知道村庄的名字，也不知道路程有多远，只告诉他们跟着向导走就行了。刚走出两三千米，就开始有人叫苦。走到一半的时候，有人几乎愤怒了，他们抱怨为什么要走这么远，何时才能走到头，有人甚至坐在路边不愿走了。越往后，他们的情绪就越低落。第二组的人知道村庄的名字和路程有多远，但路边没有里程碑，只能凭经验来估计行程的时间和距离。走到一半的时候，大多数人想知道已经走了多远，比较有经验的人说："大概走了一半的路程。"于是，大家又簇拥着继续往前走。当走到全程的四分之三的时候，大家情绪开始低落，觉得疲惫不堪，而路程似乎还有很长。当有人说："快到了！""快到了！"大家又振作起来，加快了行进的步伐。第三组的人不仅知道村子的名字、路程，而且公路旁每一千米都有一块里程碑，人们边走边看里程碑，每缩短一千米大家便有一小阵的快乐。行进中他们用歌声和笑声来消除疲劳，情绪一直很高涨，所以很快就到达了目的地。

2. 日本著名马拉松运动员山田本一的故事。他曾在 1984 年和 1987 年的国际马拉松比赛中，两次夺得世界冠军。当记者几次问他是如何取得如此出色的成绩时，山田本一总是斩钉截铁地回答道：凭智慧战胜对手，取得胜利。人们都知道，马拉松比赛主要是运动员体力和耐力的较量，爆发力、速度和技巧都在其次，因而对山田本一"凭智慧取胜"的回答，许多人疑而不信，总觉得他是在招摇夸张，故弄玄虚。然而十年后，人们终于从山田本一的自传中，验证了"凭智慧取胜"确实是他获得成功的经验所在。他在自传中写道：每次比赛之前，我都要乘车将比赛的路线仔细地勘察一遍，并把沿途比较醒目的标志画下来，比如第一个标志是一家银行，第二个标志是一棵大树，第三个标志是一座公寓……这样一直到赛程的终点。比赛开始后，我以百米冲刺的劲头向第一个目标冲去；到达第一个目标后，又以同样的速度向第二个目标冲去……40 多千米的路程就这样被我分解成若干个小目标而轻松地跑完。然而起初，我并不是这样做的，而是把目标一下子定在终点线的那面旗帜上，结果跑到十几千米就觉得疲惫不堪了，因为我被前面那段遥远的路程吓倒了。

一、文体知识

（一）计划的概念

通常情况下，单位和个人为了完成未来一定时期内的某项工作、生产、学习任务，根据上级有关指示精神，结合本单位及个人的实际情况，规定明确目标、提出具体要求、做出安排部署、制订相应措施，并把这些目标、任务、要求、安排、措施等写成书面材料，或下发下属单位落实执行，或送上级机关请求指导，或作为自身开展工作的依据。这种书面材料，便称之为计划。人们通常所说的规划、纲要、设想、要点、方案、安排等，都属于计划类文体。

古代孙武曾说："用兵之道，以计为首。"无论是单位还是个人，无论办什么事情，事先都应有个打算和安排。有了计划，工作就有了明确的目标和具体的步骤，就可以协调大家的行动，增强工作的主动性，减少盲目性，使工作有条不紊地进行。同时，计划本身又是对工作进度和质量的考核标准，对大家有较强的约束和督促作用。所以计划对工作既有指导作用，又有推动作用，搞好工作计划，是建立正常的工作秩序、提高工作效率的重要手段。

（二）计划的特点

1. 目的性和针对性

计划具有很强的目的性和针对性。在未来一定时期内，要做哪些工作、完成什么任务、达到什么目标，是计划的基本内容。计划所做出的安排和所提出的措施，都是针对着目标、任务的，是为完成任务、实现目标而进行的。

2. 超前性和预见性

计划是在它所针对的工作开展之前预先制订的，超前于工作实践。今后的工作实践中会遇到什么情况、出现什么问题，在制订计划的时候是没有现成答案的。这就要求计划对未来做出科学的预见，对各种可能出现的情况进行正确的估计、分析，并提出可行的方案和办法，以达到预期的目的。

3. 规范性和约束性

计划一般按规范的程序制订。一旦经过规定程序通过，便成为工作、行动的纲领和准则，对一定范围内的人具有规范约束作用，有关单位和人员就要遵照执行。即使随着实际工作情况的变化对计划进行必要的调整和修改，也要按照规定的程序进行。

4. 可行性和可变性

计划是人们事先对未来工作做出的设想和安排，而工作中可能会出现原先想象不到的变化，因此在实施计划的过程中，相应地做出局部的修改和调整也是合情合理的。

（三）计划的种类

根据不同标准，从不同角度，计划有不同的分类。

（1）按时间分有长期计划、中期计划、短期计划、年度计划、季度计划、月计划、周计划等。

（2）按计划内容分有学习计划、工作计划、教学计划、营销计划等。

（3）按计划范围分有国家计划、地区计划、公司计划、部门计划等。

（4）按写法分，可分为条文式计划、图表式计划、条文图表结合式计划等。

二、写作格式和方法

计划一般有条文式和表格式，这里着重讲条文式。

（一）标题

计划标题的常规写法是由单位名称、适用时间、指向事务、文种四个要素组成。如《××建筑工程安装公司 2000 年工作计划》《××大学××学院 2000—2001 年第一学期教学工作计划》。有些计划，省略单位名称，由适用时间、指向事务和文种组成，如《1999 年度全民义务植树造林工作计划》；有的计划，因为时限不明显，省略适用时间，如《××大学第二期教师安居工程工作计划》。

（二）正文

正文一般包括前言、主体、结尾三个部分。

1. 前言

简明扼要表达出制订计划的背景、根据、目的、意义、指导思想等。前言的详略长短，要根据工作的重要程度、内容的多少来确定，总体上以精练简洁为原则。

2. 主体

主体部分要一一列出准备开展的工作（学习）任务，并提出步骤、方法、措施、要求。这是计划最重要的部分。包括以下内容：

（1）目标和任务。

目标和任务是计划的核心内容。应分清任务的主次、确定任务的数量、规定所要达到的目标。

（2）方法和措施。

这是实现计划的保证。要确保实现目标，就必须制订出相应的措施和办法，包括要做哪些工作、组织领导、任务分工、物质条件、政策保障、相应的手段等内容，要具体可行。

（3）步骤和安排。

指执行计划的工作程序和时间安排。在制订计划时最好把计划完成的日程安排出来，以便计划得以有条不紊地执行。步骤和时间的安排要科学化，过紧或过松都不利于计划的完成。步骤要清晰，写明什么时间完成什么任务，达到什么要求。一般是把计划的整个过程分成几个阶段，确定每个阶段的起止点，达到什么目标，做到什么程度，人力、物力如何变化、调配，各阶段如何配合衔接。安排必须切实、合理，环环相扣，步步落实，这是实现计划的保证。

需要注意的是以上三部分不要机械地排列，应根据实际情况，或分开写，或杂糅在一起。另外，有的计划还要写明该注意的事项，检查和修订计划的办法等。与计划有关的一些材料，如果在正文里不方便表述，可以附表、附图。

3. 结尾

结尾可以用来提出希望、发出号召、展望前景、明确执行要求等，也可以在正文之后就结束全文，不写专门的结尾。

（三）落款

在正文的右下方署明单位名称和制订计划的具体时间，如果以文件的形式下发，还要加盖公章。如标题中已有单位名，则落款时只需注明时间。

三、计划写作的注意事项

制订计划之前，要做大量准备工作。准备工作做得充分、完备，计划才能符合实际情况，才能写得清楚明白，才能正确地指导实践。

（一）要切实可行、留有余地

任何单位或个人制订计划，一要根据有关方针、政策和上级的指示精神，二要结合本单位的情况，抓住要解决的主要问题，确定新的任务、措施、步骤和时限要求，制订出一个符合实际情况的计划。

（二）内容要具体、文字要简洁

制订计划的目的是指导工作，是让人们按照计划规定的要求去办理。因此，计划应突出工作重心，反映某一阶段所要解决的主要问题，即纳入计划中的任务、目标、责任、措施、安排、时限等，做到主次分明、条理清晰、不产生歧义，以免造成责任不明、互相推卸、难以落实、难以检查的现象。

四、例文评析

例文一

××服装店×年工作计划

为深化企业改革，改善企业经营管理体制，发挥名牌特色产品优势，以深入挖掘潜力，提高经济效益。现根据我商店实际情况，确定×年的工作计划如下：

一、目标

序号	类别	指标	同　比
1	销售计划	1 600 万元	比去年的 1 552.8 万元增长 3%
2	周转天数	118 天	比去年的 122.9 天加快 4.9 天
3	平均流动资金	524.4 万元	比去年的 530.5 万元下降 1.15%
4	费用额	68.5 万元	比去年的 70.69 万元下降 3.1%
5	借款利息	19.3 万元	比去年的 20.8 万元减少 1.5 万元
6	削价损失	16.7 万元	比去年的 33.4 万元下降 50%
7	毛利率	19.79%	比去年的 18.79%上升 1%
8	定制加工	5 460 件	比去年的 5 300 件增长 3%
9	上缴税利	262.2 万元	比去年的 255.7 万元增长 2.6%
10	利润	218.9 万元	比去年的 208.5 万元增长 5%

二、措施和做法

（一）扩大商品销售，提高经济效益

1. 抓好产品质量，扩大市场占有率。对产品定期抽样检查，力争正品率达到××%。其中××%的产品质量符合市优和部颁标准。

2. 全面分析和预测市场上各型时装的生命周期，合理选择进货渠道，组织适销对路的原料，增加花色品种，妥善安排工作，做到款式新颖、高雅，并做好必要的储备，以满足市场需要。

3. 开拓新产品，设计新品种，对库存商品不断更新换代，使产、销、调、存实现良好的运行状态。

4. 采取门市销售、预约销售和集会展销等形式，扩大销量。

（二）抓好横向联系

1. 在全国各地设立特约经销单位。以京、津、沪为据点，向四面扩展；上半年增设××、××、××等×个经销点，下半年再增设××、××、××等×个经销点，逐渐形成一个×××商品的销售网。

2. 利用短期贷款，多生产质量优、价格合理的产品，满足各地不同层次消费者的需要。

3. 加强横向联系，了解各地市场的风土人情，分析销售趋势；帮助横向联系单位改进柜台设计和商品陈列，扩大供应能力。

（三）压缩银行贷款，减少利息支出

1. 加速资金周转，对库存商品不断进行清理、分类，及时处理冷、呆、残损商品，防止资金积压。

2. 缩短生产流转的期限，加工产品及时回收，及时上柜，及时回笼资金，以压缩银行贷款，减少利息支出。

（四）降低成本，节约费用

1. 紧密排料，减少损失，降低消耗。

2. 合理调整库存，减少库存量。

3. 紧缩差旅费，节约水电及办公文具费用。

（五）加强经营管理建设

1. 健全财务报表体制，准确反映单位的经济情况，定期分析各项经济指标完成情况，找出问题，及时处理。

2. 对原材料仓库场地、成品仓库场地、商品陈列室等进行合理的布局，对管理人员加以调整充实。

3. 健全各项考核制度，做到“奖不虚施，罚不枉加”。

×年的任务是艰巨的，但我们有一支热爱商店的职工队伍，有信心完成我们的奋斗目标。

××服装商店

×年×月×日

【简评】本计划的导言，概述了制订计划的依据和工作思路。主体部分首先用表格表述奋斗目标，将每项指标与上年度实绩做比较，明确、具体、简洁。然后用条文式列写实现目标的五项措施和具体做法，可操作性强。结尾表明实施计划的信心。

本计划的一大特色是表格与条文能很好地结合。不足之处是计划中没有写明落实措施和做法的具体步骤。

例文二

××学校中文秘书专业实习方案

为了贯彻理论联系实际的教学原则，加强实践性教学，使学生通过社会实践，运用课堂知识，提高应用能力、发展智力，根据教学计划，本学期拟安排秘书学概论及应用写作两门学科相结合的专业实习。

一、内容与要求

（1）了解基层单位秘书部门（办公室）的一般性工作；

（2）了解机关文秘工作的内容及处理办法；

（3）了解机关文书的制发、运转程序；

（4）根据实习情况，学习编写简报（以实习小组为单位，编写两期简报）。

二、时间安排

×年×月×日至×月×日共三周。分两阶段，第一阶段（×月×日至×日）两周为校外实习；第二阶段（×月×日至×日）为校内实习：整理材料，小组交流，个人写出实习报告。

三、实习地点及分组安排

××市内各公司，具体安排见附表。（略）

四、组织领导与实习管理

（1）由中文系负责实习领导工作，由××、×××、××三位老师带队并负责专业指导，与班委会组成实习领导小组，安排实习点小组负责人，分工负责解决实习中的具体问题；

（2）聘请各实习所在单位秘书部门的同志（由实习单位确定）为业务指导老师，协助完成实习中的教学工作；

（3）学生在实习期间，由所在单位统一领导、管理，由所在单位业务指导老师安排实习具体内容；

（4）学生在校外实习期间，每天按实习单位作息时间上下班，每星期二、四晚上19点至21点到学校教室集中，汇报、交流情况。

五、学生必须注意的事项

（1）严格遵守学校及所在单位的规章制度，按时上下班，不得迟到、早退，各小组长负责每天考勤并及时向领导小组汇报；

（2）服从所在单位党政领导，积极参加所在单位政治、业务学习，虚心向所在单位职工请教，尊敬业务指导老师；

（3）注意文明礼貌，养成使用礼貌语言的习惯，以秘书人员服务他人、理好事务的原则来要求自己；

（4）严守国家机密，注意保管好实习资料，未经指导老师同意，不得带资料离开单位；爱护公物，注意安全，防止事故发生；

（5）实习期间原则上不准请事假，如有特殊情况或因病需请假，须经所在单位业务指导老师和带队老师批准。

×年×月×日

【简评】本文是一份实习方案，是就近期的某项任务的具体实施，从目的、要求、方法做全面的安排。写得详尽、明确、具体，使执行者有据可依，有规可循。语言简约、准确，值得学习。

【复习与训练】

一、计划的主体一般要写些什么内容？计划正文里不便表述的内容该如何处理？

二、阅读下文，回答问题。

××区银行办事处中专班学习计划

几年来，我们银行的青年职工人数越来越多，已经成了业务骨干力量，他们在经济战线上发挥着积极作用，展示了我国银行事业的希望和前景。但也不能忽视，一些青年职工由于理论水平低、文化素养差等而感到我们做的工作没有意思。根据中国人民银行总行要求，为提高在职干部文化水平，我们办事处开办了中专班，脱产学习一年半。招生的对象是在银行工作两年以上、高中毕业或相当于高中毕业水平的同志。为了更好地完成学习任务，我们教育科计划如下：

一、学习内容

主要学习哲学、大学语文、货币概论、会计原理等20门课程。

二、学习进度

第一学期，有数学、语文等，第二学期有语文、财政、哲学等，第三学期有储蓄、企业管理等。学完一门课程，进行一次结业考试，不再进行全面考试。

三、学习方法

任课老师，请××大学、××师范学院和银行的老师。学生上课时做笔记，课后参考书籍做复习题，由任课老师批改作业。各门功课学习完两章进行一次阶段考试，检查学生是否真正掌握。

××区银行办事处

×年×月×日

1. 本文标题有什么问题？请改正。

2. 本文前言遗漏了什么？有哪些内容可以放到正文中去？

3. 请对本计划进行修改，补上应该写的内容，可根据需要，重新调整结构，并修改本文语言上的毛病。

三、按照计划的写作要求，写一份个人学习计划。

第三节　总　结

【情境与任务】

阅读下文，谈谈总结在你生活中的作用与影响。

小 D 是一个善于总结的人。他的工作台、电脑桌面都是整洁的，常用的放在手边，不常用的整理起来，或建立索引，或制作标签，即使突然要用也能立刻找到。他工作张弛有度，能分出轻重缓急，合理配置时间。自参加工作以来，所有工作材料都分门别类保存，只要经他手的，领导随时需要，他都能及时找到。各种文件政策，学习完之后他也会提炼出不同的任务集，哪些可为、哪些不可为，然后主动向领导汇报，提出全年工作要点和创新点……此外，每年年底他也会对全年工作进行综合整理，需要长期保存的装订成册，制作文件目录便于以后查找，一年中做了什么，取得了哪些重大成绩，他都能有理有据一一道来。

工作几年，他获得领导的高度认可，领导逢人便说：工作中我都离不开小 D 了，把工作交给他绝对放心。在小 D 看来，他只是将自己的本职工作做好，总结、提炼使他的工作更简化，效率更高了。

一、文体知识

（一）总结的概念

总结是回顾一个阶段工作、生产等的完成情况，对其进行分析研究，找出经验教训，用以指导今后工作而形成的事务文书。

通常情况下，机关、单位和个人在某项工作告一段落时，为肯定成绩、总结经验、找出差距、吸取教训、明确下一步努力方向以推动今后工作，要对照事先所订立的计划分析、研究、评价工作进展的具体情况，把工作实践中的感性认识升华为理性认识，写成书面材料，或向上级呈报，或向群众报告，或在报刊发表，或者存档备查。总结是认识客观事物、掌握客观规律的一种重要手段。事先做计划，事后做总结，人们所做的各项工作，就是通过计划——实践——总结——再计划——再实践——再总结的多次反复而积累经验，得到不断的提高和发展。

总结以单位和个人的实践活动为基本内容。其中的观点，都是从自身以往的实践中概括、提炼出来的，主要材料也都是从自身以往的实践活动中选取的。所以，它一般都是以当局者、当事人的身份，用第一人称写成的。

总结的作用具体表现在以下方面：

（1）可以全面、系统地了解、评价以往工作的情况。做得好还是不好，是全部完成了计划还是基本完成了计划或是超额完成了计划，工作中有何优点，有何不足，都可以通过总结全面了解、把握，从而对工作的进程和今后的任务做到心中有数。

（2）可以总结经验教训，不断提高工作质量和效率。通过总结，人们能够从某些成功的工作中获得经验，坚持并发扬行之有效的成功做法；还能从某些工作失误中得到教训，在今后的工作中不犯或少犯错误，不走或少走弯路，使工作质量和工作效率得到显著的提高。

（3）可以实现认识的飞跃。通过总结，可以使过去工作实践中不系统的、零碎片段的感性认识理性化，摸索、归纳出带有规律性的东西，实现从感性认识到理性认识的飞跃，从而提高工作能力和水平。

（二）总结的种类

总结的种类比较多，如按内容对象分，有工作总结、学习总结、思想总结等；按内容范围分，有单位总结、部门总结、个人总结等；从时间范围上分，有阶段总结、季度总结、年度总结等。本书从学习写作的角度，把总结按性质、用途和写法分为综合性总结和专题性总结两大类。

1. 综合性总结

综合性总结是在工作发展到某个阶段后对工作的各个方面所做的比较全面、系统的归纳总结，所以也叫全面总结。它归纳本阶段工作实践的成绩和经验，指出存在的问题，提出改进意见和今后努力的方向，能够反映工作的全貌，多用于向上级领导机关汇报工作和向群众做总结报告。它虽被称为全面总结，但并不是把工作的方方面面都囊括无余，而是选择意义最重要、成绩最显著、经验最典型或问题最突出的几个方面去总结。

2. 专题性总结

专题性总结是就某一项具体工作，或工作中的某一个方面、某一个问题所做的总结。这种总结使用广泛、针对性强，偏重总结经验、介绍做法，它比综合性总结针对性更强，内容也更集中、更具体、更深刻，所以比综合性总结使用的范围也更广泛。

二、写作格式和方法

总结没有固定的写法，应根据不同的对象、内容与目的，确定具体的写法。一般总结是由标题、正文、落款组成。

（一）标题

常见的主要有两大类：一类是公文式标题，一般由总结单位名称、总结的时间界限、总结的事项和文体名称四个要素组合而成，如《××工业局 1994—1995 年机关工作总结》。有的总结标题中不出现单位名称，如《2016 年教学工作总结》。一类是一般文章式标题，多用于经验性总结，如《我们是如何做好大一学生入学教育的》。也可以用正题揭示总结的主题，副题则对总结的事项、时限、单位等做必要的补充、说明或限制，如《面向国际市场，立足适销对路——××市大力组织出口商品生产和收购的经验总结》。

（二）正文

正文由前言、主体和结尾组成。

1. 前言

前言是总结的开头部分，一般是提纲挈领、开门见山地概述基本情况，说明做了哪些工作、取得了哪些成绩、获得了哪些经验、还存在哪些问题、应吸取什么教训等，有时还要简要说明总结的目的。前言的语言要简洁凝练，篇幅要尽量短小，所以对上述内容只能简明扼要地概括提示，而不能展开来具体阐述。还有一些总结常把基本情况的介绍作为主体的第一部分，而不写专门的前言。

2. 主体

主体是总结的躯干部分。一般包括基本情况和取得的成绩、经验体会、存在的问题和教训、今后打算或努力方向。简单来说，总结写的是“做了什么”“做得怎样”和“做到什么程度”。主体的结构形式常用的有两种：

（1）横式结构。一般用小标题或在段首用主题句总结观点，揭示该段主旨。各部分之间可以是并列关系、因果关系、递进关系等。

（2）纵式关系。对于时间跨度比较长的总结，可以按事情发展的先后顺序组织材料，分述各个阶段的情况、做法与经验教训。

3. 结尾

总结的结尾有三种形式。第一种是无独立结尾段的结尾形式，即以主体的最后一个部分作为全文的结尾，不再另写独立的、专门的结尾。一般单位内部的总结多采用这种写法，写完存在问题和今后努力方向之后，全文就自然结束。第二种是归纳式结尾，即在主体后另写一段概括全文主要内容的文字作为结尾。报刊上发表的典型经验总结多采用这种写法，以强调主要经验和经验的意义。第三种是号召式结尾，用一段带有鼓动性、激励性的语言，展望未来，指明今后的努力方向，以鼓舞斗志、增强信心。在会议上向与会者或群众所做的总结报告多采用这种结尾方法。

（三）落款

总结要署名并写清成文日期，以备日后查考。一般单位内部的总结和向上级报送的总结，如果标题内已经标明了总结单位名称，文后可以不另署名，只在落款处写明总结的成文日期。

三、总结的写作要求

（一）充分占有材料

材料是总结的基础，是第一性的。没有材料，工作总结便无从写起；材料不充分，写出的工作总结就干瘪。所以，在写作前要收集材料，包括与总结相关的材料，诸如数据、业绩、人物、事实等，既要有物质文明材料，又要有精神文明材料，既要有全面材料，又要有典型材料。收集方法也可以多种多样，如统计报表、查看记录、深入调查、座谈访问、观察现场、听取群众反映等，尽可能把大量的第一手资料掌握到手，从材料中形成概念、观点，然后才开始动笔。

（二）运用辩证思维方法，总结出规律性的认识

辩证思维方法是科学的思想方法，它用联系、发展、变化和一分为二的观点来观察研究事物。写工作总结，就是要把收集的各种材料吸进大脑，然后用辩证思维的方法，进行系统的分析研究，去粗取精、去伪存真、由表及里、由此及彼，梳理出有条理的内容，用准确的语言表述出来。因此，写工作总结的过程也是思维活动的过程。如果不经过思维活动，不经过大脑加工，那么，所收集的材料便不能发挥作用，等于一大堆存放的"建筑材料"，没有建成高楼大厦。

总结的目的是为了认识世界，把工作做得更好，因此要注意总结有规律性的经验，分析事物的本质，从而使人们驾驭规律，推动工作向前发展。要注意从各种不同的事物、经验中找出共同的因果关系，研究这些事物、经验的成因，找出规律性的东西。规律性的认识是从实践中概括出来的，不是主观臆造的，我们在总结时，不能停留在表面现象和客观材料的罗列上，而要在"由此及彼、由表及里"上下功夫，通过对大量材料的分析、比较、鉴别，引出结论。

（三）表达上要叙议结合

总结的语言要求是朴实简明，老老实实地叙述事实、剖析事理，不做不切实际的修饰；不借用夸张、婉曲等修辞手法；不用描写、抒情的表达方式。叙述和议论，是总结最常用的两种表达方式。

一般来说，在说明工作过程、列举典型事例时，应以叙述为主；在分析经验教训、阐述努力方向时，应以议论为主。叙述是议论的依据，议论又是对叙述的分析综合和提高。叙述和议论的关系反映了材料和观点的关系，两者必须有机地统一起来，切忌彼此脱节。

四、例文评析

例文一

××酒店 2007 年工作总结

过去的一年，是酒店全年营业收入及利润指标完成得较为理想的一年。值此辞旧迎新之际，有必要总结过去一年的工作、成绩、经验及不足，以扬长避短，奋发进取，

在新一年里努力再创佳绩。

一、科学决策，齐心协力，酒店年创四点业绩

酒店总经理班子根据中心的要求，年初制订了全年工作计划，提出了指导各项工作开展的总体工作思路，一是努力实现“三创目标”，二是齐心蓄积“三方优势”等。总体思路决定着科学决策，指导着全年各项工作的开展。酒店总经理班子带领各部门经理及主管、领班，团结全体员工，上下一致、齐心协力，在创收、创利、创优、创稳定方面做出了一定的贡献，取得了颇为可观的业绩。

1. 经营创收。酒店通过调整销售人员、拓宽销售渠道、推出房提奖励、餐饮绩效挂钩等相关经营措施，增加了营业收入。酒店全年完成营收为××万元，比去年超额××万元，超幅为30%；其中客房收入为××万元，写字间收入为××万元，餐厅收入××万元，其他收入共××万元。全年客房平均出租率为85%，年均房价××元/间夜。酒店客房出租率和平均房价，皆高于全市四星级酒店的平均值。

2. 管理创利。酒店通过狠抓管理、深挖潜力、节流节支、合理用工等，在人工成本、能源费用、物料消耗、采购库管等方面，倡导节约、从严控制。酒店全年经营利润为××万元，经营利润率为××%，比去年分别增加×万元和××%。其中，人工成本为××万元，能源费用为××万元，物料消耗为××万元，分别占酒店总收入的××%、××%、××%。比年初预定指标分别降低了××%、××%、××%。

3. 服务创优。酒店通过引进品牌管理，强化《员工待客基本行为准则》关于“仪表、微笑、问候”等20字内容的培训，加强管理人员的现场督导和质量检查，逐步完善前台待客部门及岗位的窗口形象，不断提高员工的优质服务水准。因而，今年5月份由市旅游局组织每年一次对星级饭店明察暗访的打分评比，我店仅扣2分，获得优质服务较高分值，在本地区同星级饭店中名列前茅。(略)

4. 安全创稳定。酒店通过制订“大型活动安保方案”等安全预案，做到了日常的防火、防盗等“六防”，全年几乎未发生一件意外安全事故。(略)

二、品牌管理，酒店主抓七大工作

在今年抓“三标一体”管理的推行认证过程中，酒店召开了多次专题会，安排了不同内容的培训课，组织了一些验审预检等，这些大大促进并指导了酒店管理工作更规范地开展。同时，酒店引进国内外先进酒店成功经验，结合年初制订的管理目标和工作计划，酒店及各部门全年主要抓了七项工作。

(一)以效益为目标，抓好销售工作(略)

(二)以改革为动力，抓好餐饮工作

1. 绩效挂钩。餐厅虽然是酒店的一个部门岗位，但在管理体制上率先进入市场轨道，绩效挂钩的改革举措在该餐厅正式推行，即将餐厅的经营收入指标核定为××万元/月，工资总额控制为××万元/月。在一定的费用和毛利率标准下，若超额完成或未完成营收指标，则按完成或未完成的比例扣除工资总额的相应比例数额。这种绩效挂钩的做法，一方面给餐厅厨房的管理者、服务员、厨师等人员以无形的压力，思想工

作欠缺或管理不得法等可能会带来一些负面的影响；另一方面，却使大家变压力为动力，促进餐厅、厨房为多创效益而自觉主动地做好经营促销工作。如餐厅增开夏季夜市、增加早餐品种等。

2. 竞聘上岗。餐厅除了分配政策进行了改革，用人、用工机制也较灵活。管理者能上能下，员工能进能出，依据工作表现竞聘上岗等，这些皆利于酒店及部门岗位的政令畅通、令行禁止。当然，主要管理者若素质欠佳或管理不力，也自然会产生一些逆反后果。但总体看来，餐厅将表现和能力较优秀的主管安排到负责岗位，将认真工作的员工提为领班，将不称职的主管、领班及员工予以劝退等，多多少少推动了餐厅各项工作的开展，为力争完成营收指标提供了管理机制等方面的保证。

（三）以客户为重点，抓好物业工作（略）

（四）以质量为前提，抓好客房工作（略）

（五）以“六防”为内容，抓好安保工作（略）

（六）以精干为原则，抓好人事工作（略）

（七）以“准则”为参照，抓好培训工作（略）

三、四星标准，客户反馈，酒店仍存在三类问题

一年的工作，经过全店上下的共同努力，成绩是主要的，但不可忽略所存在的问题。这些问题，有些来自客人投诉等反馈意见，有些是酒店质检或部门自查所发现的。

1. 设施设备不尽完善。（略）

2. 管理水准有待提升。一表现在管理人员文化修养、专业知识、外语水平和管理能力等综合素质高低不一、参差不齐；二表现在酒店尚未制订一整套规范系统、切实可行的“管理模式”；三表现在“人治”管理、随意管理等个体行为在一些管理者身上时有发生。

3. 服务质量尚需优化。从多次检查和客人投诉中发现，酒店各部门各岗位员工的服务质量，横向比较有高有低，纵向比较有优有劣。白天与夜晚、平时与周末、领导在与不在，都难做到一个样的优质服务。反复出现的问题是：有些部门或岗位的部分员工，仪容仪表不整洁、礼节礼貌不主动、接待服务不周到、处理应变不灵活。此外，清洁卫生不仔细、设备维修不及时等，也影响着酒店整体的服务质量。

通过对酒店全年工作进行回顾总结，我们将发扬成绩、整改问题，并制订新一年度的工作计划，我们相信明年一定会取得更大成绩。

×年×月×日

【简评】这是一篇企业年度工作的综合性总结，正文由前言、主体、结尾三部分组成。前言部分概述了基本情况，交代了总结所涉及的时限，概述了成就，用语精练，字里行间洋溢着信心和决心。主体部分列举了一年来的主要工作、体会及不足，内容按逻辑顺序排列，材料丰富，充分证明了总结中所提出的各个观点。最后以展望作结，充满了信心，反映了企业的精神面貌。全文层次分明，观点与材料统一，是一篇值得借鉴的总结。

例文二

实行“三化”提高工作质量

办公室工作的被动性、从属性、事务性和服务性等特点，常常导致办公室在忙、乱、杂中运转。如何从被动中求得主动，提高办事效率、办公质量？现将我们××储运公司的一些做法介绍出来，以期抛砖引玉。

我们采取“抓住重点，带动一般”的办法，在重点项目上建立健全工作程序、标准和制度，实现工作程序化、标准化和制度化，从被动中求主动。具体来说就是：抓住文件、会议、小车管理和接待协调三大项目，带动其他日常工作，对各项工作都要求绘出程序图，制定出制度和标准，在规定目标的同时，也规定达到目标的方法。

首先，我们根据三个重点项目各自的特点，绘制了《经理办公程序》《行政会议组织程序》《公文审稿工作程序》《客人接待工作程序》《小车安排工作程序》等二十四个工作程序图，制订和完善了《草拟公文工作标准》《秘书日常工作标准》《文稿修改工作标准》《复印文件工作标准》等十二个工作标准和《关于复印文件暂行规定》《关于保密工作的暂行规定》《关于印信使用的暂行规定》等八项工作制度，使各项工作有程序、标准和制度可依。

其次，在严格执行上下功夫。例如，我们要求在办公文中严把“四关”，即：一把拟办单位关，要求拟办单位草拟文件时不草率；二把文字关，即看是否要行文和以什么形式行文，是否符合党和国家的政策法规，文字表达是否准确、简练、通顺，涉及几个部门时是否协商一致，和本单位前后文件是否有矛盾，体例格式是否规范；三把打字、校对、印刷、装订、分发关；四把文件发出后的催办关。通过严把“四关”，使文件的草拟、审核、审批、打印、校对、印刷、装订、分发与催办形成一条龙，从而保证了文件整体质量的提高。再如，在提高会议质量时，我们根据所规定的工作程序、标准和制度，主要抓了会前的准备工作、会中的记录和提醒、会后的记录整理和有关事项的催办和反馈四个环节。会前填写会议议题单，会后下发会议决定通知单或会议纪要，严格控制会议，认真整顿会风，提高了会议质量。

经过几年的实践，我们体会到，实行工作程序化、标准化和制度化，可以使复杂的工作条理化、规范化和责任化，使每个人都明确自己的责任和权限，达到了用时少、效率高的目的。

××办公室
×年×月×日

【简评】这是一篇工作经验总结。文章总结了该办公室实行工作程序化、标准化、制度化这“三化”的经验，文章很善于概括经验，针对性强、做法具体、条理清楚，是推广经验性文章的可取写法。

【复习与训练】

一、判断题。

1．能否找出带有规律性的认识，用以指导今后的工作，是衡量一篇总结质量好坏的标准。(　　)

2. 总结要把感性认识上升到理性认识的高度。(　　)

3. 写总结一般用第三人称。(　　)

4. 写总结一定要按照完成工作的时间先后顺序来写。(　　)

5. 总结的表达要力求生动。(　　)

二、简答题：试简述总结主体一般写什么内容？各部分内容如何写？

三、请评析以下两篇课程小结是否符合总结的写作要求。

课程小结

法律课是我本学期选择的院选修课。这学期的学习使我学到了许多法律上的知识，课上的每一个案例都是很好的学习教材。我们在课堂上看过的案例有挂靠事件、无言的证据、电热水器漏电致人死亡等。法律课是一堂形式多变、活泼的课。上课的形式主要以小组为主。有时自由组合、有时抽签，我们还以辩论赛、重演案例、模拟法庭等形式上课。这些多种形式的授课方式使我们每个同学都有高度的积极性，都能在愉快的课堂中真正学习到相关的法律知识，并且能有较深的印象。我认为法律课是我最喜欢上的一节课，因为老师总能用不同的形式授课，而且能把我们的主动性和积极性调动得很高，课堂气氛非常活跃，是唯一的一堂我最希望上的课。我真的好希望所有的课都能像景老师的法律课一样，有愉快的课堂，而且所讲到的知识都能被学生牢牢地记住。那我们就不再会认为学习是枯燥无味的，成绩也定会有大大地提高。谢谢景老师让我有这么愉快的课堂!

李××

×年×月×日

法律课程学习小结

这个学期选修的法律课使我获益匪浅，我学会了从不同角度去看待同一件事情，并且还学到了很多法律知识，我不仅知道了什么该做或不可以做，还知道如何捍卫自己的权利。我主要学习了以下几个案例：

……

我觉得这个课程很好，以不同的形式学习法律知识，把原本枯燥的课程上得津津有味，老师的教学方式很受同学们的欢迎。

我的建议：

1. 由学生自己准备案例，并向同学表演、讨论和分析整个案例。

2. 组织参观一些有关犯罪、法律等方面的展览或电影。

张××

×年×月×日

四、阅读下文，联系所学的知识，说说总结写作应该注意哪些问题。

年终到了，某县茶叶公司的上级主管部门催报年度工作总结。为此，该公司的徐经理召开各职能部门负责人会议，集体回顾、总结一年来的工作情况。经理办公室的何秘书被指名担任会议记录，并负责起草公司年度工作总结。

何秘书过去没有写过工作总结，也未受过公文写作的专门训练。但他认为，工作总结是综合性很强的文章，不仅材料要有说服力，而且语言要生动感人，不妨采用文学手法。于是，他按照拟定的提纲，连续五天闭门谢客，专心写作。当写到党员老王同志兢兢业业工作、节约基建资金二万多元时，何秘书的文学激情油然而生，便对老王的形象着力描写："他中等身材，穿着一件褪了色的灰色中山装。前额宽大，双鬓泛白，眉峰紧锁，目光深沉，从那炯炯有神的眼睛里，人们不难看出一种坚韧不拔的气概。"为了使老王的事迹催人泪下，何秘书又虚构出一段老王不徇私情处理侄儿的情节，并采用褒贬结合的形式，对叔侄两人进行了动作描写和心理刻画："……侄子扑通一声跪在老王面前，额头渗出来的汗珠顺着瘦削的脸颊汩汩地滚下。他抬起一双颤抖的手，用沙哑的嗓音哀求道：'大伯，我错了，我该死，我再也不干了，饶了我吧！'……老王闪动着一双深沉的眼睛，陷入了痛苦的情感之中。他是亲眼看着侄子长大的，深知侄子在乡下的困境，也知道放走侄子是神不知鬼不觉的事情。但是他不能，他是共产党员，党和人民的利益高于一切，放走侄子就是对人民的犯罪，他的职责只能为党旗增辉！想到这里，他果断地拨动了身旁的电话……"

为了表达上的需要，何秘书又想当然地将节约资金二万多元改为三万多元。仅老王这一典型人物，总计 2 400 多字，占了总结全文的四分之一。

五天后，洋洋万言的初稿送到了徐经理的手中。在审稿的那天，何秘书遵照经理的指示，首先将工作总结绘声绘色地朗读了一遍。读罢，有的摇头，有的撇嘴。徐经理开门见山地说："念得不错，文笔也可以，就是文学色彩太浓，有些部分像小说。"财务负责人笑着问："商业大楼的结算还没出来，你怎么知道节约了三万多元？我粗估了一下，顶多只能节约六千元。统计数字不能夸张。"其他同志也说，写总结不是搞文学创作，先进事迹也只能概括地叙述。讨论的结果，工作总结要大改。

根据经理和大家的意见，何秘书对工作总结反复修改了三次，删去大量描述性段落和虚构情节。在第二次通稿会上，修改稿才获得通过。后经一位老秘书斟酌，由经理签发上报了。

第四节　申请书、倡议书

【情境与任务】

最近网络上流传这样一份特殊的“申请书”，请你从应用文写作的角度说说这份申请书写得怎么样。

玩耍申请书

我美丽的妈妈和帅气的爸爸：

由于期末考试即将来临，学习压力比以前大。每天您女儿的数学、语文包括英语老师布置的家庭作业较多，为了更好地应付期末考试，调理好精气神，考出好成绩。现特申请星期六下午与同学一起去学校附近玩耍。

以上申请请我的爸爸妈妈批准，如若同意，请在下列方格中写上您们优雅以及动听的名字。

申请人是您的女儿

一、申请书

（一）文体知识

1. 申请书的概念

申请书是个人或集体向有关部门、组织表达某种愿望或提出某种请求，或申请解决问题时而书写的一种专用书信。申请书含有请求批准的意思。申请书的使用范围十分广泛，个人对党、团组织或其他群众团体表述愿意加入的志愿、理想和希望时，要使用申请书；个人或下级部门在对领导或上级机关有所请求时，也可以使用申请书。

2. 申请书的特点

（1）申请书的请求性。

“申请”顾名思义是申述自己的理由并有所请求。个人或组织在表达申请愿望的同时，均有一种请求满足的要求。

（2）申请书采用书信体格式，内容单一。

申请书虽是一种专用书信，但它也同其他书信一样是表情达意的工具。申请书内容要求单纯，一事一议；要在申请书中把所要申请的事情、理由以及自己的要求叙述清楚，以便有关部门或领导研究解决。

（二）申请书的写作格式和方法

申请书由标题、称谓、正文、结语和落款五部分构成。

1. 标题

申请书的标题有两种构成形式：可以只用文种作标题，如《申请书》；也可以采用事项加文种的组成方式，如《入团申请书》《苦难补助申请》。

2. 称谓

申请书的称谓应另起行，左起顶格。称谓中应写明接收申请书的单位名称或领导。如“××党支部”“××系总支领导”等。

3. 正文

申请书的正文包括三方面的内容：

（1）申请内容。申请书中要开门见山地向领导或组织提出申请要求，语气应诚恳而有分寸，表述应直截了当，不拖泥带水、含含糊糊。

（2）申请原因，即为什么申请。在申请原因中要详细说明申请书的目的、意义及自己对申请事项的认识。叙述时应具体、翔实和真实、准确，并突出自己的特点。

（3）决心和要求。在这一部分中要进一步表明自己的决心、态度和要求，以便组织了解申请人的认识和情况。语言要朴实准确、简洁明了。

4. 结语

结语一般是表示敬意的礼貌用语，如“此致敬礼”等；也可是一些应用文中的惯用语，如“请组织考验”“请审查”“望领导批准”等；还可适当写些表示感谢和希望的话等。

5. 落款

在正文右下方注明申请人的姓名和日期。

（三）例文评析

例文一

低保申请

尊敬的领导：

您好！

我和我的丈夫都是××县××区××乡××厂的职工，现寄宿在侄女的××社区××公寓，×年双双下岗以来，我们一直没有工作，也没有固定的生活来源，家有一个女儿，女儿现在××军医大学上大二。我于×年×月查出身患乳腺癌，在××县医院××医师主治下进行了手术，花去了 8 千多元。后于×年×月去××陆军总医院化疗、放疗，花去了 3 万多。×年癌又复发，去××医院就治，至今已花去了 2 万 5 左右。现在不但家里的积蓄都花光了，还债台高筑，昂贵的医药费让我没敢再跨进医院的门槛，现在生活举步维艰，连平时控制病情的药也只好停了。

丈夫现已近五十岁，又患乙肝病多年，今迫于生活外出打工近一年，由于自身有病和年龄偏大，没人要，工作尚无法一时找到，在我生活又不能自理的情况下，只好回家来照顾我。女儿现在上大二，每年 1 万余元的学费全都是向亲戚借来的，通过东拼西凑，好不容易凑够了，交上了学费。邻里亲戚知道我们家的情况后，现在都不愿借钱给我们，我真不知道下一学期还有没有钱送她上学。前一阵子，我找了一份帮小区扫地的 300 元一月的工作，当时非常高兴，可当听说我有病之后，两天后他们就把我辞掉了。我上有年迈的父母需要赡养，下有尚未成人的女儿要抚养，全家人的生活没有着落，让我非常揪心，不知道明天的路在何方。幸好，我听说我们的这种情况可以申请低保，我异常高兴，好似抓住了一根救命的稻草，看到了一线黎明的曙光，可以救我的家庭于水火。于是商量之后，我夫妇二人特向你们申请低保，以度过目前的艰难时日。

我相信党、相信政府会给我们解决实际困难，解决我们的生活危机，向我们伸出援助之手！

此致

敬礼！

申请人：李××

×年×月×日

【简评】这份申请书虽没有华丽的文采，但病情和家庭境况叙述具体、翔实，表明了自己的实际困难，态度真挚诚恳。

例文二

入团申请书

共青团×××委员会：

在团组织的培养下，在老师的教育和同学们的帮助下，通过学习团的章程，我认识到：中国共产主义青年团是先进青年的群众组织，是学习共产主义的大学校，是中国共产党的得力助手，青年人要更好地学好马列主义、毛泽东思想和现代科学文化知识，把自己培养成为有社会主义觉悟的有文化的劳动者，就应该加入中国共产主义青年团。因此，我特此申请加入中国共产主义青年团。

我入团以后，决定做到：坚决执行团的决议、遵守团的纪律、按时交纳团费、积极参加团的工作。同时加倍努力学习马列主义、毛泽东思想和现代化科学文化知识，认真完成组织交给我的各项任务，处处起模范带头作用；同一切违法乱纪行为作坚决的斗争；认真开展批评与自我批评，随时坚持真理，改正错误，为祖国的建设贡献自己的一切力量。

请团组织进一步考验我，并在条件成熟的时候，批准我的请求。

此致

敬礼！

申请人：张××

×年×月×日

【简评】这份入团申请书格式正确、语言简练，既写出了申请的理由，又表达了自己的决心，是一份较规范的申请书。

二、倡议书

（一）文体知识

1. 倡议书的概念和作用

倡议书是个人或集体提出建议并公开发起，希望共同完成某项任务或开展某项公益活动所运用的一种专用书信。倡议书应用广泛，希望所有看到倡议书的人都能响应。倡议书具有广泛发动群众、调动集体和大多数人团结互助、群策群力、共同努力奋斗的作用。

2. 倡议书的主要特点

倡议书的特点体现在以下几个方面：

（1）接受对象的广泛性。

倡议书不是对某个人、某一集体或某一单位而言的，它往往是面向广大公众发出的。所以其对象的广泛性是倡议书的基本特征。

（2）接受对象的不确定性。

倡议书是要求广大群众响应的，然而其接受的对象范围往往是不确定的。即使在文中明确了自己的具体对象，可有关人员可以表示响应也可以不表示响应，因为倡议书本身不具有强约束力。

（3）公开性。

倡议书就是一种广而告之的书信。目的是让广大公众知道了解，从而激起更多的人响应，以期在最大的范围内引起共鸣。

（二）倡议书的写作格式和方法

倡议书一般由标题、称呼、正文、结尾、落款五部分组成。

1. 标题

倡议书的标题在首行居中的位置，主要有两种构成形式：可以只用文种作标题，如《倡议书》；也可以由倡议内容加文种共同构成，如《节约用电倡议书》。

2. 称呼

倡议书的称呼可依据倡议的对象而选用适当的称呼，如“广大的青少年朋友们”“广大的妇女同胞们”等。有的倡议书也可不用称呼，而在正文中直接写出。

3. 正文

倡议书的正文应包括以下内容：

（1）写倡议书的背景、原因和目的。

倡议书的发出贵在引起广泛的响应，只有交代清楚倡议活动的原因，以及当时的各种背景事实，并申明发布倡议的目的，人们才会理解和信服，才会有自觉响应的行动。这些因素讲述不明确就会使人觉得莫名其妙，难以响应。

（2）写明倡议的具体内容和要求。

这是倡议书正文的重点部分。倡议的内容要具体、翔实。开展怎样的活动、都做哪些事情、具体要求是什么、它的价值和意义在哪里等均需一一写明。倡议书的具体内容多按条款式的方法叙写，清晰明确、一目了然。

4. 结尾

倡议书的结尾要表示倡议者的决心和希望，或写出某种建议。倡议书一般不在结尾写表示敬意或祝愿的话。

5. 落款

倡议书的落款在右下方写明倡议者单位、集体或个人的名称或姓名，并写明日期。

（三）例文评析

例文一

环保倡议书

亲爱的同学们：

当你在这美丽的校园中学习，为我们美好的未来而努力时，相信我们每一个同学都渴望有一个干净的校园，渴望健康的生命、渴望绿色、渴望我们有一个良好的生活环境。学校是育人的场所，环境教育是提高我们思想道德素质和科学文化素质的基本手段之一，建立节约型和环境友好型校园，这不仅是学校自身发展的需要，更是我们学生应有的社会责任。为了增强大家的环境保护意识，让校园环境更加整洁靓丽，我们“校园环境志愿者”活动小组恳切地向师生们提出如下倡议：

1. 树立绿色文明观念，自觉关心环境状况，把个人环保行为视为个人文明修养的组成部分。

2. 不乱扔垃圾、果皮纸屑，不随地吐痰，不随意采摘校园的一草一木，爱护公共绿地。

3. 节约用水，珍惜水资源，减少水污染；节约用电，做到人走灯灭，光线充足时不要开灯，避免“白昼灯”“长明灯”的情况发生，微机室电脑用后及时关机。

4. 节约用纸，尽量少用餐巾纸，草稿纸等尽量两面用。

5. 生活节俭，不随意浪费粮食、不剩饭，培养良好的生活习惯。

6. 尽量少用塑料袋，尽量少用一次性的纸杯、塑料杯。

“历览前贤国与家，成由勤俭败由奢”，中华民族历来倡导节约，父母老师也再三强调要保护环境。让我们义不容辞地承担起各自的使命，树立环境意识，养成节约资源的习惯，从我做起、从点滴小事做起，为共建绿色和谐校园而努力！

××校园环境志愿者活动小组

×年×月×日

【简评】这份倡议书内容翔实具体，把倡议的理由和意义都阐述得很清楚，提出的措施切实可行，使响应者听起来明明白白、做起来有所依据。

例文二

争创“文明网站”倡议书

互联网是公众精神文化活动的重要空间，是社会主义精神文明建设的重要阵地。中央文明办、中央外宣办、工业和信息化部、公安部、文化部、广电总局、新闻出版总署在全国组织开展创建“文明网站”活动，符合我国互联网健康发展的客观需要，顺应广大群众的迫切愿望，是加强网络文明建设的实际行动。我们百家网站坚决拥护和积极参与创建活动，并向全国网站发出如下倡议：

一、坚持依法办网、守法经营，严格规范网站建设与管理，自觉遵守国家关于互联网发展和管理的法律、法规和政策，接受行政管理和业务指导，不违法违规开展业务。

二、完善内部教育管理体系，全面提高从业人员素质，增强责任意识、职业素养和道德水平，培育遵纪守法、爱岗敬业、诚实守信、服务人民、奉献社会的行业风气。

三、规范网上传播秩序，建立健全有害信息的发现、监督和处置机制，遵守信息发布和新闻传播有关法规，确保网上信息安全流动，营造良好网上舆论氛围。

四、净化网络文化环境，坚决清理淫秽色情及庸俗、低俗、媚俗等信息，始终把社会效益放在首位，引领网络道德风尚，为广大青少年提供健康的网上空间。

五、增强网上舆论鉴别能力，坚决抵制非法网络公关等现象，拒绝为恶意炒作、操控舆论等非法牟利行为提供便利与平台，自觉维护网络舆论环境和市场经济秩序。

六、切实履行社会责任，不造谣、不传谣、不信谣，杜绝虚假信息，保护公民隐私等合法权益，增强网络媒体公信力，为网民建立真实、可信、可靠的互联网使用环境。

七、强化行业自律，恪守行业规范，主动开展自查自纠，对违反法律法规、违背社会公德的有害内容不链接、不发送、不登载，抵制一切有悖于网络文明、有碍社会稳定的行为。

八、真诚接受社会监督，建立举报受理机制，畅通网站举报渠道，对各方投诉反映的问题及时处置反馈，以理性开放的心态对待各界意见建议，让人民群众放心满意。

九、开展网络文明实践活动，努力创作积极向上、喜闻乐见的网络文化产品，引导广大网民树立正确的网络观，养成科学、文明、健康的上网习惯，为提高全社会文明程度做贡献。

十、全面提高网站文明服务水平，改善服务社会能力，热心参与公益事业，塑造良好文明形象，并不断总结经验、扩大网民参与，推动“文明网站”创建工作制度化、规范化、常态化。

从“蹒跚学步”到蓬勃发展，中国互联网走过了不平凡的岁月。回顾发展历史，我们倍感自豪；面对亿万网民的殷切期盼，我们责任重大。让我们携手并进，不辱使命，着力传播网络先进文化，树立网络道德风尚，提高网络服务质量，为建设文明、健康、安全、和谐的网上精神家园而共同努力。

人民网、新华网、中国网络电视台、中国网等全国百家网站

2011 年 5 月 16 日

【简评】这封倡议书格式规范，语言简洁，富有鼓动性，比较全面地概括了倡议的事项，最后发出号召，有感染力。

【复习与训练】

一、请参考所给材料，以××班团支部的名义拟写一份节约用水的倡议书。要求格式正确，表述清楚。

刷牙

浪费：不间断放水，30 秒，用水约 6 升。

节水：口杯接水，3 口杯，用水 0.6 升；三口之家每日两次，每月可节水 486 升。

洗衣

浪费：洗衣机每次需用水约 165 升。

节水：衣物集中洗涤，可减少洗衣次数；小件、少量衣物提倡手洗，可节约大量水。

洗浴

浪费：过长时间不间断放水冲淋，会浪费大量水。

盆浴时放水过多，以至溢出；或盆浴时一边打开水塞，一边注水，浪费将十分惊人。

节水：间断放水淋浴（比如脚踏式、感应式等）；搓洗时应及时关水，避免过长时间冲淋。

盆浴后的水可用于洗衣、洗车、冲洗厕所、拖地等。

炊事

浪费：水龙头大开，长时间冲洗；烧开水时间过长，水蒸汽大量蒸发；用自来水冲淋蔬菜、水果。

节水：炊具、食具上的油污，先用纸擦除，再洗涤，可节水。

控制水龙头流量，改不间断冲洗为间断冲洗。

洗车

浪费：用水管冲洗，20 分钟，用水约 240 升。

节水：用水桶盛水洗车，需 3 桶水，用水约 30 升；使用洗涤水、洗衣水洗车；使用节水喷雾水枪冲洗；利用机械自动洗车；洗车水循环使用。

二、李强刚踏入大学，很想加入学生社团，他擅长画画，平时也喜欢看书，写写文章。请你想想他可以加入哪个社团？并代他写一份申请书。

第三章 社交礼仪类文书

第一节 请柬、邀请书

【情境与任务】

下面是某班委写的请柬，请说说有什么问题。

×××同学：

兹定于2013年3月6日上午9时到校医院看望病重的××老师，届时请准时到校医院指导。

××班委

2013年3月4日

一、请柬

（一）文体知识

请柬也称请帖，是单位或个人邀请别人参加庆典集会所发出的一种专用书信。在现代社会活动中，请柬的使用越来越频繁，作用越来越重要，既可以沟通信息、联络感情，又可以表示对被邀请者的尊重、热情、诚挚，也可使宾客知道活动具体事项，保证活动顺利进行。因此，请柬是现代公共事务最为庄重礼貌而简便的交往形式。

请柬主要是表明对被邀请者的尊敬，同时也表明邀请者对此事的郑重态度，所以邀请双方即便近在咫尺，也必须送请柬。

请柬的特点：

（1）书面性。请柬与一般的通知不同，后者既可以是书面的，也可以是口头传达的；而请柬只能是书面的，或直接当面呈递，或托人致送，或邮寄。

（2）广泛性。请柬的使用范围相当广泛，大到一个国家的国庆大典，小到个人的生日晚会，许许多多的活动和事项都要用到请柬。

（3）非保密性。一般书信对象性很强，只有收信人才有权拆看书信的内容，这是一般书信的保密性；而请柬的内容一般情况下则是公开的，是允许被邀请人以外的人看的，因此常常是不封口的。

（二）请柬的写作格式和方法

请柬从形式上分为横式写法和竖式写法两种。竖式写法从右边向左边写。但从内容上看，作为书信的一种，请柬又有其特殊的格式要求，一般由标题、称谓、正文、敬语和落款五部分组成。

1. 标题

在封面上写“请柬”二字。一般要做一些艺术加工，可用美术体的文字，文字的色彩可以烫金，可以有图案装饰等。现在大多都是市面统一制作的请柬，封面制作精美，且已按照书信格式印制好，发文者只需填写正文而已。

2. 称谓

一般在开头顶格写明被邀请人的姓名和尊称，如“××先生”“××女士”等。有的也可以放在正文之后，以“此致”引出。

3. 正文

要依次写清邀请对方在何时、何地、出席什么活动，要注意时间、地点一定要写清楚、写具体。如果是请人看戏或其他表演还应附上入场券。若有其他要求也需注明，如“请准备发言”“请准备节目”等。

4. 敬语

最后写礼节性问候语或恭候语，如“致以——敬礼”“顺致——崇高的敬意”“敬请光临”等。

5. 落款

署上邀请者（单位或个人）的名称和发柬日期。有时还需加盖公章。

（三）请柬写作的注意事项

（1）措辞得体，表意周全。内容应表达完整、准确，时间、地点、内容、人物不能有误。请柬措辞应简洁明确、文雅庄重、热情得体，如“赴宴”不能写成“来吃饭”；“敬备茶点”不能写成“有茶点招待”；“恭请光临”不能写成“望准时到会”等。

（2）请柬一般用红纸，在款式和装饰的设计上，要美观、精致、大方，注意其艺术性。

（3）请柬的发送时间要恰当，过早容易被对方遗忘，过晚又会使对方来不及安排时间，一般以提前七到十天为宜。

（四）例文评析

例文一

请　柬

××老师：

兹定于9月1日上午9时，在本校礼堂隆重举行××学校建校40周年纪念大会。敬请光临指导。

此致

敬礼！

××学校

2007年8月25日

【简评】正文部分写明了邀请参加活动的内容，具体的时间、地点写得很清楚，最后以“敬请光临指导”结束，格式规范。

例文二

请　柬

谨定于2008年2月16日（星期六）上午8时，在中山路258号华能大酒店二楼多功能厅举行我店开业庆典，敬请光临。

此致

××先生

华能大酒店总经理：××

2008年2月12日

【简评】本文被邀请者的称谓放在了落款之前，用“此致”引出，正文部分写明了具体的时间、地点、内容，落款写清了邀请者的单位、负责人及发出请柬的时间。格式正确、文字简洁。

二、邀请书

（一）文体知识

邀请书也称邀请信、邀请函，是行政机关、企事业单位、社会团体或个人邀请有关人士参加某项活动的专用书信。

一般如果要告知受邀方的内容比较多时，宜使用邀请书，比如会议邀请函。

邀请书的特点：

（1）邀请书的礼仪色彩。

同请柬一样，邀请书也具有邀请的功能，要求有一些礼仪色彩。相较而言，邀请书更朴实、更常用一些。它没有请柬的过分庄重严肃，但也要求礼仪周到。

（2）邀请书的书信体格式。

邀请书用语上比请柬随意，而且要求有较详细的邀约内容，采用书信体的格式。

（二）邀请书的基本格式和写法

邀请书通常由标题、称呼、正文、结尾和落款五部分组成。

1. 标题

邀请书的标题有两种写法。单独以文种名称组成，如《邀请书》《邀请函》。或由发文原因和文种名称共同组成，如《关于出席亚太经济发展会议的邀请书》。

2. 称呼

顶格写被邀请的单位或个人的名称。发给不确定对象的邀请信，也可以不设称谓这一项，而直接进入主题。

3. 正文

邀请书的正文通常要求写出举办活动的内容、活动目的、活动时间、活动地点、活动方式、邀请对象以及邀请对象所做的工作等。

活动的各种事宜务必在邀请书中写清楚、写周详。若相距较远，则应写明交通路线以及来回接送的方式等。其他差旅费及活动经费的开销来源、被邀人所应准备的材料文件、节目发言等也应在正文中交代清楚。

4. 结尾

结尾处写上礼节性的问候语，如“恳请光临”“致以敬意”。

5. 落款

邀请书的落款要署上发文单位名称或发文个人的姓名，署上发文日期。邀请单位还应加盖公章。

（三）邀请书写作应注意的事项

（1）语言表达应尊敬有礼。

邀请书的主要内容类似于通知，但又有几分商量的意思，它不能是行政命令式的态度，所以在用词上一定要礼貌。有些邀请书在开头还应解释一下自己不能亲自面邀的原因，以免引起不必要的误会。

（2）邀约事项务必周详。

邀请书是被邀人进行必要准备的一个依据，所以各种事宜一定要在邀请书上显示出来，使邀请对象可以有备而来，也会使活动主办的个人或单位减少一些意想不到的麻烦。

（四）例文评析

例文一

邀请函

尊敬的××先生/女士：

为进一步满足第二语言教学对汉语句式研究的迫切需要，促进语法研究新成果向国际汉语教学应用的转化，××大学汉语学院拟于××年 8 月 20 日在北京语言大学举办汉语国际教育语境下的句式研究与教学专题研讨会。鉴于您在第二语言研究领域的丰厚学术成果，诚邀您出席并发表鸿文，嘉惠学林。

有关会议安排如下：

一、会议时间

××年 8 月 20 日—22 日

二、会议地点

北京语言大学××报告厅

三、会议主旨

促进前沿语言学理论的创新及其向国际汉语教学的转化与应用；推动语言学理论的本土化研究。

四、会议议题

1. 类型学视角下的汉语句式研究。

2. 汉语句式研究的跨文化视角与相关语言事实。

3. 跨文化视角下的汉语第二语言句式教学；汉语教材、大纲、教学设计中的句式问题。

4. 汉语作为第二语言句式教学中的相关问题。

五、遴选参会论文，出版论集《汉语句式研究与教学》。

六、×年×月×日前，将论文题目及摘要以 word 文档形式发至会务组邮箱。

摘要 1000 字，标题用三号宋体，正文用小四号宋体。摘要请标注作者姓名、单位、电子邮箱、通信地址、邮政编码、联系电话、传真。

请于 8 月 10 日前提交论文全文，以便制作论文集。

七、会议日程

8 月 19 日下午，在××大学会议中心大堂报到。

报到地址：北京市海淀区学院路 15 号。乘坐地铁 2 号线到西直门换乘 13 号线五道口下车（a 西北出口），步行至××大学会议中心。

8月20日，8:30开幕式、大会发言、分组研讨。

8月21日，上午分组研讨，下午闭幕式。

8月22日，文化考察一天（京郊）。如不参加文化考察，请回函说明，以便筹备组统计人数。

8月22日，离会。

八、会议通信地址

北京市海淀区学院路15号××大学汉语学院（100083）。

九、会务费用

往返交通由会议代表自行购票。

会议筹办费、餐费、住宿费、论文集出版费由会议主办方承担。

如有特殊情况，需代买车票，请于7月8日前将身份证号及返程日期通过邮箱通知会务组，过期不再受理。

电话：010-8230×××

e-mail：wenyingmy@163.com

句式研究与教学研讨会筹备组

×年×月×日

【简评】本文是一个会议邀请，详细地写出了会议的主旨、议题、时间、地点以及参加会议需要做的准备工作等，条理清楚、表达简洁。

例文二

庆龄先生：

重庆违教，忽近四年。仰望之诚，与日俱积。兹者全国革命胜利在即，建设大计，亟待商筹，特派邓颖超同志趋前致候，专诚欢迎先生北上。敬希命驾莅平，以便就近请教，至祈勿却为盼。专此。

敬颂

大安

毛泽东

1949.6.19

【简评】邀请信不像请柬那样庄重严肃，显得更亲切，更容易达到邀请的目的。本文是毛泽东为邀请宋庆龄北上共商开国大典等事宜而专程写的一封信，简洁的语言中包含着所有邀约的具体内容，行文流畅典雅，态度谦恭有礼。

【复习与训练】

一、判断题。

1. 请柬的发送时间可早可晚，只要在活动正式举行之前发出即可。（　　）

2. 请柬只能是书面的，或直接当面呈递，或托人致送，或邮寄。(　　)

3. 不是任何活动、对任何人都要发请柬的。一般说来，在举行重大活动而对方又是作为宾客参加时，才发出请柬。如大型会议、生日庆典、大型活动、婚礼等。(　　)

二、分析题：下列各文中均有毛病，请指出并予以改正。

1. ××公司写给刘明涛的请柬

请　柬

刘明涛先生：

为庆祝本公司开业，定于红城宾馆举行庆典活动，敬请您光临。

××公司

2007年8月2日

2. ××中学学生会邀请××老师参加教师节联欢会的邀请书

邀请书

为了欢度第二十二个教师节，并且抒发全校同学的一片心意，定于9月10日进行师生联欢会，会上备有茶点招待。特恭请光临。

此致

××老师

××中学学生会

2007年9月8日

第二节　感谢信、祝贺信

【情境与任务】

请看下文，如果你是失主，会怎么写这封信？

在外资企业上班的小孙，在公司的食堂里捡到了一个手机，小孙为人厚道，第一时间把手机还给了失主，失主是一名他不认识的外籍同事。老外拿着失而复得的手机非常感动，就特地写了一封感谢信贴在公司的宣传栏中，结果，几乎所有经过这个宣传栏的同事，看了这封感谢信的标题都忍不住笑了，原来感谢信的标题是：看小孙干的好事！

一、感谢信

(一)文体知识

感谢信是对于支援、帮助、关心过自己的党政机关、企事业单位、社会团体或个人表示感谢的专用书信。

感谢信不仅是向对方表示感谢，同时也是对对方高尚行为的礼赞和宣传。一般公开张贴或者通过登报、电台、电视传播等方式来传达，也可以直接寄给单位和个人。

（二）感谢信的格式和写法

感谢信通常由标题、称谓、正文、致敬语和落款五部分构成。

1. 标题

标题可以单独由文种名称组成，如《感谢信》，也可以由感谢对象和文种名称共同组成，如《致××剧院的感谢信》。

2. 称谓

称谓写在开头顶格处，称谓后加冒号。

3. 正文

正文一般要有两部分内容：

（1）感谢的事由。

简述事迹，说明效果。叙述对方令人感动的事迹言行，应交代清楚人物、事件、时间、地点、原因和结果，并扼要叙述在关键时刻得到对方帮助所产生的客观影响和社会效果，语言要简明。

（2）颂扬和评价。

颂扬品德，表示决心。颂扬对方崇高的思想境界、高尚的风格、可贵的精神。表达感激之情，并表明自己今后一定用实际行动向对方学习。

4. 致敬语

致敬或再次表示感激、敬意或良好祝愿的话语，如“此致——敬礼”“致以——最诚挚的敬礼”等。

5. 落款

在正文右下角署上发文单位名称或发文者的姓名，并且署上成文日期。

（三）感谢信写作应注意的事项

（1）内容要真实清楚。

务必写清得到了哪些帮助，这些帮助又产生了哪些效果。叙述事件时，要准确无误地叙述时间、地点，发生事件的其他详细情况。有时别人在做好事帮助他人时，可能自己并不在意，所以详细的叙述就显得尤其必要。

（2）感情要真挚。

感谢信以感谢为主，所以感谢应真诚、朴素，表达谢意时要符合实际，说到做到。

同时感谢时要照顾到感谢对象的一些诸如身份、年龄、性别、学历修养等情况，以使自己的感谢可以恰到好处、切实可行。

（3）表达要有分寸。

感谢信的语言要注意精练、简洁，遣词造句要把握好一个度，评价要恰当，不可过分雕饰、华丽多彩，否则会给人虚伪之感。在篇幅上不宜太长，所谓话不在多，点到为止。

（四）例文评析

感谢信

××广告公司各位领导和员工：

你们好！

在即将结束实习返校之际，我们武汉××学院艺术与设计系14级平面设计二班的全体实习生，向接纳并指导我们实习的公司领导和员工致以最真挚的感谢！

过去的一个月，作为实习生，我们在贵公司学到了很多课堂上学不到的东西，受益匪浅。公司领导层洞察市场、善抓机遇、指挥协调的能力，使我们懂得如何面对激烈的市场竞争并立于不败之地。具体指导我们实习的各部门的业务高手对于各种题材的广告的创意和策划，使我们明白了广告业务的具体操作程序，也从中学到了广告创意策划的高超技巧和方法。尤其是公司领导对我们各方面的悉心关照使我们倍感亲切。各位指导老师在业务上对我们的谆谆教诲，是我们实习中最为宝贵的收获。公司员工忠于职守、任劳任怨的工作精神也为我们树立了学习的榜样。

我们即将告别你们，返回学校，不久也将走上工作岗位。在贵公司所学到的一切，是我们在校四年学习中最为宝贵的收获，也是我们将来立身、从业效仿的典范。为此，我们全体实习生再次对你们表示衷心的感谢！

最后，祝贵公司各位领导及员工工作顺利，身体健康！

武汉××学院艺术与设计系
2014级平面设计二班全体实习生
2017年11月18日

【简析】这篇例文从内容到形式都符合感谢信的写作要求。开头部分以简洁的语言表明感谢的缘由；主体部分用流畅而简约的语言，概括地赞扬了实习单位给予实习生的指导和关心，并阐明了实习的收获；最后以一句祝颂语收束全文，有礼有节。

二、祝贺信

（一）文体知识

祝贺信是指行政机关、企事业单位、社会团体或个人向其他集体单位或个人表示祝贺的一种专用书信，也称贺信。它是从古代祝词中演变而来的，如今祝贺信已成为表彰、赞扬、庆贺对方在某个方面所做贡献的一种常用形式，它还兼有表示慰问和赞扬的功能。

贺信既可以写给单位，也可以写给个人，有时又用于现场致辞。贺信使用的范围很广，像他人遇到生日诞辰、新婚之喜、职务荣升，或单位遇到工程竣工、会议开幕等喜庆事时，都可以发贺信表示祝贺。

（二）祝贺信的基本格式和写作

祝贺信一般由标题、称谓、正文、结尾和落款五部分构成。

1. 标题

祝贺信的标题通常由文种名构成。个人之间的贺信可以不写标题。

2. 称谓

顶格写明被祝贺单位或个人的名称或姓名。称呼之后要用冒号。

3. 正文

祝贺信的正文一般交代以下几项内容：

第一，结合当前的形势状况，说明对方取得成绩的大背景，或者某个重要会议召开的历史条件。

第二，概括说明对方都在哪些方面取得了成绩，分析其成功的主观、客观原因。贺寿的贺信，要概括说明对方的贡献及他的宝贵品质。总之这一部分是贺信的中心部分，一定要交代清楚祝贺的原因。

第三，表示热烈的祝贺。要写出自己祝贺的心情，由衷地表达自己真诚的慰问和祝福。

4. 结尾

结尾的致敬语可写上如“此致——敬礼”“祝争取更大的胜利”“祝您健康长寿”等。

5. 落款

写明发文的单位或个人的姓名，并署上成文时间。

（三）祝贺信写作应注意的事项

（1）祝贺信是加强彼此联系、增强双方交流的重要手段，要体现出自己真诚的祝福，所以祝贺信的语言表达应感情饱满充沛。

（2）祝贺信内容要真实，评价成绩要恰如其分，表示决心要切实可行，不可空发议论，空喊口号。

（3）语言要求精练、简洁明快，不堆砌华丽辞藻，篇幅应短小精悍。

（四）例文评析

例文一

邓颖超祝贺张学良九十寿辰

汉卿先生如晤：

欣逢先生九秩寿庆，颖超特电表示深挚的祝贺。

忆昔五十四年前，先生一本爱国赤子之忱，关心民族命运和国家前途，在外侮日亟、国势危殆之秋，毅然促成国共合作，实现全面抗战；去台之后，虽遭长期不公正之待遇，然淡于荣利，为国筹思，赢得人们景仰。恩来在时，每念及先生则必云：先生乃千古功臣。先生对近代中国所作的特殊贡献，人民是永远不会忘怀的。

所幸者，近年来，两岸交往日增，长期隔绝之状况已成过去。先生当年为之奋斗、为之牺牲之统一祖国振兴中华大业，为期必当不远。想先生思之亦必欣然而自慰也。

我和同辈朋友们遥祝先生善自珍重，长寿健康，并盼再度聚首，以慰故人之思耳！

问候您的夫人赵女士。

邓颖超

一九九〇年五月三十日

【简析】这封贺信不写一般的应酬之语，而是以民族大义和深挚之情，赞誉张学良的爱国精神及其特殊贡献。第一句话点明祝贺的事由，是欣逢先生九秩寿庆；第二段回忆过去，着力赞扬张学良对国家做出的特殊贡献，高度概括，用语得体，不直接说明张学良在台湾被软禁，而是说“虽遭长期不公正之待遇”；第三段展望未来，最后再次表达祝福。文辞简洁典雅，感情真挚动人。

例文二

习近平致中国人民大学建校80周年的贺信

中国人民大学：

值此中国人民大学建校80周年之际，我向全体师生员工和广大校友致以热烈的祝贺！

中国人民大学是我们党创办的第一所新型正规大学。建校以来，中国人民大学始终坚持党的领导，坚持马克思主义指导地位，坚持为党和人民事业服务，形成了鲜明办学特色，在我国人文社会科学领域独树一帜，为我国革命、建设、改革事业培养输送了一批又一批优秀人才。

当前，党和国家事业正处在一个关键时期，我们对高等教育的需要比以往任何时候都更加迫切，对科学知识和卓越人才的渴求比以往任何时候都更加强烈。希望中国人民大学以建校80周年为新的起点，围绕解决好为谁培养人、培养什么样的人、怎样培养人这个根本问题，坚持立德树人，遵循教育规律，弘扬优良传统，扎根中国大地办大学，努力建设世界一流大学和一流学科，为我国高等教育事业繁荣发展，为实现“两个一百年”奋斗目标、实现中华民族伟大复兴的中国梦作出新的更大贡献。

习近平

2017 年 10 月 3 日

【简析】本篇贺信开篇点明祝贺的缘由；第二段简述中国人民大学的历史和取得的成绩；第三段提出殷切希望。全文言简意赅，既有热烈的祝贺，又着重表达了对中国人民大学未来办学方向和目标的期望。

【复习与训练】

一、简析下面这篇感谢信在写作上有哪些不妥之处？

感谢信

××出租汽车公司：

5 月 3 日下午，我公司经理张大山乘坐贵公司出租车时，不慎将皮包丢失。内有人民币 8 万余元、身份证一个、护照一本、空白支票三张及各种票据若干张。在我们焦急万分之时，贵公司司机×××先生主动将捡到的皮包送至我公司，使我公司避免了一次重大损失。为此，我们再三表示感谢并拿出 1 万元人民币作为酬谢，×××先生却说：“这是我应当做的”，表示不能接受。在此，特致此函贵公司，深表谢意。

××公司

2005 年 6 月 6 日

二、今年十月一日是新新计算机公司成立十周年纪念日。该公司是一家注重自力更生、艰苦创业的公司，不但在计算机软件开发方面取得了重大成就，而且培养了大批人才。多年来，该公司曾为新大地公司培训了几十名技术人员。

试根据以上材料，以新大地公司总经理的名义给新新计算机公司发一封贺信。

第四章　求职应聘类文书

第一节　求职信、简历

【情境与任务】

阅读下文，想想简历的写作应该注意些什么。

新的一年，又到了招聘的时候，公司需要增加新鲜血液，我在人事部面对如山样的简历大叫恐怖。在办公室里翻了无数份今年毕业的大学生求职简历，竟然没有发现一份可以让人眼睛一亮的特别简历，几乎千篇一律的薄薄几张纸，寥寥几笔。再没有比看相同的东西看足八九个小时更累的事情了吧！

我看简历，注意看那人的笔迹。大学四年了，那个字如果还是小学生水平，我情愿放弃。字都写得那样了，做人也认真不到哪里去的。有些人简历上的字都是打出来的，没有手写的字体，没关系，还有第二关面试，还是要写字。

那些相片上头发长长的男士，容易让人误会是女孩子，简历上吹嘘得再好，放弃。公司注重形象，尽管不需要天天打领带穿白衬衣，但至少，您该让人看得舒服一点吧。摆酷的地方自有它的场所，而不该是面对着工作的时候。

还有一个封面的问题，基本上如果是同一所学校的，那么都差不多是一样的，大概都是在同一家复印店做的吧。再翻开里面，全都是五六页纸，一张给公司领导的决心书，然后就是表格、成绩单、得过的证书。唉！怎么就没有点新意！

一、求职信

（一）文体知识

求职信是求职者为达到求职的目的而撰写的自我介绍和自我推荐的信函。求职信是寻找工作的敲门砖，写求职信的目的是使用人单位对求职者有一个初步的认识和了解，并赢得信任和赏识，以达到最终被录用的目的。

求职信的特点：

（1）针对性。

针对用人单位对不同岗位、不同职务的从业人员的不同要求而发。

（2）展示性。

要充分展示自己的才能和以往的工作业绩，讲清楚“我是怎样的人”“为何来此自荐”“我能干什么”等问题，以期引起用人单位的兴趣。

（3）求实性。

求职自荐信要实事求是，不能夸大其词，言过其实。

（二）求职信的写作格式和方法

求职信是一种书信文体，通常由称谓、正文、落款等内容构成。有的也可以加上标题“求职信”。

1. 称谓

求职信通常是写给单位的人事部门或直接写给单位负责人的，称谓要礼貌得体，但不可过于谦卑，可以写“尊敬的××公司人事部领导”“尊敬的招聘经理”等。

2. 正文

开头通常先写问候语，如“您好”。接下来是求职人的自我简介和用人信息的获得渠道，如“我叫××，是××大学××系××专业的应届毕业生”，又如“最近从人才市场获知××公司拟招聘××专业人才××名，这给我提供了一个展示自己智慧和才能的机遇”。开头语的表述应该简洁准确，不宜过长过多。

主体是求职信的核心部分。应针对职业岗位的要求展示自己，比如自己与专业相关的技能和取得的成绩，说明我为什么能胜任申请的职位，突出自己的相关实力。也可以简略谈到自己对企业的了解、认识，表达自己迫切要求工作的愿望和被录用后的工作打算。写这一部分时，要力求简明，注意扬长避短，突出自己的优势和长处。

在求职信的结尾最好对对方表示感谢，并表达自己希望得到回复的心情。如“感谢您百忙之中看完这封信，希望能给我面试的机会”“热切地盼望着贵公司给我答复”等。最后要致以问候，如“顺祝愉快安康”“此致——敬礼”等。

3. 落款

署明求职者的姓名、日期，最好附上自己的联络方式。

（三）求职信写作的注意事项

（1）实事求是，投其所需。

介绍自己的情况要实事求是、真实具体，切不可弄虚作假。如介绍学习成绩时应说明所取得的名次；介绍社会经验时应说明参加了什么样的社会实践活动并取得了什么样的成绩；说明组织能力时应说明组织过哪次大型的活动等。具体实在的介绍往往令人信服。

（2）把握关键，突出重点。

在求职信中要突出自己的特点和长处，把自己最有成就的部分展示给招聘方，并希望以此吸引、打动招聘方，使对方了解、认识到求职者的才能。最好在充分了解用人单位所需要的专业、能力和特长等的基础上有针对性地介绍，以期达到好的效果。

（3）谦虚诚恳，用语得体。

求职信的语言要把握分寸，既不能过于谦卑，也不能太过张扬。

（4）篇幅简短，文面整洁。

招聘单位因所接受的材料非常多，一般不会过细地研读每一封求职信。因而求职信不宜过长，要力求简洁。求职信要做到字迹工整，文面整洁美观，使人阅读起来感到舒畅。无论手写或是电脑打印，都要注意布局的合理和版面的设计，以给人一种整体和谐的感受。

（四）例文评析

例文一

求职信

尊敬的单位领导：

您好！

今日阅读报纸，获悉贵公司招聘编辑人员。本人自信符合应聘要求，故应聘编辑一职。

我××年毕业于××大学中文系，曾在销售量达三万份的《周报》担任编辑部主任，历时两年，并直接参加报纸排版工作。2000 年曾在《××指南》担任编辑工作，主要负责校对、改写以及长篇撰写项目。7 年的工作磨砺，使我熟悉媒体的工作，具备了较强的沟通能力，并且熟悉办公室的例行工作。

随信附上我的简历。感谢您耐心看完！希望有机会与您面谈！

恭祝愉快安康！

李××

×年×月×日

附：联系电话×××××××××

电子邮箱：×××××××××

【简评】这份求职信是根据招聘启事而写，首先写求职的缘起，接着写所求的职位，再针对职位要求突出自己的经验和能力。全文语言简洁，态度自信、恳切，不卑不亢，是一篇格式规范的求职信。

例文二

达·芬奇的求职信

1482 年，31 岁的达·芬奇离开故乡佛罗伦萨，来到米兰。他给当时米兰的最高统治者、米兰大公鲁多维柯斯弗查写了封求职信，希望谋得一个军事工程师的职位，这封求职信就是著名的《致米兰大公书》。

尊敬的大公阁下：

来自佛罗伦萨的作战机械发明者达·芬奇，希望可以成为阁下的军事工程师，同时求见阁下，以便面陈机密：

一、我能建造坚固、轻便又耐用的桥梁，可用来野外行军。这种桥梁的装卸非常方便。我也能破坏敌军的桥梁。

二、我能制造出围攻城池的云梯和其他类似设备。

三、我能制造一种易于搬运的大炮，可用来投射小石块，犹如下冰雹一般，可以给敌军造成重大损失和混乱。

四、我能制造出装有大炮的铁甲车，可用来冲破敌军密集的队伍，为我军的进攻开辟道路。

五、我能设计出各种地道，无论是直的还是弯的，必要时还可以设计出在河流下面挖地道的方法。

六、倘若您要在海上作战，我能设计出多种适宜进攻的兵船，这些兵船的防护力很好，能够抵御敌军的炮火攻击。

此外，我还擅长建造其他民用设施，同时擅长绘画和雕塑。

如果有人认为上述任何一项我办不到的话，我愿在您的花园，或您指定的其他任何地点进行试验。

向阁下问安！

达·芬奇

米兰大公收到此信后不久，就召见了达·芬奇。在短暂的面试后，正式聘用达·芬奇为军事工程师，待遇十分优厚。

【简评】达·芬奇这封短短的求职信既没有写自己的履历，又没有过多渲染自己的才能，但是为何能够产生这样好的效果？首先，它的针对性非常强，重点突出。米兰大公当时的处境是强敌环伺，他要击败意大利的敌对城邦和消除来自北欧和西亚的威胁，就不能不大力发展军事。达·芬奇深切地了解这一点，于是有针对性地设计了求职信。虽然他多才多艺，但是对于其他才能他只是一笔带过，而重点突出了自己军事工程方面的技能。其次，整个表达充满自信，语气坚定，这至少能够引起大公的好奇心，获得面试的机会。

二、简历

（一）文体知识

简历是概括介绍自己的基本情况、求职意向、学习和工作经历等信息的应用文书。它和求职信的目的相同，都是为了向用人单位推荐自己，以赢得面试乃至最后的职位。一份完备、独特的简历会给招聘者留下深刻的印象，促使求职者应聘成功。

简历要求有完整的个人履历，以供招聘单位全面地了解自己。特别注意简历中不要出现教育背景或者工作经历时间断档的情况，以免被用人单位提前“打入冷宫”。同时简历又应该重点突出，应该针对职位的要求尽量陈述有利的信息。

（二）简历的写作格式和方法

简历的写作方法比较常见的是用表格的形式按年代顺序排列，对个人经历、学习或社会实践活动中取得的成绩，按照时间先后顺序排列，重点强调近几年的情况。也可以按照取得成绩的大小来排列设计，这种简历是把个人取得的成就分别列在不同的实践活动名称下，最重要的成就排列在前面。这种简历可以掩饰求职者就业经历不足的劣势，可以针对个人最感兴趣的职位目标组织个人经历背景。但是不管哪一种简历，都要包括这几项内容：标题、个人基本情况、求职意向、专业技能、学习经历、工作实践经历等。

1. 标题

首行居中直接标明文种“简历”“个人简历”，也可以在简历之前冠以姓名。

2. 个人基本情况

个人基本情况包括姓名、性别、出生年月、籍贯、民族、教育程度、专业、职务职称、政治面貌、婚姻状况、健康状况、联系方式等。这一部分放在最前面，联系方式一定要写清楚，便于用人单位取得联系。另外，根据工作的性质要求，有些求职者需要在简历中准备个人照片；有些职位对身高等有特别要求，也需要注明。

3. 求职意向

即求职目标或个人期望的工作职位，注意阐述时要简短明确，一份简历的求职意向最好是一个或者一类职位，如软件开发工程师、行政主管等。

4. 专业技能

写出自己与所求职位相关的专业技能。这部分应该具体描述，全面详细且有重点地展示自身技能的优势，比如可以写出自己获得的奖项或相关的资格证书等。

5. 个人经历

包括学习经历和工作实践经历。

学习经历一般只写高等教育阶段，应写明起止时间、毕业院校、所学专业、所获学位等。可以列出几门专业课程及成绩，要体现与你所谋求的职位有关，不必面面俱到，注意有针对性，使你的学历、知识结构让用人单位感到与其招聘条件相吻合。

工作经历部分包括做过哪些社会实践工作、有什么建树或经验教训。作为应届毕业生则是主要突出大学阶段所担任的社会工作、职务，在各种实习机会当中担当的工作。对于参加过工作的学生，突出自己在原先岗位上的业绩也是非常重要的。如果工作经历比较多，应该按时间倒序来写，最近的工作情况要放在最前面。写出工作的时间段、工作单位和职务以及自己取得的成绩。

此外，还可以根据需要写入其他内容，比如业余爱好、自我评价及人生理念、自己的理想和奋斗目标等，加深单位对自己的印象，有助于求职成功，但是注意不要泛泛而谈，令人厌烦。

（三）简历写作的注意事项

（1）突出个性。

内容上要突出你个人的能力、成就以及过去经验，使你的简历更出众。写作时应该注意先将本人具备的能力和所取得的成绩一一列出，然后仔细分析你的能力并阐明自己能够胜任这份工作的理由。形式上尽量做到将简历设计得与众不同，任何一位招聘者都会对别出心裁的简历感到眼前一亮。

（2）篇幅短小。

要使招聘者在最短的时间内读到更多的信息，篇幅不能太长，要言简意赅，表达流畅，既要全面又要突出重点。

（3）文面整洁。

简历的版面设计应该颜色适宜、醒目，款式美观大方，字体大小适中，字行疏密得当，段落条理清晰，特别注意不能出现错别字、病句。

此外也可以注意在表达上转劣为优，比如你只是一个刚毕业的学生，缺乏相关职业的丰富工作经历是你的弱势。写作时可以在简历中的工作技能部分强调“勤奋苦干……迅速掌握新技能”等，以此来弥补所欠缺的工作经验。总之，写出一份出色的简历并非易事，需要多下功夫。

（四）例文评析

例文一

个人简历

个人基本情况：

姓名：______ 性别：______ 出生年月：_____年______月______日 民族：______

健康状况：______

毕业院校：北京秘书学院 学历：______

联系方式：（略）

手机：（略）

邮箱：（略）

通信地址：（略）

邮政编码：（略）

求职意向：前台接待

教育背景：

1996.9—1999.7　就读于北京秘书学院文秘专业

其他培训情况：

2001 年接受过北京礼仪学校系统培训，为期三个月。

专业技能：

熟练掌握 office 办公软件及其他现代办公设备，打字熟练，一分钟打字可达 200 个。

能用英语进行日常交流，具备较好的听说能力。

工作经验：

1999.8—至今在××进出口公司担任前台接待兼文秘，工作期间认真负责，得到了领导和同事的一致好评。

自我评价：

我性格开朗、大方，掌握良好的礼仪知识和接待工作经验，能够灵活处理工作中的突发事件。我认为，前台接待工作代表着公司的形象，岗位虽然平凡但却十分重要，因此要做好前台接待工作需要具备极强的责任心。我愿意同贵公司共同发展、进步！

【简评】这份简历虽然简短，但是重点突出，条理清楚，围绕所求职位对自己进行了比较全面具体的介绍，而且针对前台接待的特点展示了自己性格方面的优势，有较好的效果。

例文二

个人简历

个人资料：

姓名：×××	性别：男	年龄：22
健康状况：健康	籍贯：××	政治面貌：××××
学历：大学专科	系别：人文社科系	专业：中文秘书

知识结构：人文社科知识＋文秘专业知识＋商务知识

主修课程：（略）

专业课程：（略）

选修课程：（略）

实习：学习期间一直在系办公室从事文秘工作，顶岗实习期间在××总公司顶岗工作六个月。

专业技能：接受过全方位的大学基础教育，受到良好的秘书专业训练和能力的培养；有较强的文稿撰拟能力；掌握熟练的办公自动化操作技能；善于人际沟通、商务谈判；有较强的市场调研能力。

所获证书：2008 年通过国家公共英语等级四级考试，英语口语能力较强；2009 年通过国家大学英语六级考试。有较强的阅读、写作能力；2009 年获得秘书职业资格证书三级（全校仅有三位）；取得计算机等级三级证书。

主要社会工作：大学期间曾任班长、系团支委副书记。

兴趣与特长：酷爱书法、文学，喜爱文体活动。中学期间，系学校书法爱好小组骨干，大学期间任学院书法协会主席。喜爱篮球运动，曾担任中学校队、大学系队队长，并率队参加过多次比赛。

个人荣誉：××大学优秀学生干部、2007 年度获一等奖学金、2008 年度获国家励志奖学金。

主要优点：有较强的组织能力、活动策划能力和公关能力，如：在大学期间曾多次领导组织大型体育赛事、文艺演出，并取得良好效果；有较强的语言表达能力，如：小学至今，曾多次作为班、系、校等单位代表，在大型活动中发言；有较强的团队精神，如：在同学中有良好的人际关系、在同学中有较高的威信，善于沟通与协同作战，有较强的集体主义观念。

自我评价：为人热情诚恳、乐观向上，富有丰富的想象力与创造力；认真负责、办事严谨，有积极进取的精神；专业知识过硬，能够出色承担办公室文秘工作。

求职意向：可胜任办公室文秘工作，也可以从事管理及活动策划、宣传等方面的工作。

在您即将读完这份材料之际，有几句话想对您说：我是一名山西小伙，黄土地给了我强健的体魄，贫穷家庭生活铸就出我的吃苦耐劳与坚忍不拔的精神，多年来所受的教育与锻炼也使我能够适应这个飞速发展的社会。衷心希望毕业后能为贵公司效力，为贵公司的事业发展贡献我的才智。不必在意我曾经取得什么，请关注我的未来！

×××
×年×月×日

联系方式：（略）

地址：（略）

邮编：（略）

电话：（略）

E-mail：（略）

【简评】这是一份文秘专业大学毕业生制作的个人简历。作者全面地介绍了自己的基本情况，并且突出强调了自己的优势，如突出的专业能力、健康的身体、良好的人际关系、较强的组织能力等，能够引起招聘者的重视。全文语言简洁、态度诚恳，可谓不卑不亢，谦虚而自信。

【复习与训练】

一、某宾馆因工作需要，需招聘大堂经理、公关助理、餐饮、客房部领班、服务员、保安员数名。有一位 35 岁的下岗女工前往应聘。她认为自己有如下优势：在原单位担任过保卫干事，熟悉保安工作的规律与特点；女性善于察言观色，第六感觉特棒，非常细心；受过专门训练，学过擒拿格斗的基本技巧，而且还业余学过柔道；体格健壮等。请据以上材料代她写一份求职信。

二、某旅游文化发展公司因扩展业务，需要招聘文秘工作人员 2 名、财会人员 2 名、计算机操作员 1 名，请你以求职者的身份选择一个岗位，设计一份简历。

第二节　述职报告

【情境与任务】

请看下面两则新闻，说说什么是述职报告，从中可以看到述职报告最重要的是什么？

1. 昨日，《××日报》披露“某市网上公示副市长述职报告，自评 98 分”之后，引起社会各界热议，很多读者和网友对述职报告和自评分说明发表意见。

王××（省政府参事）：某市将副市长的《自查报告》《述职报告》和《自评分说明》在政府网站上公示，需要勇气，也需要自信。把干部的工作职责予以公开，履行情况进行公示，是我国干部体制改革的一个重要内容，现在可以让老百姓来了解这些干部做了什么。因此，首先应该肯定，这是一种进步。不过，要防止这种公示沦为走过场……（××年 11 月 6 日《××日报》）

2. 每到年底，各级官员都要面对下级做述职报告，报告的内容重在廉政建设。这些报告我们听起来，无非说明他们都是好干部，除了“学习不够”这条共同的缺点之外，都没有错误。某地一位书记在述职报告中称自己“连一瓶酒都没收受”，成为新闻，很快在全市街头巷尾传开。老百姓对这一述职报告为什么如此感兴趣？这“报告”首先是从官员内部传出来的，被官员内部的人当成新闻、当作笑话。（××年 12 月 20 日××网）

一、文体知识

述职这种形式早在《孟子·梁惠王下》就有记载：诸侯朝于天子曰述职。述职者，述所职也。从现行的行政管理制度来讲，述职就是任职者陈述自己任职情况，评议自己任职能力，接受上级领导考核和群众监督。

述职报告就是把自己履行职责是否称职的情况写成书面文字，是述职者在公开或特定的场合，向所属单位干部、群众或上级领导汇报自己在一定时期内履行岗位职责情况的书面报告。

述职报告和工作总结既有联系，又有区别。相同之处是，它们都可以谈经验、教训，都要求事实材料和观点紧密结合。述职报告与总结的不同之处主要有三点：

一是要回答的问题不同。总结要回答的是做了什么工作，取得了哪些成绩，有什么不足，有何经验、教训等。述职报告要回答的则是履行职责的能力如何，是怎样履行职责的，称职与否等。

二是写作重点不同。个人总结的重点在于全面归纳工作情况，体现工作实绩。个人的工作述职报告则必须以履行职责方面的情况为重点，突出表现德、才、能、绩，表现履行职责的能力。

三是表述方式不同。总结主要运用叙述的方式和概括的语言，归纳工作结果。工作述职报告则可以采用夹叙夹议的写法，既表述履行职责的有关情况，又说明履行职责的出发点和思路，还要申述处理问题的依据和理由。

二、述职报告的格式和写法

述职报告一般由标题、称谓、正文、落款四部分组成。

1. 标题

（1）文种式标题，直接以《述职报告》或《××的述职报告》作标题。

（2）公文式标题，由姓名、时限、事由、文种构成，如《××2017至2018年试聘期述职报告》。

（3）文章式标题，一般用正副标题，如《思想政治工作要结合经济工作一起抓——××造纸厂厂长王××的述职报告》。

2. 称谓

（1）向上级机关呈送的书面述职报告，应按照公文写作的格式，写主送单位名称如“××党委”“××组织部”“××人事处”等。

（2）如果是面对面向领导或群众做口头述职，则用一般性的称谓，如“各位领导”“同志们”等。

3. 正文

个人述职报告的正文，由开头、主体、结尾三部分组成。

（1）开头，又叫引语，一般交代任职的基本情况，包括何时任何职、变动情况及背景；岗位职责和考核期内的目标任务及个人认识；对自己工作的自我评价等。

（2）主体，是述职报告的中心内容，要选择几项主要工作，细致地将过程、效果或失误及认识表述出来。这一部分要写详细，对一些重大问题的决策过程，对棘手事件的处理思路，对群众迫切关心问题的认识和处理，都要交代清楚。要对履行职责的情况和对履行职责的事迹进行深入的分析研究，做出具有一定理论层次的概括。回答称职与否的问题，应从思想道德素质、政治理论素质、开拓进取精神、政策法律水平、处事决断能力、分析综合能力、文字和口头表达能力、廉洁模范作用、上下左右关系、工作作风和工作方法等方面入手，描述自己的形象，回答好称职与否的问题。这部分是述职报告的关键部分，一定要精心构思，写出特色，且要具体、充实、有理有据、条理清楚。

（3）结尾。结尾处可加上“以上是我的述职，谢谢大家”“以上报告，请审查”“以上报告，请领导、同志们批评指正”等习惯用语。

4. 落款

在正文右下方写上述职人姓名和述职日期。署名也可以放在标题下正中处。

三、述职报告写作时应注意的事项

1. 实事求是

述职报告要务实，要既讲成绩又讲失误，既讲优点又讲不足，不能揽功诿过。对具有较大影响，能显示自己工作能力和水平的工作实绩，要写得深入透彻；对一般性工作、常规性工作可尽量少写或一笔带过。述职报告还要处理好主管与协管工作之间的关系，要注意把个人成绩和集体成绩分清，处理好个人与集体、个人与上级及同级之间的关系。述职报告重点应阐述主管工作的情况，公正、准确，既不拔高，也不贬低，更不能有失公允，力求反映工作的真实面貌。对于协管的工作，要讲清楚参与程度、发挥的作用、投入的精力时间、解决的困难等。

2. 抓住重点，突出特点

述职报告不要事无巨细、面面俱到，否则很容易写成一篇平淡冗长的流水账。要有意识地抓住核心问题，突出重要成绩，总结主要教训。凡重点部分，要写得详细具体、充分全面。次要部分，则可约略提及，一笔带过。每个人都有自己不同的工作方法和风格，述职者要突出自己工作的特点，尽量避免那种千部一腔、千人一面，没有特点没有个性的写法。

3. 叙议结合，语言简练

述职报告应该以叙事为主，议论为辅，用叙议结合的方式来表达。在事实的基础上加以概括总结，使理论与事实二者有机地结合起来。述职报告的语言要精练，切忌数字化和概论化，尽量少用形容词和诸如“大体上”“差不多”之类模棱两可的话。对情况的交代、过程的叙述以说明问题为宜，切忌冗长空泛，拖泥带水。

四、例文评析

述职报告

尊敬的领导、各位同事：

大家好！我于今年 7 月份有幸被选调到集团公司办公室工作。在这里，首先感谢主任及各位同事在我工作中给予的悉心指导和热情帮助，使我能够迅速融入办公室这个团结紧张、严肃活泼的大家庭，尽快熟悉业务，进入工作角色。下面我将自己半年来在办公室的学习、工作情况向大家做一简要汇报，如有不足之处，敬请批评指正。

一、虚心学习，不断提高政治素质和业务水平

面对新的工作岗位、新的工作环境，具备良好的政治和业务素质是做好本职工作的前提和必要条件。半年来，我一方面利用工作和业余时间认真学习了党的十七大、市委九届二次全会制定的路线、方针和政策，以及集团公司党委学习贯彻两会的重要精神，进一步提高了对党在新时期的作用和发展中国特色社会主义的认识，提高了政治水平和驾驭实际工作的能力；另一方面虚心向周围的领导、同事学习工作经验、工作方法和相关业务知识，取人之长，补己之短，从而不仅对办公室整体业务和自己所从事的文秘工作，都有了一个从感性到理性的认识，而且通过深入的学习交流，自己不断开阔了视野、丰富了知识、提高了修养、加深了与各位同事之间的感情，坚定了做好本职工作的信心和决心。

二、踏实工作，努力完成好领导交办的各项工作任务

半年来，在主任的带领和同事们的支持下，自己主要做了以下几项工作：

一是认真做好领导讲话、信息简报及文件、通知的起草撰写、核稿校对工作。特别是参与了××城区迁移还建工程开工典礼、迁建工程动员大会、总结三季度部署四季度等集团公司重大活动，主要负责会议的领导讲话、主持词、活动方案、通知等有关文字材料的起草和整理工作；同时，围绕企业重点工作和生产经营实际，及时撰写上报市交委总结材料 1 份、各类文件 4 份、信息 5 篇，并有 4 篇在××报刊发表。较好地发挥了办公室的文字综合职能作用。

二是精心做好会议组织和来宾接待工作。先后和其他部门同事一起参与了××城区迁移还建工程设计审查会、工程典礼以及开工动员大会的前期筹备和会务组织工作，并且在宁夏、内蒙古鄂尔多斯等兄弟单位来津考察期间，热情、周到地做好迎来送往工作，锻炼了自己的组织能力和待人接物能力。

三是积极配合做好信访工作，重点针对沿线居民反映比较强烈的噪音扰民问题，及时以电子邮件形式，向居民逐一做了详尽、细致的反馈，为维护集团公司良好的工作秩序贡献了自己的一份微薄之力。

四是牢固树立“办公室无小事”的思想，在坚持做好集团公司一周活动安排等日常事务性工作的同时，对领导临时交办的任务，如为甘肃贫困地区募集款物、电话通知会议等工作，都认真对待，及时办理，不拖延、不误事、不敷衍，尽力做到让领导放心和满意。

三、几点工作体会

一是办公室作为整个集团公司上情下达、下情上报、对内协调、对外沟通的桥梁和纽带，自己作为其中的一员，必须发扬嘴勤、眼勤、手勤、腿勤的工作作风，时刻注重言谈举止，树立办公室工作人员的良好形象，发挥好服务职能作用。

二是在完成领导交办的工作任务，特别是在应对突发事件过程中，既要勤请示、多汇报，又要努力培养自己独立高效稳妥处理问题的能力，当好领导的参谋和助手。

三是从事文字综合工作，必须坚持理论联系实际，只有在深入调研、掌握第一手资料的基础上，才能做到行文简洁、言之有物，为领导决策反映准确信息，提供可靠依据。

四、存在的不足和今后的努力方向

半年来，在办公室领导和同事们的指导帮助下，自己虽然做了一些力所能及的工作，但还存在很多的不足：主要是阅历浅、经验少，有时遇到相对棘手的问题考虑欠周密，视角不够灵活，缺乏应变能力；对集团公司整体发展情况了解不多，理论和专业知识不够丰富，导致工作有时处于被动等。

针对以上不足，在今后的工作中，自己一是要加强学习、深入实践、勤于动笔，不断提高思维能力和文字功底；二是继续坚持正直、谦虚、朴实的工作作风，摆正自己的位置，尊重领导，团结同志，共同把办公室的工作做细做好；三是进一步强化服务意识，积极协助主任做好对内、对外的沟通、协调工作，发挥好办公室的窗口示范作用。

最后，衷心希望各位领导和同志们能够给我提出宝贵的意见和建议，以便我今后更好地胜任本职工作，争取更大的进步。谢谢大家！

×××

×年×月×日

【简析】本文是一个普通办公室秘书的述职报告，报告对象是本单位的领导和同事。其标题是简单明快的“文种式”标题，引言简洁明了，主体部分详略得当，重点报告了自己完成的各项工作，并在最后阐述了自己的不足和努力的方向，真实可信、结构完整、层次清晰。

【复习与训练】

一、这是一份述职报告的开头，请说说它有什么问题并修改。

时间一晃而过，转眼间试用期已接近尾声。这是我人生中弥足珍贵的经历，也给我留下了精彩而完美的回忆。在这段时间里你们给予了我足够的宽容，支持和帮助，让我充分感受到了领导们海纳百川的胸襟，感受到了工业园人“不经历风雨，怎能见彩虹”的豪气，也体会到了工业园人作为拓荒者的艰难和坚定。在对你们肃然起敬的同时，也为我有机会成为工业园的一分子而惊喜万分。

一年前，一群大胆创新、勇于开拓的人们在这片荒芜的土地上，开始了艰难的旅程，而我也期望能成为这艰难孤独旅程上的一分子。我会用我的乐观豁达为将这艰难的攀登变得简单活泼，将这孤独的旅程变得甜美珍贵而奉献自己的所有力量。在这三个月的时间里，在领导和同事们的悉心关怀和指导下，通过自身的不懈努力，各方面均取得了很大的进步，现将我的工作状况做如下汇报：记得初次应聘时，我对工业园的认识仅仅局限于企业的聚集地，对招商主管一职的认识也仅局限于从事入园企业与各行政机关的协调工作及工业园的网站维护上，除此之外，便一无所知了。所以，试用期中如何去认识，了解并熟悉自己所从事的行业，便成了我的当务之急。

二、某大学工商管理专业二年级一班准备进行班干部换届选举，选举之前由现任班干部进行述职，他们都已经担任了一年的班级服务工作。假设你是班长或团支书，请适当参考你所在班级的情况写一份述职报告。

第五章　商务类文书

第一节　合　同

【情境与任务】

请看下文，说说签订合同是一种什么行为？签订前应做些什么？

新疆吐鲁番市城市建设局市容环境卫生管理处（甲方）和一个体户（乙方）于1998年9月15日签订了一份合同。合同第一条规定：甲方将一幢临街楼房租给乙方，租期5年，租金第1年交113 000元，后4年交130 000元。合同签订后乙方将第1年的租金一次交清。2000年乙方没有按时交租金，甲方找到乙方。乙方表示已经交完了房租，因为“后4年交130 000元”。甲方则说这句话中少了一个“年”字，应改为后4年年交130 000元。双方无法达成一致。2001年6月5日甲方将乙方告上法庭。

一、文体知识

（一）合同的概念

早在两千年前，我国周朝就已经使用合同，当时叫“质要”。春秋战国时期则称“质剂”“约剂”或“傅别”。东汉时，合同称为“契”。唐朝开始，把契约凭证开始称为“合同”。至元明清，合同一直被称为“文契”“契约”或“合同”。中华人民共和国成立后，逐渐以“合同”一词代替“契约”，并于1999年10月1日起实施《中华人民共和国合同法》，以规范合同的订立与执行。

合同是人们生活中必不可少的交易和权益确定方式。《中华人民共和国合同法》（以下简称《合同法》）规定：“合同是平等主体的自然人、法人、其他经济组织之间设立、变更、终止民事权利义务关系的协议。”合同的当事人，可以是公民（自然人），也可以是法人或其他组织。

签订合同是一种法律行为。依法签订的合同，受到法律保护，对立约双方都具有约束力。合同的主要作用是维护当事人的合法权益和明确当事人的权利、义务。

合同主要有三个特点：

（1）合法性。首先，订立合同必须是合法的行为，立约各方必须具有法律行为能力，代表单位签订合同的当事人必须具有法人资格；签订合同的过程必须是自愿的，不得有胁迫、欺诈行为。其次，合同内容必须是合法的，不得违反国家的有关法律法规。

（2）协商互利性。《合同法》规定，合同当事人的法律地位平等，一方不得将自己的意志强加给另一方。合同是协商协作的产物，各方当事人必须平等相待，本着自愿、公平、诚信的原则，经过充分协商，订立互惠互利的合同。

（3）约束性。当事人依法签订的合同对双方都具有法律约束力，任何一方不得擅自变更或解除合同。

（二）合同的种类

合同的种类繁多。按时间分有长期、中期、短期合同；按形式分有条文式、表格式合同；按合同的内容分，《合同法》列出 15 大类：

（1）买卖合同。买卖合同是出卖人转移标的物的所有权于买受人，买受人支付价款的合同。

（2）供用电、水、气、热力合同。供用电、水、气、热力合同是供电人向用电人供电等能源，使用人支付费用的合同。

（3）赠与合同。赠与合同是赠与人将自己的财产无偿给予受赠人，受赠人表示接受赠与的合同。

（4）借款合同。借款合同是借款人向贷款人借款，到期返还借款并支付利息的合同。

（5）租赁合同。租赁合同是出租人将租赁物交付承租人使用、收益，承租人支付租金的合同。

（6）融资租赁合同。融资租赁合同是出租人根据承租人对出卖人、租赁物的选择，向出卖人购买租赁物，提供给承租人使用，承租人支付租金的合同。

（7）承揽合同。承揽合同是承揽人按照定作人的要求完成工作，交付工作成果，定作人给付报酬的合同。

（8）建设工程合同。建设工程合同是承包人进行工程建设，发包人支付价款的合同。

（9）运输合同。运输合同是承运人将旅客或者货物从起运地点运输到约定地点，旅客、托运人或者收货人支付票款或者运输费用的合同。

（10）技术合同。技术合同是当事人就技术开发、转让、咨询或者服务订立的确立相互之间权利和义务的合同。

（11）保管合同。保管合同是保管人保管寄存人交付的保管物，并返还该物的合同。

（12）仓储合同。仓储合同是保管人储存存货人交付的仓储物，存货人支付仓储费的合同。

（13）委托合同。委托合同是委托人和受托人约定，由受托人处理委托人事务的合同。

（14）行纪合同。行纪合同是行纪人以自己的名义为委托人从事贸易活动，委托人支付报酬的合同。

（15）居间合同。居间合同是指居间人向委托人报告订立合同的机会或者提供订立合同的媒介服务，委托人支付报酬的合同。

二、合同的写作格式和方法

合同的形式主要有条款式和表格式两种。不论采用何种形式，合同的结构一般都包括以下三部分。

（一）首部

（1）标题。经济合同的标题，应明确标出合同的性质。如购销合同、预购合同、供应合同等。有的合同有编号，可以写在标题之下。

（2）合同当事人名称或姓名。准确写出签约单位或个人的全称、全名。为叙述方便可在名称前面或后面注明甲方、乙方或供方、需方。

（二）正文

（1）引言。主要说明双方签订合同的目的、依据、原则。表格式合同无此部分。

（2）合同条款。这是合同的主要内容，是合同当事人行使权利、享受义务的主要依据。主要包括：

① 标的。（指货物，劳务，工程项目等）。这是合同中权利义务所指对象。任何合同都必须有标的，没有标的，双方当事人的权利和义务就不能落实，合同也就无法履行。标的项目多，在正文写不下，可以另加附页。这也是合同的组成部分。

② 数量和质量。标的的数量和质量都是合同的基本条款之一，必须规定得正确具体。

③ 价款或者酬金。这是取得对双方产品或者接受对方劳支所支付的代价。它是以货币数量来表示的。除了价款，还要规定结算方法。计价时，产品价格应该执行政府物价主管部门规定的价格。

④ 履行的地点和方式。合同的履行都是有期限的，如果有一方违背合同规定的期限，就会给签约的另一方造成损失。履行的地点和方式，是与期限密切相连的。这里还包括了产品包装要求、运输方式及费用等。

⑤ 违约责任。这是对不按合同规定履行义务的制裁措施。这一条在合同实践中很重要，它对维护合同的法律严肃性，督促当事人履行合同义务都有重要意义。

⑥ 解决争议的办法。当事人在合同中约定解决执行合同过程中所发生的争议的方法。

除上述主要条款之外，产品的包装方法、要求、产品的验收方式等在合同中也要写明。

（三）尾部

（1）有关必要的说明。如合同的有效期和文本保存、合同的份数、合同的附件等。

（2）落款。包括当事人的名称、签章、法定通信地址、法人代表、银行账号、签约日期、地点等。合同签订地点是合同发生纠纷后确定管辖法院、仲裁机构的重要依据。

三、签订合同的注意事项

合同一经签订，双方都必须遵守，因此在拟定合同时，要做好以下几点：

1. 订立合同，必须符合国家法律法规

如果与国家的法律、政策和计划相抵触，即使双方自愿，在法律上也是无效的。订立合同，必须实事求是，严肃对待，要有实现的可能性，尤其不得违反社会公共利益或者社会主义道德准则。

2. 订立合同，必须贯彻平等互利、协商一致、等价有偿的原则

因此，对产品数量、质量、价格等应有明确的要求，对经济责任应有明确的规定。签订合同要谨慎，签订之前要核实对方的身份及相关证明文件，进行必要的调查研究，确认对方有履行合同的条件和能力才可与之签订。

3. 合同条款要完备，内容要具体

合同的主要条款如果缺少，履行合同就会发生纠纷，也会给少数不法分子进行诈骗以可乘之机。有的建设工程承包合同因为没有写明竣工日期及超过期限的违约责任，致使项目迟迟不能完工。不少合同除主要条款外，还有很多其他约定条款。条款多、内容具体，合同就便于履行，也能减少纠纷。考虑周全、防止疏漏、不怕烦琐，这样签订出来的合同才能达到要求。

4. 表达要准确无歧义

合同的各项条款都关系双方的经济利益，因此表述必须准确周密、简洁明了，不得使用模棱两可的句子或词语。比如有的合同对质量要求只写“到货后验收确定”，有的家居装修合同对地板的装修要求为“木地板”，这些不确切的词容易导致合同纠纷。

四、例文评析

例文一

房屋租赁合同

出租方：

承租方：

根据《中华人民共和国经济合同法》及有关规定，为明确出租方与承租方的权利义务关系，经双方协商一致，签订本合同。

第一条　房屋坐落______、间数______、面积______、房屋质量______

第二条　租赁期限

租赁期共______年零______月，出租方从______年______月______日起将出租房屋交

付承租方使用，至____年____月____日收回。

承租人有下列情形之一的，出租人可以终止合同、收回房屋：

1. 承租人擅自将房屋转租、转让或转借的；

2. 承租人利用承租房屋进行非法活动，损害公共利益的；

3. 承租人拖欠租金累计达____个月的。

租赁合同如因期满而终止时，如承租人到期确实无法找到房屋，出租人应当酌情延长租赁期限。

如承租方逾期不搬迁，出租方有权向人民法院起诉和申请执行，出租方因此所受损失由承租方负责赔偿。

合同期满后，如出租方仍继续出租房屋的，承租方享有优先权。

第三条　租金和租金的交纳期限

甲乙双方议定月租金____元，按年交，由乙方在每年的____月____日交纳给甲方。先交后住。甲方收取租金时必须出具收租金凭证。无收租金凭证乙方可以拒付。

第四条　租赁期间房屋修缮

修缮房屋是出租人的义务。出租人对房屋及其设备应每隔____月（或年）认真检查、修缮一次，以保障承租人居住安全和正常使用。

出租人维修房屋时，承租人应积极协助，不得阻挠施工。出租人如确实无力修缮，可同承租人协商合修，届时承租人付出的修缮费用即用以充抵租金或由出租人分期偿还。

第五条　出租方与承租方的变更

1. 如果出租方将房产所有权转移给第三方时，合同对新的房产所有者继续有效。

2. 出租人出卖房屋，须在3个月前通知承租人。在同等条件下，承租人有优先购买权。

3. 承租人需要与第三人互换住房时，应事先征得出租人同意；出租人应当支持承租人的合理要求。

第六条　违约责任

1. 出租方未按前述合同条款的规定向承租人交付合乎要求的房屋的，负责赔偿____元。

2. 出租方未按时交付出租房屋供承租人使用的，负责偿付违约金____元。

3. 出租方未按时（或未按要求）修缮出租房屋的，负责偿付违约金____元；如因此造成承租方人员人身受伤害或财物受毁的，负责赔偿损失。

4. 承租方逾期交付租金的，除仍应如数补交外，并按租金的____%，以天数计算向甲方交纳违约金后，甲方仍有权终止合同。

5. 承租方违反合同，擅自将承租房屋转给他人使用的，应支付违约金____元；如因此造成承租房屋毁坏的，还应负责赔偿。

第七条　免责条件

1. 房屋如因不可抗力的原因导致毁损和造成承租方损失的，双方互不承担责任。

2. 因市政建设需要拆除或改造已租赁的房屋，使甲乙双方造成损失，互不承担责任。

第八条　争议的解决方式

本合同在履行中如发生争议，双方应协商解决；协商不成时，任何一方均可向工商局经济合同仲裁委员会申请调解或仲裁，也可以向人民法院起诉。

第九条　其他约定事项

第十条　本合同未尽事宜，一律按《中华人民共和国经济合同法》的有关规定，经合同双方共同协商，做出补充规定，补充规定与本合同具有同等效力。

本合同正本一式两份，出租方、承租方各执1份；合同副本____份，送市房管局、工商局备案。

出租方：（盖章）　　　　承租方：（盖章）鉴（公）证意见：

地址：　　　　地址：

法定代表人（签名）：　　　　法定代表人（签名）：

委托代理人（签名）：　　　　委托代理人（签名）：

开户银行：　　　　开户银行：　　　　经办人

账号：　　　　账号：

电话：　　　　电话：　　　　鉴（公）证机关

电挂：　　　　电挂：（章）

邮政编码：　　　　邮政编码：

签约地点：　　　　签约时间：　年　月　日

有效期限至　年　月　日

【简析】这是一份租赁合同格式范本。导言写立合同人、立合同的目的，并说明订立本合同双方经过了友好协商。第一条至第十条为主体，分别写双方各自承担的法律责任、享有的权利、解决争议的方式。本合同条款完备、格式规范、语言明晰，比较详尽地包括了房屋租赁合同的写作内容。

例文二

购销合同

立合同人：××市肉类联合加工厂（以下简称甲方）

××市食品公司（以下简称乙方）

为了繁荣市场，保证食用猪油供应，经双方协商，签订本合同，以资共同遵守。

一、由甲方向乙方订购食用猪油20吨。按每吨3500元计算，由甲方付给乙方货款共70万元。

二、乙方于2001年4月5日至5月20日分4次在××火车站向甲方交付完所订购的食用猪油。

三、付款办法采取银行托收承付。甲方在验收第一批货物后5日内先付款50%，在验收全部货物后 5 日内付清余下货款。

四、采用铁桶包装，铁桶回空，回空铁桶由甲方运至××站，运杂费由乙方负担。货物发运后的铁路运费及卸车费由甲方负担。

五、质量标准。按食用油规格水分不超过 1%为合格，不符合质量标准甲方拒收。

六、双方按规定日期交付货物或货款，逾期不履行合同的，违约方按每天 1%的尾款或未交货物折价款付给对方违约金。

七、本合同一式四份，双方各执正副本一份存查。

××市肉联厂（盖章）　　××市食品公司（盖章）

地址：××××××××××　　地址：××××××××××

电话号码：×××××××××　　电话号码：××××××××

代表人：×××（签名）　　代表人：×××（签名）

账号：×××××××××××　　账号：××××××××××××

开户银行：××××××××　　开户银行：××××××××

×年×月×日

【简析】这是一份条文式购销合同，写得简明、具体、完备、规范。首先确定了购销的标的物、单价及总货款，然后规定了货物支付的时间、方式和地点，并且注明了付款方式和有关要求，还规定了包装方式和包装处理的要求以及质量标准，最后明确了双方的违约责任和处罚方法。内容比较完备，条款清晰，权责明确。

【复习与训练】

一、填空题。

1. 合同是平等主体的____、____、____之间____、____、____民事权利义务关系的____。

2.《中华人民共和国合同法》于____年____月____日开始实施。

3. 合同的主要特点有____、____、____。

二、阅读下面文字，回答问题。

1. 下面三段文字哪一句的表达最准确?

（1）甲方在签订合同后先交一部分建造费，其余在图书馆建成后抓紧归还所欠部分。

（2）甲方在签订合同后一周内，先付给乙方全部修建费的 50%，其余在图书馆建成后抓紧归还。

（3）甲方在签订合同后一周内，先付给乙方全部修建费的 50%，其余 50%在图书馆建成验收合格后一月内全部付清。

2. 沈阳某商店向杭州一扇厂订了几万打扇子，每打××元。等到厂家扇子运到时，却发现每打只有 10 把，而不是通常的 12 把。商店责问厂家，厂家说他们一贯是按每打 10 把出售的。商店又问你为什么不早说，厂家说，你为什么不早问。告到法院，法院一查，厂家以前确实是按每打 10 把卖的。

（1）这个经济责任应该由谁来负？

（2）合同应怎样表达才可避免纠纷？

三、根据合同写作规范与要求，重新改写下面这份合同。

经济合同

××食品公司第四车间（甲方）

××第二建筑公司生产料（乙方）

1. 建筑××食品公司第四车间东厂房，经双方协议，订立本合同。

2. 由乙方全面负责建造。

3. 甲方委托乙方建造东厂房一座。全部建造费用共计 855 000 元。

4. 甲方在订立合同后先交一部分建筑费用。

5. 其余在厂房建成后抓紧归还所欠部分。

6. 工期待乙方筹备就绪后立即开始。

7. 力争三月中旬开工。

8. 力争在十一月份左右完工。

9. 建筑材料由乙方全面负责筹备。

10. 本合同一式四份，双方各一份，各自上级单位备案一份。

立合同者：××食品公司第四车间（公章）

主任：×××（签名）

××第二建筑公司生产料（公章）

科长：×××（签名）

2002 年 5 月 10 日

第二节　招标书、投标书

【情境与任务】

阅读下文，找到招投标法的相关资料，谈谈你对招标投标的了解。

2017 年 12 月 27 日《人民日报》报道：

第十二届全国人民代表大会常务委员会第三十一次会议决定：

一、对《中华人民共和国招标投标法》做出修改

（一）删去第十三条第二款第三项。

（二）删去第十四条第一款。

（三）将第五十条第一款中的“情节严重的，暂停直至取消招标代理资格”修改为

"情节严重的，禁止其一年至二年内代理依法必须进行招标的项目并予以公告，直至由工商行政管理机关吊销营业执照"。

本决定自 2017 年 12 月 28 日起施行。

一、招标书

（一）文体知识

招标是一种特殊的交易方式和订立合同的特殊程序，指招标单位借助一定的方式或手段，提出标准和要求，招人承包或承购的一种行为。投标是指投标人根据招标通知的要求填写招标文件（也称标书），并将其送交给招标人的行为。可见，从狭义上讲，招标与投标是一个过程的两个方面，分别代表了采购方和供应方的交易行为。而广义的招标则包含了招标和投标整个过程。

1999 年，全国人民代表大会常务委员会制定和颁布了《招标投标法》，2000 年 1 月 1 日施行。2017 年 12 月 27 日，第十二届全国人民代表大会常务委员会第三十一次会议修订。

招标书是一种告知性文书，它提供全面情况，便于投标方根据招标书提供的情况做好准备工作，同时指导招标工作开展。其按内容及性质划分有企业承包招标书、工程建设招标书、大宗商品交易招标书、劳务招标书等。

招标书包括招标公告和招标文件。招标公告是在相应的招投标网站或报刊媒介上发布的公示信息，是对所有有意向参与投标的投标人提供的公开信息。

招标文件是作为要约的、供投标方使用的正式文本，这是招标活动中最重要的资料之一，对招标项目做出具体详细的说明。通常招标文件需要购买，而且专业性很强。本节主要介绍招标公告的写法。

（二）写作格式和方法

1. 标题

由招标单位名称及文种构成，如《××工程设备公司招标中心公告》，或者写招标单位加招标项目名称加文种，如《河南省郑州市煤气管网改造项目办公室关于惠济区改线工程施工招标的公告》。

2. 正文

前言写明招标单位的基本情况和招标缘由、依据、目的等。

主题部分包括：

（1）招标项目情况。此项一般包括项目名称、主要内容、规模、数量等。

（2）投标人的资质条件。此项标明投标人应具备的资质条件。

（3）招标步骤。包括招标文件发售时间、价格，投标截止时间、地点，开标时间、地点，有的还说明签约时限，项目计划开工时间和完工时间。

3. 结尾

结尾是招标书重要的组成部分，要详细而具体地写清楚招标单位名称、通信地址、邮政编码、电话号码、电传号码、电报挂号、联系人等，以便投标者参与。

（三）招标书写作的注意事项

（1）行文周密严谨。

要写好招标书，首先应熟悉招标的全过程，还应注意贯彻国家的有关政策、法律，遵守招标工作的有关规定，执行国家颁布的技术规范及质量标准。招标书也是签订合同的依据，是一种具有法律效应的文件，写作时应严谨。

（2）表达准确简洁。

招标书主要是传播招标信息，写作时要将项目情况、要求等内容表达清楚、准确，以免使投标者产生歧义和误解，同时还应注意语言的简明。

（3）用语庄重严肃。

招投标是一种经济贸易方式，招标书的写作要遵守平等的原则，注意措辞诚恳、语气平和，尽量避免带上个人主观色彩。

（四）例文评析

南湖迎宾大道（外环—高速段）绿化改造工程施工招标公告

招标编号：HBAH10041015810101-LH

1. 招标条件

本招标项目南湖迎宾大道（外环—高速段）工程已由相关部门批准建设。项目业主为××市公路建设管理处，建设资金由××市财政局及××市交通运输局设法筹措。项目已具备招标条件，现对本项目绿化改造工程进行国内公开招标。

2. 项目概况与招标范围

2.1 项目概况

2.1.1 建设规模

该路段西起西外环高速出口，东至西南环线，道路全长约 800 米，为新建工程。

2.1.2 建设工期

计划开工日期为 2010 年 7 月 1 日，计划竣工日期为 2010 年 7 月 20 日。

2.2 招标范围及标段划分

本次招标共一个标段，招标范围为本项目高速互通区等区域内地形改造及绿化工程实施、完成及其缺陷修复等全部相关工作，具体内容详见施工图纸及工程量清单。

3. 投标人资格要求

3.1 本次招标要求具有独立企业法人资格，同时具备建设主管部门颁发的园林绿化工程一级资质和市政公用行业（含风景园林）设计乙级及以上或风景园林工程设计专项乙级及以上资质（均不含暂定资质），近五年内有类似工程（公路项目绿化）施工业绩，并在人员、设备、资金等方面具备相应的施工能力。

3.2 投标人不可以组成联合体投标。

4. 招标文件的获取

4.1 请于2010年6月3日至2010年6月9日（法定公休日、法定节假日除外）每日上午9:00—11:00时，下午14:00—16:00时（北京时间，下同），持企业法人营业执照副本原件、企业资质证书副本原件、单位介绍信、经办人身份证及上述资料彩色复印件或彩色扫描件一套（全本A4幅面装订成册，且逐页加盖单位章），到××市建设路99号新星大厦16层××招标有限公司报名并购买招标文件。

4.2 招标文件每份售价2000元人民币（含图纸），售后不退。

5. 投标文件的递交及相关事宜

5.1 招标人不统一组织进行工程现场踏勘，且不统一召开投标预备会。

5.2 投标文件递交的截止时间为2010年6月23日9时00分，投标人应于当日8时00分至9时00分将投标文件递交至××市建设工程交易中心会议室。

5.3 逾期送达或者未送达指定地点的投标文件，招标人不予受理。

6. 发布公告的媒介

本次招标公告同时在××省招标投标综合网、××省交通厅行政权力公开透明运行网上发布。

7. 联系方式

招标人：××市公路建设管理处	代理机构：××招标有限公司
地址：××市××路××号	地址：××市建设路99号
邮编：××××××	邮编：××××××
联系人：杜×	联系人：张××
电话：×××××××××	电话：×××××××××
传真：×××××××××	传真：×××××××××

【简析】这是一份工程施工项目招标公告。首先明确了招标条件、项目概况与招标范围，其次对投标人资格要求、招标文件的获取、投标文件的递交及相关事宜、发布公告的媒介及联系方式等进行了说明，内容完备、层次清晰，便于投标单位快速了解和把握招标的内容及要求。

二、投标书

（一）文体知识

投标书，是投标者按照招标书提出的标准和要求，向招标单位递交的提出自己投标意向的承诺性文书。它要求密封后邮寄或派专人送给招标者，故又称“标函”。

投标书具有针对性，是对招标书提出要约的响应和承诺；又具有合约性，它以追求合作、签署合同为目的，是对招标者的要约，因此写作态度要严肃认真，表达语言要准确清楚；它还具有竞争性，投标是一种竞争性很强的商品交易行为，为了能够中标，投标书的内容必须尽可能显示投标单位所具有的某些优势条件，以击败其他竞争者。

（二）写作格式和方法

标书是对招标书的应答。由于投标的项目不同，其内容与写法也不尽相同，但其结构形式基本相同，一般由标题、称谓、正文、附件和落款五部分组成。

1. 标题

由投标单位名称、投标项目名称和文种组成，如《××公司关于××工程的投标书》。由于有正文及落款内容，投标单位、项目名称也可省略，如《××公司投标书》《××工程投标书》《投标书》《标函》。

2. 称谓

一般在标题下，顶格写招标单位名称，如同书信中的称呼。

3. 正文

前言部分，一般写招标投标的意义或指导思想，阐明投标项目和内容，以及自己在本次投标竞争中的态度。

主体部分，是投标书的主要内容所在，是鉴定投标方案是否可行，能否被选中的关键部分。一般应对本投标项目基本状况进行分析，找出自身优势，提出经营方针、指导思想，讲明承包目标、考核指标，还应写出完成目标的可行性分析和方法、措施，也可写出对招标者所提要求、条件的认可程度。应针对招标书的要求做出响应。

4. 附件

有的投标书正文后有附件。若是建筑工程投标，其附件主要有：工程清单或单位工程主要部分标价明细表，也包括单位工程主要材料、设备标价明细表等。若是大宗商品买卖，附件一般是商品的规格、价格等。

5. 落款

写清投标单位名称、地址、电话、电传、邮政编码、联系人及投标日期等，应加盖公章。

（三）投标书写作的注意事项

（1）仔细分析招标书的要求，根据其要求逐一做出响应。

（2）实事求是说明己方存在的优势。

（3）内容要合理合法，尤其对承诺的内容，表述应明确具体、周密全面。因为一旦中标，投标书中的内容会被写入合同，投标者对此要负法律责任。

（四）例文评析

投标书

××至××段 NO.3 合同段

××黄河高速公路有限公司：

1. 在研究了上述项目第××合同段的招标文件（含补遗书）和考察了工程现场后，我们愿意以人民币大写××元（¥××元）的投标总价，遵照招标文件的要求承担本合同的实施、完成及其缺陷修复工作。

2. 本合同段长约××km，技术标准：高速公路，沥青混凝土路面。有××立交××处，大中桥××座，计长××米，以及其他构造物工程等。

3. 如果你单位接受我们投标，我们将保证按照你单位认可的条件，以本投标书附录写明的金额、方式和时间提交履约担保。

4. 我们同意从规定的开标之日起 90 天的投标文件有效期内严格遵守本投标书的各项承诺。在此期限满期之前，本投标书始终对我们有约束力，并随时接受中标。

5. 在合同协议书正式签署生效之前，本投标书连同你单位的中标通知书将构成我们双方之间共同遵守的文件，对双方具有约束力。

6. 我们理解，你单位不一定接受最低价的投标或你单位接到的其他任何投标，同时也理解，你单位不负担我们的任何投标费用。

7. 随同本投标书，我们出具金额为人民币××万元的投标担保。如果我们在本投标文件有效期内撤回投标文件，或拒绝接受按投标人须知规定的对投标文件细微偏差进行澄清与补正，或在接到中标通知书后的 10 天内未能或拒绝签订合同协议书，或未能提交履约担保（含按规定提交的相应比例的银行汇票），你单位有权没收投标担保，另选中标单位。

附件：××××××××

投标人：××公司（盖章）
地址：××市××路××号
法定代表人：张××
邮政编码：××××××
电话：××××××××
传真：××××××××
联系人：赵××

×年×月×日

【简析】这是针对招标书所做的投标书，直接表明接受招标单位提出的条件，针对性强。正文内容比较简单，表述清楚。在结构上采用分条形式，层次清晰，重点突出。

【复习与训练】

一、判断题。

1. 投标书介绍己方的优势可以适当拔高。(　　)

2. 为了中标，就要尽可能压低标价；为了赢利，就要尽可能抬高标价。为了击败竞争者，投标者应把前者放在首位，后者在签合同时再考虑。(　　)

3. 招标书一般指招标公告。(　　)

4. 在招标书中，招标单位的基本情况可以略写；在投标书中，投标单位的基本情况必须详写。(　　)

二、下面是一则网上招标公告，你认为投标人可能要了解哪些“本设计项目招标进一步的信息”？

新中源集团

华夏新中源大酒楼三楼中餐厅及一楼大堂设计招标公告

一、项目概况

1. 项目规模：本项目总面积共计3000平方米。

2. 项目地点：××市××区××镇陶博大道8号（华夏陶瓷博览城内）。

3. 项目要求：按五星级酒店标准，设计单位自由发挥。

4. 质量要求：合格。

二、投标书的编制要求

1. 提供公司的企业法人委托书、营业执照、企业资质、以往设计项目业绩。

2. 本项目设计组织机构及项目经理的资质、上岗证、业绩资料等复印件。

三、接受报名

1. 有参与意向的投标单位即日起开始报名，方案投标日期截止到3月22日。

2. 预了解本设计项目招标进一步的信息，欢迎电话垂询。

招标单位：华夏新中源大酒店

联系人：张小姐 0757-8538××××

2008年3月14日

第六章　会务类文书

第一节　会议记录

【情境与任务】

会议记录也可以成为一部经典。

东汉建初四年（公元 79 年），汉章帝召集各地著名儒生于洛阳白虎观，讨论五经异同，这就是历史上有名的白虎观会议。这次会议由汉章帝亲自主持，参加者有魏应、淳于恭、贾逵、班固、杨终等名儒。会上，有人代表皇帝发问，全国名儒各陈见解，进行辩论，再由一人代表诸儒作答，皇帝进行裁决。这样考详异同，“连月始罢”。班固将会议记录整理出来，就是《白虎通德论》，又称《白虎通义》《白虎通》，作为官方钦定的经典刊布于世，对后世影响很大。

说说你认为会议记录一般应记些什么？

一、文体知识

会议记录是记载会议基本情况的文字材料，是日后工作中可供查考的凭证。它可以为检查会议决议的贯彻执行情况、整理会议纪要、下达与上报会议精神、分析研究与总结工作提供依据。

会议记录要求真实、全面地反映会议的本来面貌。会议进行过程中连续编发的会议简报，以及会议后期制作的会议纪要，都要以会议记录内容为重要素材。

会议记录的特点：

（一）实录性

会议记录的执笔者与其他文章的写作者有一个重要的区别，那就是他只有记录权没有改造权。与会者发言时说了些什么就记什么，记录者不能进行加工、提炼，不能增添、删减，不能移花接木，不能张冠李戴。

（二）原始形态性

会议记录是会议情况和内容的原始化的记录。所谓原始，就是未经整理、未经综合。在这一点上，它跟会议简报、会议纪要有着很大不同。会议简报和会议纪要的内容也是真实的，但不是原始的。

（三）规范性

尽管会议记录本身并不成文，但是也具有一定的规范性，有的单位使用统一的记录专用笺，要求按照统一的格式记录，记录中尽可能使用规范的速记符号。

二、会议记录的结构与写法

会议记录的写作有固定的格式，一般由标题、会议组织情况、会议内容和结尾四部分组成。如果使用专用的会议记录本，有些内容可按表格填写。

（一）标题

即会议记录的名称。由会议组织单位名称、年度（或届次）+会议名称组成，有时可加文种名，如《××厂2004年度职工代表会议》《××大学第×次办公室会议记录》。

（二）会议组织情况

这部分写在标题之下。在会议开始前，把会议的有关情况写好。主要包括会议时间、地点、主持人、出席人、列席人、缺席人、记录人、记录审核人等，有的要标注职务，注明缺席的原因。

（三）会议内容

包括会议议题、领导讲话、与会者发言、形成的决议等。这部分记录按会议议程和各项活动的先后次序记录，发言人姓名要写全，会议的决议要准确，并写明表决的方式（如口头表决、鼓掌表决、无记名书面表决、电子计算机表决等）和同意、反对、弃权的票数。

此外还有其他情况，如与会者的掌声、笑声，与会者迟到、早退、中途退场以示不满等情况也应记录。

会议内容有三种记录方法：

1. 详细记录

用于重要会议，要求有言必录，最好还能记录发言者的语气、动作、表情以及与会者的反应。

2. 摘要记录

一般性的会议可以使用摘要记录。这种记录方法的关键是善于抓住发言者的要点。除了会议概况必须详细记录之外，只需记录会议的议题议程、发言人姓名、发言的要点、决议情况，会议中的一般情况不必记录。

3. 简易记录

简易记录仅限于事务性会议。除了记录会议概况外，只要求记录会议的议题、议程和会议的结果，不必记发言的内容和经过。

（四）结尾

写明散会，有的还注明会议结束时间。在文末右下方由主持人和记录人对记录进行认真校核后，分别签上姓名，以示对此负责。

三、会议记录的注意事项

（一）真实准确

要忠实于会议实际，不能夹杂记录者的任何个人情感，更不随意增删改动。

（二）充分准备

记录前要事先对会议内容和所涉及问题有所了解，记录时才能反应快捷灵敏。再者，专心听会，掌握速录技巧。

（三）及时整理

会议记录过程中常常用省略法或者记录关键词来代替整句，所以会议结束后应趁着还有印象，尽快整理出正式的会议记录。

四、例文评析

例文一

××市城南开发区管委会办公会议记录

时间：×年×月×日上午

地点：管委会会议室

主持人：李××（管委会主任）

出席者：杨××（管委会副主任）、周××（管委会副主任管城建）、李××（市建委副主任）、肖××（市工商局副局长）、陈××（市建委城建科科长）及建委、工商局有关科室宣传人员、街道居委会负责人。

列席者：管委会全体干部

记录：邹××（管委会办公室秘书）

讨论议题：

1. 如何整顿城市市场秩序。

2. 如何制止违章建筑、维护市容市貌。

杨主任报告城市现状：我区过去在开发区党委领导下，各职能单位同心协力、齐抓共管，在创建文明卫生城市方面取得了一定成绩，城市市场秩序有一定进步，市容街道也较可观。可近几个月来，市场秩序倒退了，街道上小商贩逐渐多起来，水果摊、菜担、小百货满街乱摆……一些建筑施工单位沿街违章搭棚、乱堆放材料、搬运泥土撒落大街……这些情况严重地破坏了市容市貌，使大街变得又乱又脏，社会各界反应很强烈。因此今天请大家来研究：如何整顿市场秩序？如何治理违章建筑、违章作业、维护市容？

讨论发言（按发言顺序记录）：

肖××（市工商局副局长）：个体商贩不按规定到指定市场经营，管理不得力、处理不坚决，我们有责任。这件事我们坚决抓落实：重新宣传市场有关规定，坐商归店、小贩归市、农民卖蔬菜副食到专门的农贸市场……工商局全面出动抓，也希望街道居委会配合，具体行动方案我们再考虑。

罗××（工商局市管科科长）：市场是到了非整不可的地步了。我们的方针、办法都有了，过去实行过，都是行之有效的，现在的问题是要有人抓，敢于抓落到实处。……只要大家齐心协力问题是能够解决的。

秦××（居委会主任）：整顿市场纪律我们居委会也有责任。我们一定发动群众配合好，制止乱摆摊，乱叫卖的现象。

李××（建委副主任）：去年上半年创建文明卫生城市时，市上出了个7号文件，其中规定施工单位不能乱摆战场。工棚、工场不得临街设置，更不准侵占人行道。沿街面施工要有安全防护措施……今年有的施工单位不顾市上文件，在人行道上搭工棚、堆器材。这些违章作业严重地影响了街道整齐、美观，也影响了行人安全。基建取出的泥土，拖斗车装得过多，外运时沿街散落，到处有泥沙，破坏了街道整洁。希望管委会召集施工单位开一次会，重申市府7号文件，要求他们限期改正。否则按文件规定惩处。态度要明确、坚决。

陈××：对犯规者一是教育，二是动真格。“不教而杀谓之虐”，我们先宣传教育，如果施工单位仍我行我素不执行，那时按文件处理，他们也就无话可说。

周××：城市管理我们都有文件、有办法，现在是贵在执行。职能部门是主力军，着重抓，其他部门配合抓。居委会把居民特别是“执勤老人”（退休职工）都发动起来，按7号文件办事，我们市区就会文明、清洁，面貌改观……

与会人员经过充分讨论、协商，一致决定：

1. 由工商局牵头，居委会和其他部门配合，第一周宣传、第二周行动，监督实施，做到坐商归店，摊贩归点，农贸归市，彻底改变市场紊乱状况。

2. 由管委会牵头，城建委等单位配合对全区建筑工地进行一次检查。然后召开一次施工单位会议，对违章建筑、违章工场限期改正。一个月内改变面貌。过时不改者，坚决照章处理。

散会。

主持人：（签名）

记录人：（签名）

【简析】这是一篇会议详细记录，客观反映了会议的内容和进程。本文由标题、会议组织情况、会议内容、宣布散会及主持人、记录人签名构成，结构规范、内容详细完整。

例文二

××股份有限公司董事会例会记录

（2003 年 4 月 14 日）

会议时间：2003 年 4 月 14 日上午 10:00

会议地点：北京××××大厦本公司总部会议室

会议主持：高×（董事长）

出席人员：高×（董事长）、刘×（副董事长）、欧××（财务主管）、安×（董事）、郭×（董事）、代理投票人有王×董事、李×董事、钱×董事

缺席人员：无

会议纪录：白××（秘书）

1. 秘书白××宣读了 2002 年 3 月 10 日会议的记录，并在宣读后获得通过。

2. 财务主管欧××提出的一份财务报告显示，2002 年 3 月 31 日公司的流动资金余额为 2576.98 万元。财务主管的报告在宣读后获得通过。

3. 关于参加公益活动的报告。主管公司企划部的副总经理郭×董事报告说，公司企业策划活动的下一个项目是为北京护城河河道清淤项目捐款 10 万元人民币，这项公益活动将有助于提高企业的知名度。计划在“五一”期间举行捐款仪式，向北京有关部门捐款。关于此事全部细节情况的材料将于 4 月 21 号寄发给所有成员。

4. 其他活动。安×董事提出在 5 月 14 日举行的下一次董事会例会上，公司董事会应任命一人负责公司职工艺术节（将于 8 月初举行），同时董事会还应在下次会议上为职工艺术节确定一个主题。此建议得到了郭×董事的附议并获一致通过。

会议于上午 11:50 结束。

主持人签名：高×

记录人签名：白××

【简析】这是一份摘要式会议记录，格式符合会议记录的要求。正文分两部分，第一部分记录了会议的组织情况，第二部分摘要记录了会议的过程及发言情况，记录清楚、具体。

【复习与训练】

一、简答题。

请简述会议记录的特点及方法。

二、病文析评。

下面是一份病文，试指出其存在的毛病。

××公司党支部会议记录

时间：2005 年 3 月 8 日

地点：会议室

出席：赵××　白××　于××　刘××　郑××　刘××

记录人：刘××

主持人：赵××

首先由赵××发言。接着进行了两项内容。第一项是对人党积极分子的培养情况进行了总结。对各人的缺点和进步进行了分析，提出了改进之处，支部成员一致同意将蔡××、尚××列为党建对象。

第二项是召开了党内民主生活会，全体党员进行了自我检查，并开展了相互批评。张××认为支部成员的工作还不够细致，工作方法还应改进。支部书记赵××对此进行了解释，并表示将尽力改善。

散会。

第二节　会议简报

【情境与任务】

小秦大学毕业进入某机关办公室担任秘书工作，不久单位召开职工代表大会，主任让小秦写一份会议简报。小秦交上稿子，主任看了后说："你这是会议记录还是会议简报？"

请你说说会议简报和会议记录有什么不同？

一、文体知识

会议简报是简报的一种，即举行会议期间编发的简报，是报道会议进程和会议讨论内容的简报。主要用于一些大、中型会议，利于组织和引导会议的进行，便于迅速沟通情况。

会议简报一般由会议的主持部门或会议秘书处编写，内容可以是会议筹备、进展情况；或者与会人员的发言、讨论、意见、建议、会议成果等。

（一）会议简报的特点

会议简报具有简报的一般特点：

1. 新闻性

简报也是一种"报"，它有新闻性。简报的编写应该求快，对于会议中出现的新动向、新经验、新问题，编写者要及时地予以捕捉，并用最快的速度报导，往往是一日一报，甚至一日数报。

2. 简短性

作者在编写简报时要首先注意选材精当，不求面面俱到；其次，要求文字简洁，对事物做概括的反映。一篇简报一般千字左右，至多不超过两千字。

3. 客观性

客观性指反映情况要客观。简报的内容必须真实，决不能偏离事实。有关事实、数据，事件的时间、地点、人物、事件的来龙去脉、因果关系必须准确。对事件的评价要客观恰当。

4. 规范性

形式上，简报要求有规范的格式，报头和报尾都有固定的格式。

（二）会议简报和会议记录的不同

会议记录是与会者讨论发言的实录，凡属正式会议都要做记录，作为内部资料，存档备查。它是会议情况的原始记载，忠实地记录会议的议题、发言与进程，实录会议内容，不进行评论。

会议简报是在会议记录的基础上加工而成，一般发给相关人员传阅，用于报告和交流情况，更好地对会议起指导作用。简报不能有事就报，要注意在众多的事件中选取那些最有指导意义或必须引起重视的情况予以报道，编写者在简报中可以对所写事件发议论、谈看法。

二、简报的格式和写法

简报由报头、报体、报尾三部分组成。

（一）报头

简报的报头一般按文件版头的形式设计，可以套红印制。它位于简报首页的上方，约占一页的三分之一篇幅，与正文之间用红色间隔线分开。一般包括简报名称、期号、编印单位、印发日期，有时根据需要还加注密级、编号。报头的写作模式为：

（1）简报名称：简报名称一般用套红大号字体印刷，如“××会议简报”。

（2）期号：即简报的当年流水号，居简报名称正下方。期号一般按年度依次排列序号，由年度期数加总期数组成，如“2010 年第 3 期”。

（3）编印单位：在报头隔离线左上方标明编印单位，一般是“××办公室”或“××秘书处”。

（4）印发日期：编印时间在报头隔离线右上方，与编印单位平行。以领导签发的日期为准，一般标明年月日。

另外，根据保密规定，若属保密范围的，根据简报的机密程度，在简报名称左上方，分别标明“绝密”“机密”“秘密”等字样，空出一行，顶格标出。有些简报还在报头左上方加注提示语，如“内部刊物，注意保存”“内部资料，请勿翻印”之类。

（二）报体

报体是简报的中心部分，一般由标题、正文两部分组成。

（1）按语。按语由简报的编发部门加写，是为引导读者理解所编发文章、了解编者意图而写的提示语，如“编者按”“编者的话”，有的简报也可以不写按语。按语的位置在间隔线以下。

（2）目录。标注在按语的下方，居中标识“目录”字样。若简报只有一篇文章，则不必标注“目录”。

（3）标题。每篇简报都必须有标题。标题一般要求简明地概括正文内容，类似于新闻标题。可用单行标题，也可用双行标题。简报稿的标题在目录下面，如果没有按语、目录，简报的标题写在间隔线以下的居中位置。

（4）正文。简报正文的写法类似于新闻的写法，开头导语用简短的一段话或一句话概括出简报的主要内容。主体部分起着承接说明中心观点的作用，主体要做到观点明确、事实充分、条理清晰。结尾部分或归纳全文、或做出评论、或提出问题、或表明希望。连续性报道还要说明“对事情的发展情况我们将陆续报道”，或者“问题正在进一步调查研究中”。

（5）正文的署名。简报正文的署名可以是供稿部门的名称，也可以是供稿者的姓名。写在正文的右下方，加上圆括号。如果作者是编发单位，则可不署名。

（三）报尾

报尾由发送范围和印刷份数两部分组成，位于简报末页下端，用间隔横线和报文分开。

发送范围标明发送单位及个人，方便简报的发送。上级机关称“报”，同级部门或不相隶属机关称“送”，下级机关称“发”。

印刷份数在发送范围下界线右下方，标明本期简报共印份数。

简报格式模板：

密级　　　　　　　　　　　　　　　　　　　　　　　　编号

××简报

第×期（总第××期）

编发单位全称　　　　　　　　　　　　　　　　　　　　编发日期

按语

标题

正文

报：××××　××××　××××

送：××××　××××　××××

（共印××份）

三、会议简报写作的注意事项

（一）内容要准确

简报中出现的人名、地名、时间、事件等一定要核对清楚，确保准确无误。尤其发言者的姓名不能写错，每位发言者提出了怎样的意见和建议不能张冠李戴，引用发言者的原话要加引号。

（二）表达要简练

简报的篇幅和容量有限，因此只需写重点和要点，写中心和主题，重点放在哪位发言者指出了什么问题、提出了什么意见和建议，不需具体论证和繁复说理。会议概况写在导语部分，不要将其与发言内容杂糅，如果几个与会者指出的问题、提出的意见建议类似，应予合并。文风要练达，尽量避免抒情性的词句，少用带感情色彩的形容词。

四、例文评析

××市政协十二届二次会议简报

（第 1 期）

大会秘书处编印　　　　　　　　　　　　　　　　　　2018 年 1 月 17 日

新时代　新思想　新征程

奋力开创转型发展　全面振兴　走在前列新局面

——市政协十二届二次会议隆重开幕

中国人民政治协商会议第十二届××市委员会第二次会议，于 2018 年 1 月 17 日下午在××国际宾馆会议中心隆重开幕。

应邀出席大会的领导同志有：市委书记、市长、市委常委；市人大常委会党组副书记、副主任；副市长；市委特邀咨询；市法院院长、市检察院检察长；担任过市各大班子正厅级领导职务的离退休老同志；住××市的十一届省政协常委；往届市政协副主席；市各民主党派、工商联主要负责人。

市委书记、市人大常委会主任×××做重要讲话。他说，刚刚过去的 2017 年，全市上下深入学习贯彻党的十九大精神，坚持以习近平新时代中国特色社会主义思想为指导，以走在前列为目标定位，着力建设工业强市、文化名城、生态××，按照“四位一体、组群统筹、全域融合”工作思路，加快建设现代化组群式大城市，经济社会保持了持续健康发展的良好势头。一年来，全市各级政协组织和广大政协委员牢固树立“四个意识”，坚持中国共产党领导的多党合作和政治协商制度，牢牢把握团结和民主两大主题，认真履行政治协商、民主监督、参政议政职能，在参与中心、服务大局上尽职尽责，在助推转型发展上献计献策，在促进民生改善上主动作为，在维护团结和谐上凝心聚力，为推进全市经济社会持续健康发展做出了重要贡献。

×××在讲话中，对全市各级政协组织和广大政协委员更加积极主动地发挥职能作用，进一步做好凝聚人心、汇集智慧、集聚力量的工作，努力在推动转型发展、全面振兴、走在前列中发挥更大作用、做出更大贡献，提出明确要求。第一，深入学习贯彻党的十九大精神，始终坚持政协事业发展的正确方向。第二，坚持围绕中心服务大局，合力谱写××转型发展、全面振兴、走在前列新篇章。第三，强化干事创业意识，更加充分发挥政协职能作用。

市政协主席×××代表政协第十二届××市委员会常务委员会向大会报告工作。他说，2017 年是十二届市政协的开局之年。一年来，我们高举中国特色社会主义伟大旗帜，认真学习贯彻中共十九大精神和习近平新时代中国特色社会主义思想，在中共市委的坚强领导下，牢牢把握团结民主两大主题，围绕中心，服务大局，着力在共同目标下协商、在知情明政中参政、在参与支持中监督、在继承创新中发展，各项工作都取得新的进展，为推动××市转型发展、走在前列做出了新的贡献，实现了本届政协工作的良好开局。一是旗帜鲜明讲政治，思想政治建设得到新加强。二是紧扣全市工作大局，助推经济社会发展实现新作为。三是强化继承创新，政协工作激发新活力。四是坚持求真务实，政协自身建设取得新进步。

市政协副主席×××代表政协第十二届委员会常务委员会向大会报告提案工作情况。市政协十二届一次会议以来，政协委员、政协各参加单位和政协各专门委员会共提交提案480件，经审查立案401件。在立案提案中，委员提案353件，各民主党派市委和市工商联提案44件，专委会提案4件。提案分别送交78家承办单位办理，现已全部办复。所提建议已经解决或采纳的157件，占39.2%；正在解决或拟采纳的211件，占52.6%；留作参考的33件，占8.2%。从反馈情况看，满意和基本满意率99.5%。

报：××××，××××。
送：××××，××××。

（共印100份）

【简析】本篇简报是政协会议系列简报之一，报头、报体完整，报尾写清楚了报送范围，标题醒目，主体部分首先概述会议的概况，然后记录了几个主要领导的讲话要点，全文简短，新闻性强。

【复习与训练】

一、判断题。

1. 每一篇简报都要写按语。(　　)
2. 简报正文的主体一般都是对导语的具体展开。(　　)
3. 会议简报是在会后编写，一次会议只能编一份简报。(　　)
4. 简报正文写法与新闻报道类似。(　　)
5. 简报必须署名。(　　)

二、写作题。

请以所在班级的集体活动或者班会内容为材料，编写一份简报。

第三节　讲话稿

【情境与任务】

阅读资料，说说一篇优秀的讲话稿应该具备哪些要素。

1924年8月，第二次直奉大战前夕，奉系首领“东北王”张作霖要做一次战前训话来鼓舞士气。

大帅府的秘书们彻夜赶写讲话稿，谁知张作霖一看十多页的稿子，恐怕有几万字，就发了火：“你们这帮耍笔杆儿的，准叫墨汁灌糊涂了。文绉绉的长玩意儿，多耽误事。说的人费劲，听的人难受，简直是活坑人，重写！”于是秘书们又昼夜加班，几易其稿，好歹交了份一千多字的稿。

战前训话开始了，张作霖气宇轩昂地走上讲台，开始背稿子：“军人说话，贵乎明简……”干咳了几声之后，就再也背不出来了。原来，张作霖把秘书们写的“贵乎简明”颠倒为“贵乎明简”，谁知这样一来就再也接不上下文，全场一片死寂。

突然，张作霖把胡子一捋，放开嗓门，来了个即兴演讲：“今儿个，咱们就说大实话：前年夏天，咱们跟吴某人（指直系军阀吴佩孚）老小子干了一仗，大家还记得吧？”军官们都低头不语。“嗯，丢人的事都记在我账上，你们别抹不开。眼下，姓吴的又找茬儿了。你们说说，该咋办？”

会场上群情激愤，振臂高呼“打！”

“好，打！咱们丑话说在前面，这回许胜不许败。胜的，升官得奖；死的，多给抚恤金；败的，军法论罪。我说话算数，你们好好合计合计，我的话完了。”

一、文体知识

广义的讲话稿指人们在特定场合发表讲话的文稿，如开幕词、闭幕词、典礼致辞、会议代表讲话等。狭义的讲话稿通常指领导人在会议上用于口头发表的、带有一定指示性或指导性的文稿。本节所讲主要指广义的讲话稿。

讲话稿的特点如下：

（一）内容的针对性，篇幅的限制性

讲话稿的内容由会议主题、讲话者和受众等因素决定。在写讲话稿之前，必须要了解会议的主题、性质、议题，讲话的场合、背景，领导者的指示、要求，听众的身份、背景情况、心理需求和接受习惯等，切忌不顾听众的基本情况，信口开河。一般来说，在公众场合讲话是有时间限制的，因此对讲话稿篇幅有特定要求，不能不顾具体情况长篇大论。表彰、通报、庆典等会议上的讲话稿篇幅不宜过长，以免喧宾夺主。

（二）语言的得体性，交流的互动性

为了便于讲话者表达，易于听众理解和接受，讲话稿的语言既要准确、简洁，又要通俗、生动。面对会议听众讲话，要尽可能让个性不同、情况各异的与会者都能听懂，即使是专业性、学术性很强的内容，也要尽可能明晰准确，以与会者理解为标准。另外，由于讲话具有现场性，因此撰写领导讲话稿时必须提前考虑和把握现场气氛。

讲话稿在引起台下人思想和感情的共鸣时，才算是真正被听众接受了。事实上，

讲话稿虽然是一人说、众人听的单声话语，但台下听众用表情与讲话人进行的无声交流，决定了讲话不是单向性的，而是跟听众的相互交流。为此，撰写讲话稿时必须心中有听众，要预测听众可能出现的反应，力求与听众形成共鸣。

二、讲话稿的结构与写法

从结构上看，讲话稿一般由标题、署名、称谓、正文等部分组成。

（一）标题

讲话稿的标题写法很多，可以是单标题，也可以是正副标题。

单标题：由讲话人姓名、会议名称、文种组成，如《××经理在地区代理商座谈会上的讲话》。也可以省略讲话人姓名，如《在岗位技能大赛动员大会上的讲话》。

双标题：主标题加副标题。将讲话的主要内容或中心思想概括为一句话作主标题，再由讲话人姓名、会议名称、文种组成副标题，如《进一步学习和发扬鲁迅精神——在鲁迅诞生 110 周年纪念大会上的讲话》。

（二）署名

在标题下方注明讲话人的姓名及日期，也可将日期写在文末。

（三）称谓

称谓是讲话者对本次讲话稿听众整体的称呼。要注意泛指性、次第性等。泛指性是指称呼要有包容性，将与会人员全部包容进去。次第性是称呼要按主次排列。如根据会议的性质、与会者的身份，可以分别使用“同志们”（党的会议常用）、“各位代表”（代表大会常用）、“尊敬的各位领导、同志们”（听众有上级领导的场合常用）、“各位专家学者”（学术会议常用）、“女士们、先生们”（国际性会议常用）、“各位来宾、各位朋友（礼仪性场合常用）等，顺序排列根据具体情况来定。称谓的种类可以有很多，只要符合一般社会礼节和习惯，符合讲话稿发表场合即可。

（四）正文

讲话稿的正文一般由引言、主体、结尾三部分组成。

1. 引言

讲话稿的引言很重要，虽然只有寥寥几句，产生的作用却不可小觑。对讲话稿引言的总体要求是要能充分调动听众的注意力，并能引出主体内容。可以是强调时间、空间，概略描述场面，如：“今夜月明风清，波平如镜。中葡两国政府在这里举行庄严的澳门政权交接仪式，宣告中国政府对澳门恢复行使主权。历史将永远记住这一举世关注的重要时刻。”（江泽民 1999 年 12 月 20 日《在中葡两国政府举行的澳门政权交接仪式上的讲话》）。也可以是开门见山，提出中心话题等。

2. 主体

在引言并未点明讲话稿主题的情况下，首先要在主体中提出主题，再根据这一主题列出几点，分别进行论述。在就所提出的问题进行分析说明时，要做到中心明确、内容充实、表达流畅、条理清晰，展开议论时注意论据要充分、论证要严密、层次要清楚、文字要准确。

主体部分的结构层次安排，通常采用并列和递进两种方式。

并列式结构就是把问题分为几个方面，每个方面都作为一个分论点，分论点之间的关系是并列的。主体部分采用这种结构时，分论点之间可以互换位置，一般不影响意思的传达。在部署工作的会议或总结性的会议上的讲话稿，并列式的写法比较常见。

递进式结构就是按照人们的认识规律，由现象到本质、由表层到深层安排文章层次，层层递进、逐层深入。

3. 结尾

讲话稿的结尾是对讲话的主要内容加以概括，总结全篇、照应开头、发出号召，或者征询对讲话内容的意见或建议，加深听众对讲话主要精神的印象。

三、讲话稿写作的注意事项

（一）观点要鲜明，主题应集中

讲话人对所讲的问题，是赞成还是反对，是表扬还是批评，不能含糊其词、模棱两可。举例要恰当、引用材料要准确。看问题要持客观态度、实事求是、不夸大、不缩小、不屈从附和、不任意上纲。讲话稿要围绕主题来阐述，不能洋洋洒洒，离题万里。

（二）语言要通俗易懂

讲话稿的语言要生动形象、流畅得体，富于形象性、情感性、节律感，语气要平易自然、富于启发思考，以吸引和感染听众。在讲话中适当增强语言的幽默性，不但会提高语言的艺术魅力，而且也会为讲话者的风度增添异彩。当然讲话中使用幽默的方式、方法是多种多样的，需要灵活运用。

四、例文评析

例文一

2017 年哈佛大学校长开学典礼致辞稿

欢迎，2021 届的新生。我很高兴在新生参观日跟你们很多人打过照面，我也很欣喜有1702人选择在这里度过自己未来四年的时光。你们代表着哈佛的现在和未来，欢迎你们。

你们现在开启了人生的新篇章，这个时刻不仅对你们自己意义重大，对美国和世界来说同样如此。

最近几周，我们感受到了全球核战争的威胁，我们目睹了极端天气的可怕，我们看到了发生在西班牙、芬兰、比利时和阿富汗的毁灭性恐怖主义行为，我们也听闻了美国一所大学城里令人心寒的仇恨、种族主义、反犹太主义和暴力事件，那个地方跟我们这里并无多大区别。

在这样的时刻，大学教育应该是什么样子？应该意味着什么？

大学究竟是什么？

在美国和世界进入如此充满挑战和不安定的时刻，我们如何看待大学的责任，也就是我们肩负的责任？

首先，大学是关于知识和对真理的追寻。我们信仰事实以及人类探知事实的能力。我们坚信教育和学习是人类进步的手段，是民主政治的重要基础。

哈佛是一所研究型大学，这意味着哈佛的全体教员致力于在其广泛研究领域中积极拓展知识的边界。当你们开始学习，你们也被邀请成为这趟探索之旅的一员，在教室和实验室，在图书馆和博物馆，还有在除此之外的广阔天地里。

你们最终可能会写出一篇毕业论文，就像去年大约四成毕业生所做的那样。你们可能对一个项目产生兴趣，对一个问题展开独立研究。

或者，你们也许会在夏天的时候加入本科生研究项目，跟其他学生研究员一起住在校园，同时跟教员密切合作，在科学和工程学领域，在社会科学领域，在市场、组织、社群参与和全球健康领域，在人文和艺术领域，一起探索新知。我们认为，追寻真理需要持续的验证和重新评估，需要不断的论证、挑战和辩论。我们非常自信地认为，我们已经取得了一定的成功。真理既是愿望，也是灵感。我们知道对知识的探索永无止境，所以我们必须对新的想法、新的观点以及犯错的可能性持开放态度。

这就要求我们具备勇敢、宽容和谦逊的品质，愿意参与到知识社群的辩论，愿意包容他人的想法，并愿意基于理性和证据改变自己的观点。

不过，这些不仅仅是我们希望在你们每个人身上培养的重要智力技能，它们还是至关重要的基本能力——即做出判断和评估事实的能力，以及在新事实面前虚心学习和自我成长的意愿。

也是在欢迎本科新生的年度典礼上，哈佛艺术与科学学院已故的前任院长杰里米·诺尔斯（Jeremy Knowles）曾描述过他所认为的高等教育最重要目标。他说，那就是确保毕业生能够辨别“有人在胡说八道”。

你们会通过挑战和被挑战，通过直面异议和分歧，来学习这种能力，并在这当中找到自己的道路。

这引出了我今天想对你们强调的大学第二个基本特征。在接下来的四年里，你们遇到的最重要想法中有很多不会来自教授、实验室、书籍或在线作业，它们会来自此刻坐在你们身边的人。你们提出的很多问题，学习解决的挑战，以及接受的新视角，都将是你们跟其他人进行互动的结果。这就是为什么你们的班级集体必须代表最广泛的背景、经历和兴趣，覆盖最多样化的地理起源、社会环境、民族、种族、宗教、性别认同、性取向和政治立场。

在 2017 年，一个人有可能通过在线学习积累足够多的知识和通过足够多的测验，以此获得大学学位。但是，我们却要求你们所有人离开自己原来的生活圈子，满载着行李，跟家人挥泪告别，搬到马萨诸塞州来，我们为什么要这样做？我们这样做是因为我们相信社群的功能，社群是一种必不可少的教育力量。不过，我们必须好好构建这个社群，这样它才不会仅仅呈现你们已经知道的东西，或者只能让你们结交跟自身经历和观点相近的人。正是这种多样性，这种陌生化和差异化元素，让哈佛拥有了非同凡响的大学体验，我知道你们终有一天会发现这个事实。

2021 届的新生，我们很高兴地欢迎你们，因为你们自己就是非常了不起的教育机器。你们注定会教导彼此，当然你们也会教给我们一些东西，而这正是因为你们身份和经历的多样性。当哈佛招生办公室决定录取你们时，是因为我们希望听到你们的声音，希望你们为这种创造性的不和谐音调做出贡献。

所以，请不要沉默无声。(还有，请不要在网络虚掷光阴，仿佛你不曾来过这里!)你们要跟其他人接触，多多发言，这样其他人才能从你们身上学到东西。你们还要更多地倾听，这样你们才能从其他人那里学到东西。不要害怕承担犯错的风险，不要害怕承认自己是错的，这是学习和成长的最佳方式。

同时，宽容地倾听其他人的声音，这样他们也有可能进行这样的冒险。你们要把自己的同学社群当作大学生涯最重要的礼物和机会之一，你们要帮助我们在哈佛建立一个人们能够兼收并蓄的模式，而非因各自差异发生分化。

现在，让我简要介绍一下从我刚刚阐述的原则中发展出来的两个问题。在未来的一年里，你们会听到很多关于我所描述的多样性的承诺，因为它已经在一宗备受瞩目的诉讼案中受到了直接挑战。引起争议的正是把你们录取到哈佛以及创造出 2021 届新生显著多样性的招生流程，我们将继续坚定地捍卫这个招生流程以及多样性的重要意义，它们既是我们教育理念的重要组成部分，也是让学生超越熟悉事物、向新理解和新可能性敞开怀抱的重要机会。

此外，在今年秋天，你们也有可能听到很多关于哈佛最后俱乐部（Final Clubs）、兄弟会和姐妹会的消息，以及一项即将在你们这一届首次生效的政策。

事实上，在新生参观日的问答环节，你们当中曾有一人向我问过这件事，所以我知道有一些人已经在思考这个问题。这项新政策的动机源于我们相同的承诺，即提供一种肯定哈佛每个学生重要性以及敦促学生向差异化同学学习的教育体验。在四年大学生涯中，我们希望你们能够超越刚刚入学时的自己；我们希望你们探索自己认为是理所当然的东西，培养出在多元化环境中健康成长的能力——在未来几年，你们将在哈佛发现这样的环境。

这些目标让哈佛院舍系统（House System）的生活学习环境充满了活力，你们将在明年 3 月被随机分配到不同的院舍，在那里生活和学习三年时间。此外，这些目标也明确表明，那些规模和影响日益扩大的歧视性、排他性和同质性组织，他们跟我们的价值观和教育目标是背道而驰的。

在这样一个对美国和世界至关重要的时刻，你们来到了哈佛。现在，你们已经成为哈佛近 400 年大学实验的重要组成部分。确保哈佛继续严谨和理性地追寻真理，这取决于我们。确保社群每个成员的才华在此过程中得到充分鼓舞和施展，这也取决于我们。让我们都尽己所能，努力使哈佛成为一个人人相互尊重的地方，从而让我们所有人都能做最好的自己。面对着全美各地不断涌现出的仇恨和暴力事件，我们需要坚持一种不同的共处方式。在这样一个破裂和分化的时刻，让我们成为团结的榜样。我们从未像现在这样需要哈佛的承诺。欢迎你们来到哈佛。

【简析】每年新生入校，校方代表都要在开学典礼上向新生致欢迎词并对学校做出简要介绍。千篇一律，众口一词无疑是欢迎词的败笔，无法给人留下深刻强烈的印象及激发其好奇与激情。这篇讲话稿以全球性的视野开头，阐述了哈佛对大学教育及大学责任的理念，提出了对大学新生们的要求和希望，鼓励他们为了全世界的进步而追寻知识和真理。全文切合现实又高瞻远瞩，值得一读。

例文二

莫言在汕头大学 2017 届毕业典礼上的讲话

尊敬的李嘉诚先生，亲爱的老师们、同学们：

大家好，上午好！

我非常荣幸地参加我们这个热烈的盛大的毕业典礼。

我参加过很多的毕业典礼，这是最让我激动的毕业典礼。

毫无疑问，汕头大学暂时还不如哈佛大学著名。我要说什么呢？我要说的是。三年前我参观了哈佛大学的校园，写了一首诗，其中一首诗是这样写的：“又有人摸着哈佛的左脚照相，青铜被摸成黄金。后面还有数十人排队等候，是那样的耐心，哈佛满面愁容，似乎脚痛。”三百多年来，这里走出了很多精英，也走出来——我不敢说“很多”——庸才。而庸才，更喜欢宣称：我来自哈佛，我是摸着哈佛的左脚毕业的。

同学们，我想表达的是，从哈佛这样的名校毕业，当然很光荣。但是从汕头大学这样暂时还不太出名的大学毕业，同样很光荣。因为，哈佛毕业的并不说明，他必然就能轰轰烈烈的有益于人类的业绩。而从汕头大学毕业的，假以时日，必有人能做出万众瞩目的，利国利民的丰功伟绩。

一座大学之所以著名，当然要靠优秀的教师，教师队伍里一定要有被世人公认的大师，甚至是学校的建筑，校园的风景，都是大学著名的因素。

但是根本的一所大学之所以是著名大学是因为这所大学培养出了杰出的人才。所以说大学著名基本上是靠毕业后走向社会的学生。汕头大学要在不久的将来成为中国的乃至世界的著名大学，靠的是你们，朝气蓬勃的你们，如花似玉的你们，生龙活虎的你们，整装待发的你们，跃跃欲试的你们。

同学们，五天前的上午，我参加了北京师范大学本科生的毕业典礼，做了一个即席的演讲，在演讲中我说，我们不可能都变成马云和比尔·盖茨，当然马云和比尔·盖茨也没有什么了不起，他们也是一路走过来的。

我的这个演讲，被一家媒体断章取义，取了一个标题《诺奖获得者，说马云、比尔·盖茨没什么了不起》。正是因为这个原因，同学们，我昨天晚上半夜没有睡觉，写了这篇演讲稿，为的是严谨一点，不要再出漏洞。

同学们，其实，最同意我在师大演讲那几句话的，我想很可能是马云、比尔·盖茨他们自己。因为他们内心认为自己没有什么了不起。而只有那些没有什么了不起的人才会狂妄地认为自己了不起。

六天前，马云在美国的底特律做了一个演讲，在演讲中他说他参加了三次高考，三次落榜。他落榜之后去考警察，最后参加面试的人录取了三个，唯一一个没有录取的就是马云。

他还说杭州第一家五星级饭店建成以后，他和他的外甥一起去应试服务员，他的文化考试成绩远远比自己的外甥好，但是他的外甥被录用了，而他被淘汰了。因为他的外甥比他既高又帅。

而现在，马云说，他创办了阿里巴巴，他的外甥还勤勤恳恳地在洗衣房里工作。

马云还说创业之初他的团队只有 18 个人，他说我们 18 个人都来自普通的家庭，不是富豪，也没有背景，我们甚至没有才华。

但是马云对他的团队说，如果我们可以成功，那么全世界 80%的年轻人都可以成功。

至于比尔·盖茨同学们都知道他在哈佛没有毕业，他是肄业生，他上了一年就不上了。尽管过了很多年之后哈佛授予了他荣誉博士的称号，但是他在哈佛的一次演讲中也提到他在哈佛学习时的诸多不顺利，在学校里面也遇到了很多的障碍，以及创业的艰辛，事实证明像马云和比尔·盖茨这样的大神级的人物，在他们的学业之初和创业之初也真的没有什么了不起。

今年毕业的，我们汕头大学的各位同学，更没有像马云那样三次高考三次落榜的悲惨经历吧？大家都顺利地毕业了，这一点比比尔·盖茨还牛啊！但是这两个人毕业之后走出校门之后都有他们不同寻常的思维，坚持不懈的努力，当然还有时代赋予他们的好运气，使自己从一个没有什么了不起的人最终成为一个了不起的人，所以马云和比尔·盖茨的了不起，就在于他们曾经没有什么了不起，他们的了不起更在于他们实际上已经了不起了，但他们还自认为没什么了不起。

同学们，你们今天就要毕业了，你们可能有一点点沾沾自喜，因为比尔·盖茨都没能大学毕业。但是我想告诉同学们毕业才是真正的开始，所有的学习都是在为走向社会做准备。北方的民间有一句粗俗的比喻，是骡子是马牵出来遛遛。话很糙，但理不糙。你们是没有什么了不起呢，还是真正的了不起呢？都需要用在社会生活的广阔海洋里的拼搏创造实践来证明。

同学们，我当过20年兵，当兵的时候耳熟能详的一句话就是，不想当将军的士兵不是好士兵。

这句话据说是拿破仑说的。这句话其实是片面的，如果所有的士兵都能成为将军，谁来冲锋陷阵？一将功成万骨枯，当了将军的士兵是极少数。构成一支军队的大多数是根本不当将军的士兵，而不想当将军的士兵未必不是好士兵。后来有人告诉我拿破仑的原话是"不想当将军的士兵，不是好士兵，而当不好士兵，永远当不好将军"，士兵要有理想有抱负，但同时要立足现实、脚踏实地，干好本职工作。

同学们，大学尽管也是社会的组成部分，但校园内的生活比起广阔复杂的社会还比较单纯，但年轻人就是要敢于挑战。像海燕一样，渴望着暴风雨的洗礼，无论遇到再大的困难，也不要惧怕，因为希望总是在困难中孕育，机遇也在困境中产生。社会是分阶层的，有将军也有士兵，有老板也有员工，有领导也有下属，过去是如此，现在是如此，我想未来也是如此。

这就要求同学们在毕业之后要踏踏实实地从最普通的最琐碎的工作干起。但如果你有一个亿万富翁的老爸在，明天就要把公司交给你，这就另当别论了。但是假如我是你们其中某一个人的有亿万资产的老爸，在把大权交给你之前，我会让你先去干最脏最累的工作。

同学们，我们希望大家创新、创业、立大志、考大官、做大事、发大财。但毕竟最终能当上大官、做成大事、发了大财的是极少数人，而大多数人在普通的岗位上勤勤恳恳地、踏踏实实地、一丝不苟地、认真负责地工作着，这样的人是支撑这个社会宝塔的最坚实的基座。他们虽然得不到万千粉丝的追捧，虽然得不到勋章和奖牌，虽然得不到绚丽的舞台上出彩的机会，但作为一个为社会为他人也为自己辛勤劳动的人，也是值得尊敬的、平凡而伟大的、了不起的人。

马云了不起，马云的那位在饭店洗衣房里勤勤恳恳工作着的外甥也了不起。同学们，过去40年，中国社会产生了巨大的变化，创造了人类社会发展史上的奇迹，在未来的40年里，中国将发生什么样的变化，谁能想象出来，哪怕千分之一，也必将占尽先机。变化就是机遇，变化越大，机遇越多。希望同学们抓住机遇，敢想敢干，既要有鸿鹄之志，又要实事求是，既要敢于做第一个吃螃蟹的人，又要严防食物中毒。

最后，我祝愿同学们抖擞精神，投身到第四次工业革命的浪潮中，奋勇搏击，争取在不久的将来成为不同岗位上的状元，成为不同角度的模范。成为自己认为没啥了不起，别人认为你确实了不起的人。

谢谢大家。

【简析】莫言在汕头大学毕业典礼上的讲话，围绕"平凡和伟大"这个常见的主题，结合马云等名人的事例以及自己的人生经验来阐述，既有说服力，又幽默风趣，讲话

的最后鼓励同学们“成为自己认为没啥了不起，别人认为你确实了不起的人”，给所有人以信心和勇气。

例文三

不流俗不盲从不负此生

——校长沈祖尧在香港中文大学毕业典礼上的讲话

今天早上我翻阅了毕业礼的典礼程序。当我见到毕业生名册上你们的名字，我按手其上，低头为你们每一位祷告。我祈求你们离校后，都能过着“不负此生”的生活。你们或会问，怎样才算是“不负此生”的生活呢?

首先，我希望你们能俭朴地生活。过去的三至五年间，大家完成了大学各项课程，以真才实学和专业知识好好地装备了自己。我肯定大家都能学以致用，前程锦绣。但容我提醒各位一句：快乐与金钱和物质的丰盛并无必然关系。一个温馨的家、简单的衣着、健康的饮食，就是乐之所在。漫无止境地追求奢华，远不如俭朴生活那样能带给你幸福和快乐。

其次，我希望你们能过高尚的生活。我们的社会有很多阴暗面：不公、剥削、诈骗等。我吁请大家为了母校的声誉，无比庄敬自强，公平待人，不可欺负弱势的人，也不可以做损及他人或自己的事。高尚的生活是对一己的良知无悔，维护公义，事事均以道德为依归。这样高尚地过活，你们必有所得。

其三，我希望你们能过谦卑的生活。我们要有服务他人的谦卑心怀，时刻不忘为社会、国家以至全人类出力。一个谦卑的人并不固执己见，而是会虚怀若谷地聆听他人的言论。伟大的人物也不整天仰望山巅，他亦会蹲下来为他的弟兄濯足。

假如你拥有高尚的情操、过着俭朴的生活、并且存谦卑的心，那么你的生活必会非常充实。你会是个爱家庭、重朋友，而且是关心自己健康的人。你不会着意社会能给你什么，但会十分重视你能为社会出什么力。

我相信一所大学的价值，不能用毕业生的工资来判断。更不能以他们开的汽车、住的房子来作准，而是应以它的学生在毕业后对社会、对人类的影响为依归。所以诸位毕业会成为我校的代表，做个令我们骄傲的“中大人”罢!

在21世纪，全球的大学都有如处身于十字路口，因为在历史中，大专院校从来没有增长与膨胀得像现在那么快，而又像现在一般，忘其所以、失其导向。正当全球大专学生数目不断增加的时候，人们也前所未有地对大学教育的真正意义做出了重大的质疑。

正当在某些国家，大学被誉为推动科技与经济建设的火车头的时候，在另一些地方，大学却被诋为纵容精英主义和放任不羁的地方。那么大学教育，所为何事?

纽曼枢机曾经这样说：“若大学课程一定要有一个实际的目的，我认为就是为了培养良好的社会公民……这种教育能给人以对自己的观点与判断的真理，给人以倡导这种观点与判断的力量。它教他客观地对待事物，教他开门见山直奔要害，教他理清混乱的思想，教他弄清复杂的而摒弃无关的。”

1. 认清大学的价值和本质

我相信一所大学的价值，不能用毕业生的工资来判断。更不能以他们开的汽车、住的房子来作准，而是应以它的学生在毕业后对社会、对人类的影响为依归。

我们也要弄清楚大学的本质：它并非纯粹是一座知识宝库，也并非单单是创意和创新的推动者。大学绝非一所职业训练学校，更万万不可沦为培育贪婪、自私、毫无道德和社会责任可言的人才的机构。大学不可能是排名榜的盲目追随者，更不可以被视为推动生产总值的引擎。

2. 认识并带领你的时代

今天你们毕业了，我送你钱穆老师的一番话“认识你的时代，带领你的时代”。“你们一个人怎么样做人，怎么样做学问，怎么做事业，我认为应该有一个共同的基本条件，就是我们一定先要认识我们的时代。我们生在今天这个时代，我们就应该在今天的时代中来做人、做学问、做事业。大部分的人不能认识时代，只能追随时代，跟着这个时代跑。这一种追随时代，跟着时代往前跑的，这是一般的群众。依照中国人的话来讲，即是一种流俗。每一个时代应该有它一个理想，由一批理想所需要的人物，来研究理想所需要的学术，干出理想所需要的事业，来领导此社会，此社会才能有进步。否则不认识这个时代，不能朝向这个理想的标准来向前，此即是流俗。流俗又如何能来领导此社会？所以每一个时代，不愁没有追随此时代的流俗，而时代所需要的，则是能领导此时代的人物、学术与事业。”

这是一个怎样的时代？

这是一个个人主义抬头的时代：个人利益凌驾于群体福祉，个人意见往往成为唯一能接受的意见。但海纳百川，有容乃大。我们不应只顾自己的利益，不要过于自以为是，而要学会多听别人意见，考虑各方看法，协力实现梦想。

这是一个资讯爆炸、是非难辨的时代：每日在网上流传的资讯，媒体发放的消息，为我们带来不少冲击。但事情往往不是表面看来那么简单，是非黑白往往需要仔细分析，深入了解。大学教育的目的，是培养独立思考。同学们毕业后更需终身学习，有慎思明辨的能力。

这是一个利益在前，道德在后的时代：金钱、地位、权力，已经成为世人追逐的唯一之物，道德和价值观的培育，却渐渐被人遗忘。壁立千仞，无欲则刚。但愿你们不要让利益掩盖良心，以厚德载物自许。我们所追求的，理应是较名与利更能持久的东西。

我盼望中大毕业生能虚怀若谷，以远大眼光、包容态度，带领我们的时代。我盼望中大毕业生能恪守道德，做好本分，不要为了个人利益，埋没良知。我盼望中大毕业生能认识时代，引领潮流，不流俗、不盲从，做个对社会有贡献的人。

3. 知道满足，懂得感恩，贡献更多

面前放着半杯水，你看到的杯子是半满，而非半空。你会明白世界上没有什么事是理所当然的，无论是健康、家人、爱人或者机会。你在这个年纪所拥有的一切，所获得的成就，是这个世界上许多人想也无法想象的。知道满足便会快乐。懂得感恩，你心中所念兹在兹的，就不是还想获得更多，而是贡献更多。你应努力回报社会，用你的时间、你的知识，或许有一天，是你的财富。到那时你会发现，奉献愈多，就愈富足。

“你不会问香港可以为你做些什么，而是你可以为香港做些什么。”为自己和别人创造更多机会，献上更多关怀，你的烦恼反而减少。懂得感恩，你大概也是个包容的人。一天当父母开始双鬓斑白，记忆衰退，步履蹒跚时，你不会对他们抱怨挑剔，你会不离不弃地照顾双亲，为他们做饭洗脚。一天你有了更大的成就、更高的收入，或更高荣誉时，你也不会瞧不起老师，你会饮水思源，告诉别人他是我脚前的灯、路上的光。

有一天我们的社会无论面对多大的困难、多少的挑战，你也不会离弃香港，不顾而去。你会尽你的责任为香港创造未来。各位，今天是值得我们庆祝并为之欣喜的大好日子，但不要忘记……这还是个应当感恩的日子。

各位毕业同学，在我的心目中大家都是我的儿女。当我诵念你们的名字时，我默祷你们都能不负此生。

【简析】这篇讲话稿围绕“不流俗不盲从不负此生”展开，首先对不负此生解释为“简朴、高尚、谦卑的一生”，然后对这个时代的弊病进行分析，这是一个“个人主义抬头的时代，资讯爆炸、是非难辨的时代，利益在前、道德在后的时代”，在这样一个时代，更需要大学生们用自己的行动去改变社会不良风气，激励毕业生们知足感恩，奉献社会。整个讲话充满殷切之情，犹如父亲对孩子的嘱咐，令人感动。

【复习与训练】

一、仔细学习三篇例文，说说你最喜欢哪一篇，为什么。

二、假设学校的毕业典礼上你被推选为学生代表上台讲话，请写一篇讲话稿。

第七章　诉讼类文书

第一节　起诉状

【情境与任务】

从下面故事中你看到起诉状的重点是什么？

古代寡妇改嫁是很难的，要受到法律的保护更是难上加难。有个寡妇请人写了一份简短的诉状，向县衙呈递，上曰："豆蔻年华，失偶无嗣，翁鳏叔壮，正瓜田李下，问当嫁不当嫁？"

县官见状，立即下判词曰："嫁！"

一、文体知识

起诉状又称诉状，是民事、行政案件的原告或刑事自诉案件的自诉人，向人民法院提出的指控被告的书状，俗称"状子"。

按诉讼目的来看，起诉状可以分为民事起诉状、刑事起诉状和行政起诉状。

诉状的主要作用是为人民法院受理案件和对案件进行审理或调解提供依据。通过起诉状，使人民法院了解原告对案件的看法、意见和要求。提起诉讼必须有诉状，没有起诉状无法打官司。法院受理后，起诉状对于法院审理案件具有一定的制约作用。

二、起诉状的写法

起诉状一般由标题、状头、案由和诉讼请求、事实与理由、致送机关、落款和附项组成。

（一）首部

1. 标题

标题，即文种名称。要根据具体案件的性质和类别确定其写法，如《民事起诉状》《刑事自诉状》《行政起诉状》等。在刑事自诉案件中，如果自诉人由于被告人的犯罪行为遭受了物质损失而提起附带的民事诉讼，其起诉状的标题应为《刑事附带民事自诉状》。

2. 状头

状头即当事人的基本情况。先写原告方，再写被告方。原告是公民的，依次写明姓名、性别、年龄（出生年月日）、民族、籍贯、职业或工作单位和职务、住址等项，以上各项顺序不能颠倒，也不能随意增删。如果原告无诉讼行为能力，就在原告的下一行写明其法定代理人的基本情况，并注明与原告的关系。原告是法人、其他组织的，依次写明其名称、所在地址、法定代表人或负责人的姓名、职务、电话等。原告有诉讼代理人的，就在原告的下方另提一行写明诉讼代理人的基本情况及与原告的关系。原告不止一人的，按其在案件中的地位与作用、享受权利的大小依次列写，各原告的代理人要分别写在各原告的后面。被告方的基本情况写法与原告方相同。如果案件的处理与另外的公民、法人或其他组织有法律上或事实上的利害关系的，则应将其列为第三人，列在被告之后另起一行写明第三人的基本情况，内容与原、被告相同。如果是涉外案件，还要说明有关当事人的国籍。

（二）正文

1. 案由和诉讼请求

案由是对诉讼内容的高度概括，主要写明案件的具体性质，如“债务纠纷”“购销合同纠纷”或“经济赔偿纠纷”等。案由有时可以省略。

民事起诉状的诉讼请求是请求法院解决有关民事权益争议的具体事项，如请求法院解决债务清偿、合同履行以及给付赡养费、继承遗产、赔偿损失等事项。如果涉及钱款，应写明具体数额。有多项具体请求的，应分项表述。

刑事自诉状的诉讼请求，要说明案由，即指控被告人的行为构成的《中华人民共和国刑法》所规定的罪名，诉讼请求要写明追究被告人犯何种罪的刑事责任。如果是提起附带民事诉讼的，还需另项写明附带民事赔偿要求，提出赔偿项目和具体数额。

行政起诉状的诉讼请求有三种：一是请求人民法院判决撤销或部分撤销行政机关的违法的行政行为；二是请求人民法院判决变更不当的具体行政行为；三是请求人民法院判令被告履行法定职责。如果原告已遭受财产损失，可同时提出损失赔偿要求。

2. 事实与理由

事实与理由是起诉状的主要部分，是人民法院受理案件和进行审判的重要依据。一般先写事实，再写理由。

事实部分，要写明案件的具体事实及其经过情况。写明双方发生权益争议的具体内容，交代当事人之间的法律关系以及发生纠纷的时间、地点、起因和发生、发展的过程及结果，着重把当事人双方争执的焦点、实质性的分歧，被告违约或侵犯行为造成的后果、应承担的责任写清楚。

理由部分，要根据事实、证据及有关法律规定，分析认定被告人侵权行为的性质，所造成的后果以及应承担的责任。阐述理由应在符合政策、符合法律、符合事实、符合情理的基础上，讲充分、讲透彻。要有理有据、观点明确、措辞得当，不应有侮辱性、谩骂性词语。引用法律条文要恰当、完整。

3. 证人基本情况及其他证据名称、来源

这一部分应当写明证人的姓名、住址，并列明其他证据的名称、种类、数目、来源等情况，以便法院调查。证据是说明事实的关键，凡有利于支持诉讼请求的证据材料都应交代清楚。

（三）尾部

1. 致送机关

写明受讼人民法院的名称。一般分两行写出“此致——××人民法院”。

2. 落款

写具状人的署名及具状日期。

3. 附项

应当写明起诉状副本的份数和其他需要注明的事项。副本份数按照被告人数提交。

三、起诉状写作应注意的问题

第一，提出请求事实要具体清楚，不能含糊笼统，数字必须准确。引用的法律条文要准确、完备。

第二，在行文方法上，案情事实比较复杂的，一般先写明纠纷事实或被告人犯罪事实，然后再用专门段落阐述理由。如果案情简单，法律事实比较清楚，也可以以阐述诉讼理由为主线来说明事实情况。

第三，注意人称的一致性。诉状人称有两种写法。一种是第一人称写法，即“我”如何如何，被告如何如何。一种是第三人称写法，即原告如何如何，被告如何如何。两种人称均可，但在同一起诉状中不能混用。

四、例文评析

例文一

民事起诉状

原告：北京市××房地产开发总公司

住址：北京市西城区复兴门外大街××号

法定代表人：××，总经理，电话：823456××

被告：北京市××商业股份有限公司

住址：北京市海淀区中关村大街××号

法定代表人：××，董事长，电话：876543××

诉讼请求：

1. 判令被告给付工程欠款人民币 50 万元。

2. 判令被告支付逾期付款的违约金人民币 10 万元。

3. 判令本案诉讼费由被告全部承担。

事实与理由：

2006 年 10 月 1 日，原、被告双方经协商一致订立建筑装饰工程承包合同，约定由原告对被告所有的某商场进行装饰工程装修。工期自 2006 年 11 月 1 日至 2007 年 3 月 1 日止。工程总承包费 100 万元，被告于合同订立第二日付款 30 万元，全部工程完成后 5 日内付清剩余工程款 70 万元。合同生效后，原告依约保质保量精心施工，确保工程按时完工，经被告验收后完全符合要求，并于 2007 年 3 月 1 日交付使用。而被告却仅付款 50 万元，其余部分虽经原告多次催讨，但被告却以各种理由拖延，拒不支付。

原告认为，被告的行为已经严重违背了双方订立的合同约定，构成了明显的违约行为，且给原告造成了经济损失，损害了原告的合法权益。按照《中华人民共和国合同法》第二十条之规定和《中华人民共和国民事诉讼法》第一百零九条之规定，特向贵院提起诉讼，诉请贵院依法秉公裁决，保护原告的合法权益。

此致

北京市××区人民法院

起诉人：北京市××房地产开发公司

法定代表人：××

2007 年 7 月 1 日

附：1. 本诉状副本 1 份

2. 建筑工程承包合同 1 份

【简评】本文是一份民事起诉状，事实交代清楚，用语简洁、格式规范，人称前后一致，是一篇较为规范的起诉状。

例文二

行政起诉状

原告：××，男，46 岁　　住址：××市××路 3 号

被告：××市××区劳动和社会保障局　　地址：××市××路 18 号

法定代表人：××，任××职务

案由：工伤认定行政不作为案

请求事项：

请求法院认定××市××区劳动和社会保障局拒不履行其工伤认定的职责属于行政不作为行为。判令被告履行职责。

事实和理由：

原告从 1999 年 4 月 23 日始一直在××市××厂工作，2006 年 8 月 3 日因为车间堆放的物品倒塌，致伤原告。原告向××市劳动局申请工伤认定，2006 年 12 月 20 日提出申请后，被告在法定的 2 个月内没有对原告的要求予以答复。此后原告又多次催问，依然没有得到答复。原告的伤情需经劳动保障行政部门认定方能享受工伤待遇，由于被告拒不履行法律规定的认定责任，给原告造成了很多严重后果，致使原告身心受到了极大的伤害。

被告身为国家行政机关，知法犯法，法律难容。根据《中华人民共和国行政诉讼法》的规定，特具状起诉，请人民法院审查，依法判决，以维护法律尊严和原告的合法权益。

此致

××市××区人民法院

具状人：×××

2007 年 3 月 21 日

附：本诉状副本一份

【简评】本文是一篇行政起诉状。请求事项明确，事实清楚，重点部分着力表达，如果将医院的伤情证明等作为附项，则会更有说服力。

【复习与训练】

一、按照起诉状的格式要求修改下文。

经济纠纷起诉状

原告人：××弹簧总厂

代表人：×××

代理人：×××

被告人：××花木公司

代表人：×××

起诉原因和经过：

2006 年初，花木公司生意兴隆，市场花木供不应求，因而花木公司决定向银行贷款 20 万元，用于扩大经营范围。银行要求花木公司必须有担保人，花木公司便求救我们弹簧厂，我们弹簧厂欣然允诺。于是银行与花木公司签订了由我们弹簧厂作保的借贷合同，共贷款 20 万元人民币，款期到 2007 年 6 月底。

不料借贷合同签订后，花木市场价格一落千丈，花木公司面临破产倒闭的局面，未能及时归还银行的贷款和利息。按合同规定，花木公司如不能按时归还贷款和利息，应由弹簧厂负责归还。2007 年 10 月×日，银行按合同规定，从我们弹簧厂账户中扣除 20 万元。

我们厂被扣款后，多次向花木公司催要已代付的银行贷款。花木公司以无力偿还为由，百般推延，拖至今日。我们为催讨借款及利息先后去吉林三次，白城三次，花去差旅食宿费 4500 元，损失很大。所以我们向人民法院提起诉讼，望法院依法裁决。

具状人：×××

2008 年×月×日

二、写作题。

西安市××区甲公司与西安市××区乙商店在 2007 年 11 月 18 日商定，乙商店从甲公司购进西凤酒 200 箱，乙商店付给甲公司货款 5 万元。甲公司于当年 11 月 18 日将 200 箱西凤酒用车送至乙商店后，乙商店立即开出 5 万元的转账支票交付给甲公司，甲公司在收到支票的第二天去银行转账时，乙商店开户银行告知甲公司，乙商店账户上存款只有 2.2 万余元，不足清偿货款。当甲公司再次找乙商店索要货款时，乙商店无理拒付。以后几经交涉未有结果，甲公司不得已准备起诉，请你代为书写诉状一份。

第二节　答辩状

【情境与任务】

阅读下面两份答辩状，说说你的看法，并请查阅资料，了解答辩状的提出程序和时限。

1. 某律师代理一个合同纠纷案，当他收到法院转来的被告答辩状时，不禁惊呆了——正文部分的答辩理由只有一个大大的“冤”字！

2. 2015 年 7 月 29 日，女子小王（化名）向苍南法院起诉称夫妻感情破裂，要求离婚。接到法院送达的起诉状后，其丈夫小明递交了一份答辩状。与一般答辩状言简意赅说明观点甚至针锋相对驳斥所不同的是，小明的答辩状洋洋洒洒写了 1000 多字，看起来更像一份“情书”。小明在答辩状中回忆了两人认识到结合的过程，坦承在 11 年的婚姻生活中双方偶尔发生口角，但都是一些鸡毛蒜皮的小矛盾，这是很多家庭都有的现象。小明表示，女儿的每一次生病感冒他都在身边。2012 年至 2014 年期间，妻子多次深夜胃痛，都是他送到医院的。他还动情回忆起几件生活中的小事。小明感慨，平心而论，夫妻一起走过 11 年，有苦有乐，但互相扶持，感情还不错，且有一个非常可爱的女儿，不应该随随便便谈离婚。在答辩状的末尾，他还引用了温格·朱利的《幸福婚姻法则》中的一段话：“在这个世界上即使是最幸福的婚姻一生中也会有两百次离婚的念头和五十次掐死对方的想法。”他恳求法院驳回原告的诉讼请求，维护他们这个本不该解体的家庭。收到答辩状后，8 月 16 日法院将答辩状送达小王。18 日小王来到法院提交了撤诉申请。法院审查后，当日裁定准许其撤回起诉。

一、文体知识

答辩状是指司法诉讼活动中，被告（人）或被上诉人在收到人民法院送达的起诉状副本或上诉状副本之后，在法定期限内，向人民法院递交的进行辩护、反驳或答复的书状。

按照案件性质，答辩状可分为民事答辩状、行政答辩状和刑事答辩状三种。

答辩状的特点如下：

（一）使用对象的特定性

答辩状只能由被告或被上诉人提出。

（二）答辩内容的针对性

答辩状必须针对起诉状或者上诉状的内容有的放矢地进行答辩。

（三）行文方式的论辩性

答辩状的主要内容是针对起诉状或上诉状中的论点、论据进行驳斥和辩解。

二、答辩状的结构和写法

答辩状包括首部、正文、尾部三部分。

（一）首部

首部包括标题和答辩人的基本情况。

1. 标题

根据案件的种类，写明《民事答辩状》《行政答辩状》《刑事答辩状》，也可只写《答辩状》。

2. 答辩人的基本情况

答辩人是公民的，应写明答辩人姓名、性别、年龄、民族、籍贯、职业、工作单位、住址；是法人或其他组织的，应写明答辩人单位全称、所在地址，法定代表人（或代表人）写姓名、职务。

答辩人若有诉讼代理人，应在答辩人下面写明代理人的情况及与答辩人的关系；如果代理人是律师，可只写其姓名、单位、职务。

（二）正文

正文包括答辩案由、答辩理由和答辩意见。

1. 答辩案由

答辩案由写明提出答辩的原因。第一审案件答辩人是被告人，答辩案由一般写："因××一案，现提出答辩如下。"

上诉案件答辩状的答辩人是被上诉人，答辩状具体行文为："上诉人×××因××一案不服××人民法院×年×月×日×字第×号判决，提起上诉，现提出答辩如下。"

2. 答辩理由

答辩理由是答辩状最重要的部分。针对起诉状或上诉状中的事实和理由或诉讼请求提出针对性的答复和反驳，同时也可提出自己新的事实、证据和理由，证明自己的理由和观点是正确的。答辩状的辩驳性特别强，往往与原诉状针锋相对。

在反驳时，答辩人可以从事实、法律、情理三方面进行。其一，就事实方面进行答辩。如果对方所诉事实全部不能成立，就全部予以否定；部分不能成立，就部分予以否定，进而提出符合客观真实的事实及证据加以证明。其二，就适用法律方面进行答辩。如果诉状或上诉状叙述事实与实际没有出入，但对法律条文的理解不当，以致提出不合理的要求，则可据理反驳其不当之处。其三，就情理方面进行答辩。有些案件情况特殊，不能直接用某种法律或某一法规来解决，只能用人之常情、人之常理来判断是非，答辩时要以情感人、以理服人，使答辩有说服力。

在写作这部分时，要把握好角度，主要针对起诉状或上诉状中的漏洞、破绽、有意回避、舍本求末、违背情理之处进行叙述。辩明理由要用反驳的方法，要尊重事实，提出确切的证据，不能空发议论、强词夺理。在写作方法上，将对诉状或上诉状中持有不同意见的地方挑出来，根据主次分部分一一反驳，不能再把纠纷事实从头讲一遍。

3. 答辩意见

在充分阐述答辩理由的基础上，提出自己的观点和请求，内容可包括说明自己的答辩理由正确、合理合法；指出对方诉状的谬误；提出自己的主张，请求依法判决。

（三）尾部

尾部包括致送机关、落款、附项。写法和起诉状相同，只是具状人应写"答辩人"。

三、答辩状写作应注意的事项

（一）据理反驳，抓住关键

应当抓住对方的事实，引用法律、逻辑等方面的错误或漏洞进行反驳，陈述能够证明自己观点的证据、法理。找到双方在案件中争执的焦点，针锋相对地进行答辩，不在枝节问题上纠缠，以免分散精力。

（二）语言可较为犀利但不能粗暴

答辩状的论辩性决定了其语言必然较为尖锐且富有气势，这会有助于在诉讼中变被动为主动。但应该注意的是绝不能违背事实和法律，无理取闹。

（三）注意答辩时限

我国民事诉讼法规定，被告在收到起诉状副本 10 天内提交答辩状；被上诉人收到上诉状副本 15 日内提交答辩状。因此答辩人应该在期限内及时行使答辩权利。

四、例文评析

例文一

民事答辩状

答辩人：××市××养鸡厂　　　　　　地址：××市××区××乡

法定代表人：孟××，厂长　　　　　　电话：×××××××××

因原告××市××鱼粉厂诉我厂追索货款一案，提出答辩如下：

2005 年 7 月 23 日，原告××市××鱼粉厂的刘××厂长，来到我养鸡厂，与我厂厂长签订了一份 20 吨鱼粉购销合同。合同只规定了鱼粉的数量、质量、价款和交接鱼粉的时间、方法等，没有明确规定付款时间，更没有规定如延期付款就须支付利息，在这种情况下我们才购买了原告的鱼粉。可是成交后，原告就来索要鱼粉款，并让我方支付拖延货款的利息。如果原告在签订合同时提出这样的要求，我们也不会购买该厂的鱼粉。尽管如此，我们毕竟购买了原告的鱼粉，愿意想方设法贷款在短时间内付清货款。但是对于支付延期贷款利息的诉讼请求，我们不能满足，因为这完全是没有根据的无理要求，我们附上双方签订的购销合同为证。请求法院依法判决。

此致

××市××区人民法院

答辩人：××市××养鸡厂

法定代表人：孟××

×年×月××日

附：1. 起诉状副本 1 份

2. 鱼粉购销合同 1 份

【简评】这是一份一审案件答辩状，是被告针对原告的起诉状提出的。内容写得有理有据，抓住了纠纷的关键——合同条款来写，行文简明，是一篇较为规范的答辩状。

例文二

答辩状

答辩人：××市××房地产开发总公司

法定代表人：何××，总经理　　　　　　　电话：×××××××

案由：上诉人张××因房屋拆迁一案，不服××市××区［××××］民字第19号的判决，提出上诉。现答辩如下：

答辩理由：为了适应本市商业发展的需要，我公司于×年12月向市城建规划局提出申请报告，要求拓宽新建丝绸百货大楼前面场地150平方米。市城建局于12月25日以市城建字〔××××〕71号批文同意该项工程。同年在拓宽场地过程中，需要拆迁租住户张××一户约18平方米的住房，但张××提出的要求过于苛刻。几经协商，不能解决。答辩人不得已于×年1月×日投诉于××市××区人民法院。××市××区人民法院于×年2月以〔××××〕民字第19号判决书判处张××必须于×年3月底前搬迁该屋，并由市房地产开发总公司提供不少于原居住面积的房屋租给张××居住，但张××仍无理取闹。据此，答辩人认为张××的上诉理由是不能成立的。

一、张××说我们拓宽新建丝绸百货大楼前面的场地是未经批准的。这是没有根据的。一审法庭曾审查过房地产开发总公司要求拓宽新建丝绸百货大楼前面场地的报告和市城建局城建字〔××××〕71号的批文，并当庭概述了房地产开发总公司的报告内容，还全文宣读了市城建局的批文。这些均有案可查。张××不能因为要求查阅市城建局的批文，未获准许，而否认拓宽工程的合法性。

二、张××说我们未征得她本人同意，与房主×××订立房屋拆迁协议是非法的。这更无道理。张××租住此屋，只有租住权，并无房屋所有权。所有权理当归属房主×××。我们拓宽场地、拆毁有碍交通和营业的房屋，理当找产权人处理，张××无权干涉和过问。

应当指出，对于张××搬迁房屋一事，我们已做了很大的让步和照顾。我们答应她在搬迁房屋时提供离现居住房屋500米的××新建宿舍大楼底层朝南房间一间，计20平方米，租给她居住。而张××还纠缠不清，漫天要价。扬言不达目的，决不搬迁。

综上所述，答辩人认为××市××区人民法院的原判决是正确的，合法而又合情合理，应予维持。

此致

××市中级人民法院

答辩人：××市房地产开发总公司

法定代表人：何××

×年×月×日

附：本答辩状副本1份

【简评】这是一篇二审案件的答辩状。全文结构完整，举出事实逐一反驳对方的观点，最后明确提出自己的诉求，要求法院维持一审判决。语言表达简洁而犀利，理据兼具。

【复习与训练】

一、简答答辩状包括哪些部分?

二、试分析下面这份答辩状存在的问题。

经济纠纷答辩状

答辩人：永耀灯饰有限公司　地址：××市人民路48号，邮政编码：××××××

法定代表人：李××，经理

委托代理人：张××，天平律师事务所律师

答辩人因华天灯饰制造厂（下简称华天）诉新颖灯饰有限公司（下简称新颖公司）还款一案，现提出答辩如下：

华天与新颖公司曾签订3万元灯饰的购销合同，由答辩人对有关的款项进行担保，答辩人也在合同上确认了这一点。但是，这种担保只是一般担保，而不是连带担保，按照《中华人民共和国担保法》的规定，被告新颖公司是有还款能力的，不应由答辩人承担担保责任。而且原、被告曾就还款事项修改过合同内容，又没有通知答辩人，因此答辩人不应承担担保责任。请法院考虑上述原因，做出公正的判决。

此致

××区人民法院

答辩人：永耀灯饰有限公司

法定代表人：李××

×年×月×日

第八章　规章类文书

第一节　规章类文书概述

【情境与任务】

有 7 个人组成了一个小团体共同生活，其中每个人都是平凡而平等的，没有什么凶险祸害之心，但不免自私自利。他们想用非暴力的方式，通过制定制度来解决每天的吃饭问题——要分食一锅粥，但并没有称量用具和有刻度的容器。

大家试验了不同的方法，发挥了聪明才智、多次博弈形成了日益完善的制度。大体说来主要有以下几种：

方法一：指定一个人负责分粥事宜。很快大家就发现，这个人为自己分的粥最多，于是又换了一个人，总是主持分粥的人碗里的粥最多最好。

方法二：大家轮流主持分粥，每人一天。这样等于承认了个人有为自己多分粥的权力，同时给予了每个人为自己多分的机会。虽然看起来平等了，但是每个人在一周中只有一天吃得饱而且有剩余，其余六天都饥饿难挨。

方法三：大家选举一个信得过的人主持分粥。开始这品德尚属上乘的人还能基本公平，但不久他就开始为自己和溜须拍马的人多分。

方法四：选举一个分粥委员会和一个监督委员会，形成监督和制约。公平基本上做到了，可是由于监督委员会常提出多种议案，分粥委员会又据理力争，等分粥完毕时，粥早就凉了。

方法五：每个人轮流值日分粥，但是分粥的那个人要最后一个领粥。令人惊奇的是，在这个制度下，7 只碗里的粥每次都是一样多，就像用科学仪器量过一样。

看了这个故事，请你说说制度的重要性以及如何制定一个有效的规章制度。

一、规章制度的含义

规章制度是机关、团体、企事业单位为了建立正常的工作、劳动、学习、生活的秩序，依据国家法律、法令、政策而制订的具有法规性或指导性、约束力的应用文书。它是在一定范围内要求人们必须共同遵守的规范和准则。

规章制度的应用范围极为广泛，大至国家机关、社会团体，下至单位部门、班组。它是人们行动的准则，建立健全各种规章制度对创造良好的环境、建立正常的秩序有着重要作用。

二、规章制度的种类

规章制度包括行政法规类、章程类、制度类、公约类四种。不同的类别适用于不同范围，有着不同的作用。

（一）行政法规类

1. 条例

条例是有法律性质的文件，具有权威性、强制性。一般是对某一方面的行政工作做较为全面系统的规定，其制发者是国家最高权力机关或者最高行政机关。国务院各部门和地方人民政府制定的规章不得称“条例”，如《中华人民共和国居民身份证条例》《中华人民共和国道路交通管理条例》。

2. 规定

规定是某个组织对某项工作或活动提出一定要求、并制订相应措施，要求下级机关或有关部门贯彻执行的指令性文件。规定具有一定的法规性，党政机关、企事业单位、社会团体都可以制订，如中共中央办公厅、国务院办公厅发布的《地方党政领导干部安全生产责任制规定》、上海市政府发布的《上海市市场监督管理投诉举报处理程序规定》。比之条例，规定所规范的对象和范围更集中，措施也更具体；比之办法，规定又显得原则性一些。

3. 办法

办法是对某项行政工作做比较具体的规定，提出切实可行的措施。与条例、规定相比，它所规定的内容更具体，有些办法就是根据相关条例、规定中的某些条款制定的。如国务院发布的《产品质量监督施行办法》，就是根据国务院发布的《标准化管理条例》中的有关条文制定的，它比条例更具体、更具操作性。

4. 细则

细则是对某项法令、条例、规定或其中的部分条文进行解释或说明的文书。使之具体化，更便于执行。例如《对外汇、贵金属和外汇票证进出国境的管理施行细则》是为贯彻执行《中华人民共和国外汇管理暂行规定》中的部分条文所制定的。细则的条款比条例、规定的条款更详尽、更具体。

（二）章程类

章程是指党团或社会团体、企事业单位用以说明该组织的宗旨、性质、组织原则、机构设置、职责范围等的纲领性文件，具有准则性和约束性，一般由该组织、团体制定并经其代表大会讨论通过后公布实行。章程有两类，一是组织章程，用于制定政党、社团组织的组织准则和成员行为规范的章程，如《中国共产党章程》《中国写作学会章程》等；二是企业章程，用于规范企业的性质、组织原则、机构设置和经营管理等的章程，如《广东中南公司章程》。国家行政机关及其职能部门一般不用章程。

（三）制度类

制度作为规则、守则、制度等的总称，可分两类，一类是偏重于对工作的要求如规则、规程、制度等；一类是偏重于工作职守和约束行为、规范道德，如守则、准则、规范等。

1. 制度

制度是有关单位或部门为加强工作管理和严格组织纪律而制定的要求有关人员共同遵守的准则或对某项工作制定的必须遵守的行为规范。其制发者是机关团体、企事业单位及其部门，如《安全生产制度》《××地区环保局廉政制度》。

2. 规则

规则是有关部门为维护劳动纪律和公共利益而制定的关于工作原则、方法和手续等的条规，是在某一局部范围内对有关人员或某项活动做出的具体规定。一般由单位、团体内部制定，在特定的范围、场所使用，规范内容比较单一，如《图书馆借书规则》《演讲比赛规则》。

3. 规程

规程是生产单位或科研机构为了保证质量，使工作、生产、试验等按程序进行而制定的具体规定。其制发者是机关团体、企事业单位及其部门，如《××机器操作规程》。

4. 守则

守则是国家机关、社会团体、企事业单位制定的内部成员共同遵守的道德和行为规范的文书。因为是面向一定范围内的全体人员，所以守则的内容比较原则，要求有较强的适用性、包容性和概括性，如《汽车驾驶员守则》《高等学校学生守则》等。

5. 须知

须知是有关单位或部门为了维护正常秩序，搞好某项具体活动或完成某项工作而制定的具有指导性、规定性的文书。如《游园须知》《观众须知》等。

（四）公约类

公约是一定范围内的社会成员为保证有良好的生活、工作、学习和娱乐环境，在自愿协商的基础上制定的行为准则和道德规范，要求大家自觉遵守。如《首都人民文明公约》。公约往往强调社会公德，其法规性、约束力没有规章制度强。

三、规章制度的特点

（一）约束性

规章制度明确规定了该做什么不该做什么，是相关人员的工作、行为准则，一经生效就必须遵守，具有一定的约束力和强制性。

（二）严密性

规章制度的法规性决定了它行文的严密性、明确性，具有庄重、严肃的语言风格。在措辞上要准确严谨，不能有歧义，不能含混不清。

（三）作者的限定性

制发者必须依法在自己的职权范围内制定相关的规章制度，否则制发的文书无效。

（四）稳定性

规章制度不宜经常变动和修改，具有一定的稳定性。因此不能将脱离实际的条文，或者临时性、个别性的问题写进规章制度，不过规章制度在条件成熟或环境发生变化的时候也应及时修改、完善。

四、例文评析

中国公民出国旅游管理办法

（2001 年 12 月 12 日国务院第 50 次常务会议通过，2002 年 5 月 27 日中华人民共和国国务院令第 354 号公布，自 2002 年 7 月 1 日起施行。根据 2017 年 3 月 1 日国务院令第 676 号公布的《国务院关于修改和废止部分行政法规的决定》修正）

第一条　为了规范旅行社组织中国公民出国旅游活动，保障出国旅游者和出国旅游经营者的合法权益，制定本办法。

第二条　出国旅游的目的地国家，由国务院旅游行政部门会同国务院有关部门提出，报国务院批准后，由国务院旅游行政部门公布。

任何单位和个人不得组织中国公民到国务院旅游行政部门公布的出国旅游的目的地国家以外的国家旅游；组织中国公民到国务院旅游行政部门公布的出国旅游的目的地国家以外的国家进行涉及体育活动、文化活动等临时性专项旅游的，须经国务院旅游行政部门批准。

第三条　旅行社经营出国旅游业务，应当具备下列条件：

（一）取得国际旅行社资格满 1 年；

（二）经营入境旅游业务有突出业绩；

（三）经营期间无重大违法行为和重大服务质量问题。

第四条　申请经营出国旅游业务的旅行社，应当向省、自治区、直辖市旅游行政部门提出申请。省、自治区、直辖市旅游行政部门应当自受理申请之日起30个工作日内，依据本办法第三条规定的条件对申请审查完毕，经审查同意的，报国务院旅游行政部门批准；经审查不同意的，应当书面通知申请人并说明理由。

国务院旅游行政部门批准旅行社经营出国旅游业务，应当符合旅游业发展规划及合理布局的要求。

未经国务院旅游行政部门批准取得出国旅游业务经营资格的，任何单位和个人不得擅自经营或者以商务、考察、培训等方式变相经营出国旅游业务。

第五条　国务院旅游行政部门应当将取得出国旅游业务经营资格的旅行社（以下简称组团社）名单予以公布，并通报国务院有关部门。

第六条　国务院旅游行政部门根据上年度全国入境旅游的业绩、出国旅游目的地的增加情况和出国旅游的发展趋势，在每年的2月底以前确定本年度组织出国旅游的人数安排总量，并下达省、自治区、直辖市旅游行政部门。

省、自治区、直辖市旅游行政部门根据本行政区域内各组团社上年度经营入境旅游的业绩、经营能力、服务质量，按照公平、公正、公开的原则，在每年的3月底以前核定各组团社本年度组织出国旅游的人数安排。

国务院旅游行政部门应当对省、自治区、直辖市旅游行政部门核定组团社年度出国旅游人数安排及组团社组织公民出国旅游的情况进行监督。

第七条　国务院旅游行政部门统一印制《中国公民出国旅游团队名单表》(以下简称《名单表》)，在下达本年度出国旅游人数安排时编号发放给省、自治区、直辖市旅游行政部门，由省、自治区、直辖市旅游行政部门核发给组团社。

组团社应当按照核定的出国旅游人数安排组织出国旅游团队，填写《名单表》。旅游者及领队首次出境或者再次出境，均应当填写在《名单表》中，经审核后的《名单表》不得增添人员。

第八条　《名单表》一式四联，分为：出境边防检查专用联、入境边防检查专用联、旅游行政部门审验专用联、旅行社自留专用联。

组团社应当按照有关规定，在旅游团队出境、入境时及旅游团队入境后，将《名单表》分别交有关部门查验、留存。

出国旅游兑换外汇，由旅游者个人按照国家有关规定办理。

第九条　旅游者持有有效普通护照的，可以直接到组团社办理出国旅游手续；没有有效普通护照的，应当依照《中华人民共和国公民出境入境管理法》的有关规定办理护照后再办理出国旅游手续。

组团社应当为旅游者办理前往国签证等出境手续。

第十条　组团社应当为旅游团队安排专职领队。

领队在带团时，应当遵守本办法及国务院旅游行政部门的有关规定。

第十一条　旅游团队应当从国家开放口岸整团出入境。

旅游团队出入境时，应当接受边防检查站对护照、签证、《名单表》的查验。经国务院有关部门批准，旅游团队可以到旅游目的地国家按照该国有关规定办理签证或者免签证。

旅游团队出境前已确定分团入境的，组团社应当事先向出入境边防检查总站或者省级公安边防部门备案。

旅游团队出境后因不可抗力或者其他特殊原因确需分团入境的，领队应当及时通知组团社，组团社应当立即向有关出入境边防检查总站或者省级公安边防部门备案。

第十二条　组团社应当维护旅游者的合法权益。

组团社向旅游者提供的出国旅游服务信息必须真实可靠，不得作虚假宣传，报价不得低于成本。

第十三条　组团社经营出国旅游业务，应当与旅游者订立书面旅游合同。

旅游合同应当包括旅游起止时间、行程路线、价格、食宿、交通以及违约责任等内容。旅游合同由组团社和旅游者各持一份。

第十四条　组团社应当按照旅游合同约定的条件，为旅游者提供服务。

组团社应当保证所提供的服务符合保障旅游者人身、财产安全的要求；对可能危及旅游者人身安全的情况，应当向旅游者作出真实说明和明确警示，并采取有效措施，防止危害的发生。

第十五条　组团社组织旅游者出国旅游，应当选择在目的地国家依法设立并具有良好信誉的旅行社（以下简称境外接待社），并与之订立书面合同后，方可委托其承担接待工作。

第十六条　组团社及其旅游团队领队应当要求境外接待社按照约定的团队活动计划安排旅游活动，并要求其不得组织旅游者参与涉及色情、赌博、毒品内容的活动或者危险性活动，不得擅自改变行程、减少旅游项目，不得强迫或者变相强迫旅游者参加额外付费项目。

境外接待社违反组团社及其旅游团队领队根据前款规定提出的要求时，组团社及其旅游团队领队应当予以制止。

第十七条　旅游团队领队应当向旅游者介绍旅游目的地国家的相关法律、风俗习惯以及其他有关注意事项，并尊重旅游者的人格尊严、宗教信仰、民族风俗和生活习惯。

第十八条　旅游团队领队在带领旅游者旅行、游览过程中，应当就可能危及旅游者人身安全的情况，向旅游者作出真实说明和明确警示，并按照组团社的要求采取有效措施，防止危害的发生。

第十九条　旅游团队在境外遇到特殊困难和安全问题时，领队应当及时向组团社和中国驻所在国家使领馆报告；组团社应当及时向旅游行政部门和公安机关报告。

第二十条　旅游团队领队不得与境外接待社、导游及为旅游者提供商品或者服务的其他经营者串通欺骗、胁迫旅游者消费，不得向境外接待社、导游及其他为旅游者提供商品或者服务的经营者索要回扣、提成或者收受其财物。

第二十一条　旅游者应当遵守旅游目的地国家的法律，尊重当地的风俗习惯，并服从旅游团队领队的统一管理。

第二十二条　严禁旅游者在境外滞留不归。

旅游者在境外滞留不归的，旅游团队领队应当及时向组团社和中国驻所在国家使领馆报告，组团社应当及时向公安机关和旅游行政部门报告。有关部门处理有关事项时，组团社有义务予以协助。

第二十三条　旅游者对组团社或者旅游团队领队违反本办法规定的行为，有权向旅游行政部门投诉。

第二十四条　因组团社或者其委托的境外接待社违约，使旅游者合法权益受到损害的，组团社应当依法对旅游者承担赔偿责任。

第二十五条　组团社有下列情形之一的，旅游行政部门可以暂停其经营出国旅游业务；情节严重的，取消其出国旅游业务经营资格：

（一）入境旅游业绩下降的；

（二）因自身原因，在1年内未能正常开展出国旅游业务的；

（三）因出国旅游服务质量问题被投诉并经查实的；

（四）有逃汇、非法套汇行为的；

（五）以旅游名义弄虚作假，骗取护照、签证等出入境证件或者送他人出境的；

（六）国务院旅游行政部门认定的影响中国公民出国旅游秩序的其他行为。

第二十六条　任何单位和个人违反本办法第四条的规定，未经批准擅自经营或者以商务、考察、培训等方式变相经营出国旅游业务的，由旅游行政部门责令停止非法经营，没收违法所得，并处违法所得2倍以上5倍以下的罚款。

第二十七条　组团社违反本办法第十条的规定，不为旅游团队安排专职领队的，由旅游行政部门责令改正，并处5000元以上2万元以下的罚款，可以暂停其出国旅游业务经营资格；多次不安排专职领队的，并取消其出国旅游业务经营资格。

第二十八条　组团社违反本办法第十二条的规定，向旅游者提供虚假服务信息或者低于成本报价的，由工商行政管理部门依照《中华人民共和国消费者权益保护法》《中华人民共和国反不正当竞争法》的有关规定给予处罚。

第二十九条　组团社或者旅游团队领队违反本办法第十四条第二款、第十八条的规定，对可能危及人身安全的情况未向旅游者作出真实说明和明确警示，或者未采取防止危害发生的措施的，由旅游行政部门责令改正，给予警告；情节严重的，对组团社暂停其出国旅游业务经营资格，并处5000元以上2万元以下的罚款，对旅游团队领队可以暂扣直至吊销其导游证；造成人身伤亡事故的，依法追究刑事责任，并承担赔偿责任。

第三十条　组团社或者旅游团队领队违反本办法第十六条的规定，未要求境外接待社不得组织旅游者参与涉及色情、赌博、毒品内容的活动或者危险性活动，未要求其不得擅自改变行程、减少旅游项目、强迫或者变相强迫旅游者参加额外付费项目，或者在境外接待社违反前述要求时未制止的，由旅游行政部门对组团社处组织该旅游团队所收取费用2倍以上5倍以下的罚款，并暂停其出国旅游业务经营资格，对旅游团队领队暂扣其导游证；造成恶劣影响的，对组团社取消其出国旅游业务经营资格，对旅游团队领队吊销其导游证。

第三十一条　旅游团队领队违反本办法第二十条的规定，与境外接待社、导游及为旅游者提供商品或者服务的其他经营者串通欺骗、胁迫旅游者消费或者向境外接待社、导游和其他为旅游者提供商品或者服务的经营者索要回扣、提成或者收受其财物的，由旅游行政部门责令改正，没收索要的回扣、提成或者收受的财物，并处索要的回扣、提成或者收受的财物价值2倍以上5倍以下的罚款；情节严重的，并吊销其导游证。

第三十二条　违反本办法第二十二条的规定，旅游者在境外滞留不归，旅游团队领队不及时向组团社和中国驻所在国家使领馆报告，或者组团社不及时向有关部门报告的，由旅游行政部门给予警告，对旅游团队领队可以暂扣其导游证，对组团社可以暂停其出国旅游业务经营资格。

旅游者因滞留不归被遣返回国的，由公安机关吊销其护照。

第三十三条　本办法自2002年7月1日起施行。国务院1997年3月17日批准，国家旅游局、公安部1997年7月1日发布的《中国公民自费出国旅游管理暂行办法》同时废止。

【简评】本文是国务院发布的办法，是行政法规类的文书，具有极强的约束力，全文采用条款式，表述清楚周详。

【复习与训练】

1. 结合例文，分析说明规章制度的特点、作用。
2. 规章制度的主要种类有哪些?
3. 条例、规定、办法、细则之间有何区别与联系?

第二节　规章类文书的写作

【情境与任务】

请看下文，这样写公约你觉得恰当吗？为什么？规章制度的写作应该注意些什么？

寝室公约

啊！亲爱的同学们，我们终于从五湖四海来到了一起，在这阳光灿烂、层林尽染的时候，我们迎着璀璨的朝霞，来到这所驰名的全国重点大学，难道你不为之骄傲吗？让我们把共同的心声，写在这里共勉吧。

1. 学习时不要大声喧哗，以免影响他人，这是一个大学生应有的素质；

2. 互相关心，互相帮助，这是一个大学生应有的情操；

3. 关注陌生人的来往，谨防小偷，保卫安全，这是一个大学生应有的警惕性；

4. 不随地吐痰，轮流打扫卫生，这是一个大学生应有的习惯。

凡此种种，均望共同遵守。

一、规章制度的格式

由于规章制度的种类不同，内容、范围各异，所以写作格式和写法也有所不同。但它们的结构、写法又有许多相同之处，一般包括标题、正文和落款三部分。

（一）标题

规章制度的标题一般有三种写法：

（1）由单位名称、事由和文种三部分组成。如《政部关于企业财务检查中处理财务问题的若干规则》等。

（2）由制发单位名称和文种组成。如《中国作家协会章程》。

（3）由事由和文种组成。如《关于企业国有资产办理无偿划转手续的规定》。

如果该规章制度是试行、暂行，则应在标题内文种前写明。如果该规章制度是草案，则应在标题后用括号加以注明。有些规章制度在标题下面用括号注明该规章制度何时、何部门、何会议发布、通过、批准、修订等项。

（二）正文

规章制度种类很多，各个文体的写法也有所不同，但是基本都会包含章、节、条、款、项、目等层次。章是规范性文件中常见的结构单位，其格式为“第×章”。节作为附属性结构单位，只能于章下设置，不能脱离于章而独立存在，其格式为“第×节”。条是规章制度中最基本的结构单位，也是最不可或缺的单位。条既可以完全独立于章、节、款、项、目而存在，也可以在章下设置，还可以在节下设置。条的应用格式，一般是“第×条”，某些条文较少的规章制度，还可能以汉字序数的“一、二”的形式出现。款的应用频率可以说仅次于条，也是相当高的。款的应用格式是以自然段划分，无需序号，相互间仅以句号区分。项是次于款的结构单位，尽管同属于附属性结构单位，但是项在设置上却较款更为灵活。即项并不严格隶属于款，既可以在款下设项，也可以在条下直接设项。项的使用是为了使蕴含多重意思与多层结构的条款内容能够更清晰地得以表达。项的应用格式是以汉字序号“(一)、(二)”方式分段表述，相互间以“;”号相区分。目是项下的一个结构单位，也是目前规范性文件中所使用的最小的结构单位。作为附属性结构单位，目严格隶属于项，不能脱离于项而独立存在。目的应用格式是用阿拉伯数字序号“1.、2.、3.”，分段表述，以“;”区分。

从全文来看，规章制度的基本结构方式主要有两大类：章条式和条款式。

1. 章条式（即分章列条款式）

章条式适用于内容比较多的规章制度。将正文分成总则、分则、附则。每一部分再按内容的多少分列若干章节或若干条款。

（1）总则。一般写原则性、普遍性的内容，主要包括：制订依据、制订目的（宗旨）和任务、基本原则、适用范围、有关定义等情况，类似于文章的前言，对全文起统领作用。

（2）分则。从总则以下到附则以上，中间的若干章均为分则。分则是全文的主体部分，通常按事物间的逻辑顺序，或按各部分内容的联系，或按工作活动程序以及惯例分条列项，集中编排。

（3）附则。附则通常是全文的最后一章，一般说明该规章制度的实行程序与方式、生效日期、解释权限及其他未尽事宜的处置办法等内容。附则只设一章，根据需要，下分若干条，也有附在最后不单独成章的。

2. 条款式

条款式这种写法不分章，而是直接分条列项来阐述。适用于内容比较简单的规章制度，如守则、公约、须知等。一般有前言和主体两部分，前言不设条，而是简要概述制订该文的目的、依据、性质、意义，常用“为了……特制订本规定”或”为了……，根据……，特制订本守则。”主体部分通常分若干条款写明规定的事项，一般按先主后次、先原则后具体的顺序，逐条写来。也可以全文都用条款的方式，不另分段作前言。

（三）落款

在正文最后右下方具名及成文日期。如果标题已反映出这一部分内容，可以不必写落款。

二、规章制度的写作要求

（一）符合党和国家的有关方针、政策、法规

符合党和国家的有关方针、政策、法规是制订规章制度的前提。此外还需认真讨论、调研，从实际出发，实事求是，切合本单位或本部门的实际需要。

（二）要明确制订的权限

规章制度的制订要有明确的权限规定。中央、国务院制订全国性的行政法规；各级地方行政机关制订部门性、地方性的行政法规；企事业单位、社会团体根据自己的实际情况制订本部门本单位的规章制度。注意不能超越权限，也不能和上级已制定的有关规章相抵触。

（三）内容要完备规范，切实可行

篇章要条理清楚、款项分明。语言表达要简明准确、周密清晰、通俗易懂，让人看后明白“必须这样做，不许那样做”。

三、例文评析

例文一

中华人民共和国人民币管理条例（2018 年修正本）

（2000 年 2 月 3 日中华人民共和国国务院令第 280 号发布　根据 2014 年 7 月 29 日《国务院关于修改部分行政法规的决定》第一次修正　根据 2018 年 3 月 19 日《国务院关于修改和废止部分行政法规的决定》第二次修正）

第一章　总则

第一条　为了加强对人民币的管理，维护人民币的信誉，稳定金融秩序，根据《中华人民共和国中国人民银行法》，制定本条例。

第二条　本条例所称人民币，是指中国人民银行依法发行的货币，包括纸币和硬币。

从事人民币的设计、印制、发行、流通和回收等活动，应当遵守本条例。

第三条　中华人民共和国的法定货币是人民币。以人民币支付中华人民共和国境内的一切公共的和私人的债务，任何单位和个人不得拒收。

第四条　人民币的单位为元，人民币辅币单位为角、分。1 元等于 10 角，1 角等于 10 分。

人民币依其面额支付。

第五条　中国人民银行是国家管理人民币的主管机关，负责本条例的组织实施。

第六条　任何单位和个人都应当爱护人民币。禁止损害人民币和妨碍人民币流通。

第二章　设计和印制

第七条　新版人民币由中国人民银行组织设计，报国务院批准。

第八条　人民币由中国人民银行指定的专门企业印制。

第九条　印制人民币的企业应当按照中国人民银行制定的人民币质量标准和印制计划印制人民币。

第十条 印制人民币的企业应当将合格的人民币产品全部解缴中国人民银行人民币发行库，将不合格的人民币产品按照中国人民银行的规定全部销毁。

第十一条 印制人民币的原版、原模使用完毕后，由中国人民银行封存。

第十二条 印制人民币的特殊材料、技术、工艺、专用设备等重要事项属于国家秘密。印制人民币的企业和有关人员应当保守国家秘密；未经中国人民银行批准，任何单位和个人不得对外提供。

第十三条 除中国人民银行指定的印制人民币的企业外，任何单位和个人不得研制、仿制、引进、销售、购买和使用印制人民币所特有的防伪材料、防伪技术、防伪工艺和专用设备。有关管理办法由中国人民银行另行制定。

第十四条 人民币样币是检验人民币印制质量和鉴别人民币真伪的标准样本，由印制人民币的企业按照中国人民银行的规定印制。人民币样币上应当加印“样币”字样。

第三章 发行和回收

第十五条 人民币由中国人民银行统一发行。

第十六条 中国人民银行发行新版人民币，应当报国务院批准。

中国人民银行应当将新版人民币的发行时间、面额、图案、式样、规格、主色调、主要特征等予以公告。

中国人民银行不得在新版人民币发行公告发布前将新版人民币支付给金融机构。

第十七条 因防伪或者其他原因，需要改变人民币的印制材料、技术或者工艺的，由中国人民银行决定。

中国人民银行应当将改版后的人民币的发行时间、面额、主要特征等予以公告。

中国人民银行不得在改版人民币发行公告发布前将改版人民币支付给金融机构。

第十八条 中国人民银行可以根据需要发行纪念币。

纪念币是具有特定主题的限量发行的人民币，包括普通纪念币和贵金属纪念币。

第十九条 纪念币的主题、面额、图案、材质、式样、规格、发行数量、发行时间等由中国人民银行确定；但是，纪念币的主题涉及重大政治、历史题材的，应当报国务院批准。

中国人民银行应当将纪念币的主题、面额、图案、材质、式样、规格、发行数量、发行时间等予以公告。

中国人民银行不得在纪念币发行公告发布前将纪念币支付给金融机构。

第二十条 中国人民银行设立人民币发行库，在其分支机构设立分支库，负责保管人民币发行基金。各级人民币发行库主任由同级中国人民银行行长担任。

人民币发行基金是中国人民银行人民币发行库保存的未进入流通的人民币。

人民币发行基金的调拨，应当按照中国人民银行的规定办理。任何单位和个人不得违反规定动用人民币发行基金，不得干扰、阻碍人民币发行基金的调拨。

第三章 发行和回收

第二十一条 特定版别的人民币的停止流通，应当报国务院批准，并由中国人民银行公告。

办理人民币存取款业务的金融机构应当按照中国人民银行的规定，收兑停止流通的人民币，并将其交存当地中国人民银行。

中国人民银行不得将停止流通的人民币支付给金融机构，金融机构不得将停止流通的人民币对外支付。

第二十二条　办理人民币存取款业务的金融机构应当按照中国人民银行的规定，无偿为公众兑换残缺、污损的人民币，挑剔残缺、污损的人民币，并将其交存当地中国人民银行。

中国人民银行不得将残缺、污损的人民币支付给金融机构，金融机构不得将残缺、污损的人民币对外支付。

第二十三条　停止流通的人民币和残缺、污损的人民币，由中国人民银行负责回收、销毁。具体办法由中国人民银行制定。

第四章　流通和保护

第二十四条　办理人民币存取款业务的金融机构应当根据合理需要的原则，办理人民币券别调剂业务。

第二十五条　禁止非法买卖流通人民币。

纪念币的买卖，应当遵守中国人民银行的有关规定。

第二十六条　禁止下列损害人民币的行为：

（一）故意毁损人民币；

（二）制作、仿制、买卖人民币图样；

（三）未经中国人民银行批准，在宣传品、出版物或者其他商品上使用人民币图样；

（四）中国人民银行规定的其他损害人民币的行为。

前款人民币图样包括放大、缩小和同样大小的人民币图样。

第二十七条　人民币样币禁止流通。

人民币样币的管理办法，由中国人民银行制定。

第二十八条　任何单位和个人不得印制、发售代币票券，以代替人民币在市场上流通。

第二十九条　中国公民出入境、外国人入出境携带人民币实行限额管理制度，具体限额由中国人民银行规定。

第三十条　禁止伪造、变造人民币。禁止出售、购买伪造、变造的人民币。禁止走私、运输、持有、使用伪造、变造的人民币。

第三十一条　单位和个人持有伪造、变造的人民币的，应当及时上交中国人民银行、公安机关或者办理人民币存取款业务的金融机构；发现他人持有伪造、变造的人民币的，应当立即向公安机关报告。

第三十二条　中国人民银行、公安机关发现伪造、变造的人民币，应当予以没收，加盖“假币”字样的戳记，并登记造册；持有人对公安机关没收的人民币的真伪有异议的，可以向中国人民银行申请鉴定。

公安机关应当将没收的伪造、变造的人民币解缴当地中国人民银行。

第三十三条　办理人民币存取款业务的金融机构发现伪造、变造的人民币，数量较多、有新版的伪造人民币或者有其他制造贩卖伪造、变造的人民币线索的，应当立即报告公安机关；数量较少的，由该金融机构两名以上工作人员当面予以收缴，加盖“假币”字样的戳记，登记造册，向持有人出具中国人民银行统一印制的收缴凭证，并告知持有人可以向中国人民银行或者向中国人民银行授权的国有独资商业银行的业务机构申请鉴定。对伪造、变造的人民币收缴及鉴定的具体办法，由中国人民银行制定。

办理人民币存取款业务的金融机构应当将收缴的伪造、变造的人民币解缴当地中国人民银行。

第三十四条　中国人民银行和中国人民银行授权的国有独资商业银行的业务机构应当无偿提供鉴定人民币真伪的服务。

对盖有“假币”字样戳记的人民币，经鉴定为真币的，由中国人民银行或者中国人民银行授权的国有独资商业银行的业务机构按照面额予以兑换；经鉴定为假币的，由中国人民银行或者中国人民银行授权的国有独资商业银行的业务机构予以没收。

中国人民银行授权的国有独资商业银行的业务机构应当将没收的伪造、变造的人民币解缴当地中国人民银行。

第三十五条　办理人民币存取款业务的金融机构应当采取有效措施，防止以伪造、变造的人民币对外支付。

办理人民币存取款业务的金融机构应当在营业场所无偿提供鉴别人民币真伪的服务。

第三十六条　伪造、变造的人民币由中国人民银行统一销毁。

第三十七条　人民币反假鉴别仪应当按照国家规定标准生产。

人民币反假鉴别仪国家标准，由中国人民银行会同有关部门制定，并协助组织实施。

第三十八条　人民币有下列情形之一的，不得流通：

（一）不能兑换的残缺、污损的人民币；

（二）停止流通的人民币。

第五章　罚则

第三十九条　印制人民币的企业和有关人员有下列情形之一的，由中国人民银行给予警告，没收违法所得，并处违法所得1倍以上3倍以下的罚款，没有违法所得的，处1万元以上10万元以下的罚款；对直接负责的主管人员和其他直接责任人员，依法给予纪律处分：

（一）未按照中国人民银行制定的人民币质量标准和印制计划印制人民币的；

（二）未将合格的人民币产品全部解缴中国人民银行人民币发行库的；

（三）未按照中国人民银行的规定将不合格的人民币产品全部销毁的；

（四）未经中国人民银行批准，擅自对外提供印制人民币的特殊材料、技术、工艺或者专用设备等国家秘密的。

第四十条　违反本条例第十三条规定的，由工商行政管理机关和其他有关行政执法机关给予警告，没收违法所得和非法财物，并处违法所得1倍以上3倍以下的罚款；没有违法所得的，处2万元以上20万元以下的罚款。

第四十一条　办理人民币存取款业务的金融机构违反本条例第二十一条第二款、第三款和第二十二条规定的，由中国人民银行给予警告，并处1000元以上5000元以下的罚款；对直接负责的主管人员和其他直接责任人员，依法给予纪律处分。

第四十二条　故意毁损人民币的，由公安机关给予警告，并处1万元以下的罚款。

第四十三条　违反本条例第二十五条、第二十六条第一款第二项和第四项规定的，由工商行政管理机关和其他有关行政执法机关给予警告，没收违法所得和非法财物，并处违法所得1倍以上3倍以下的罚款；没有违法所得的，处1000元以上5万元以下的罚款。

工商行政管理机关和其他有关行政执法机关应当销毁非法使用的人民币图样。

第四十四条　办理人民币存取款业务的金融机构、中国人民银行授权的国有独资商业银行的业务机构违反本条例第三十四条、第三十五条和第三十六条规定的，由中国人民银行给予警告，并处1000元以上5万元以下的罚款；对直接负责的主管人员和其他直接责任人员，依法给予纪律处分。

第四十五条　中国人民银行、公安机关、工商行政管理机关及其工作人员违反本条例有关规定的，对直接负责的主管人员和其他直接责任人员，依法给予行政处分。

第四十六条　违反本条例第二十条第三款、第二十七条第一款第三项、第二十九条和第三十一条规定的，依照《中华人民共和国中国人民银行法》的有关规定予以处罚；其中，违反本条例第三十一条规定，构成犯罪的，依法追究刑事责任。

第六章　附则

第四十七条　本条例自2000年5月1日起施行。

【简评】这是一则由国务院发布的条例，属行政法规类。题注标明这是2018年的修正本。全文用的是章条式，总则说明本条例制定的依据、目的，人民币的管理单位等概况，分则共4章分别说明了人民币的设计和印制、发行和回收、流通和保护以及罚则，附则说明本条例的实施时间。本文格式规范，语言准确，表达清晰。

例文二

禁止使用童工规定

（2002年9月18日国务院第63次常务会议通过　2002年10月1日中华人民共和国国务院令第364号公布　自2002年12月1日起施行）

第一条　为保护未成年人的身心健康，促进义务教育制度的实施，维护未成年人的合法权益，根据宪法和劳动法、未成年人保护法，制定本规定。

第二条　国家机关、社会团体、企业事业单位、民办非企业单位或者个体工商户（以下统称用人单位）均不得招用不满16周岁的未成年人（招用不满16周岁的未成年人，以下统称使用童工）。

禁止任何单位或者个人为不满16周岁的未成年人介绍就业。

禁止不满16周岁的未成年人开业从事个体经营活动。

第三条　不满16周岁的未成年人的父母或者其他监护人应当保护其身心健康，保障其接受义务教育的权利，不得允许其被用人单位非法招用。

不满16周岁的未成年人的父母或者其他监护人允许其被用人单位非法招用的，所在地的乡（镇）人民政府、城市街道办事处以及村民委员会、居民委员会应当给予批评教育。

第四条　用人单位招用人员时，必须核查被招用人员的身份证；对不满16周岁的未成年人，一律不得录用。用人单位录用人员的录用登记、核查材料应当妥善保管。

第五条　县级以上各级人民政府劳动保障行政部门负责本规定执行情况的监督检查。

县级以上各级人民政府公安、工商行政管理、教育、卫生等行政部门在各自职责范围内对本规定的执行情况进行监督检查，并对劳动保障行政部门的监督检查给予配合。

工会、共青团、妇联等群众组织应当依法维护未成年人的合法权益。

任何单位或者个人发现使用童工的，均有权向县级以上人民政府劳动保障行政部门举报。

第六条　用人单位使用童工的，由劳动保障行政部门按照每使用一名童工每月处5000元罚款的标准给予处罚；在使用有毒物品的作业场所使用童工的，按照《使用有毒物品作业场所劳动保护条例》规定的罚款幅度，或者按照每使用一名童工每月处5000元罚款的标准，从重处罚。劳动保障行政部门并应当责令用人单位限期将童工送回原居住地交其父母或者其他监护人，所需交通和食宿费用全部由用人单位承担。

用人单位经劳动保障行政部门依照前款规定责令限期改正，逾期仍不将童工送交其父母或者其他监护人的，从责令限期改正之日起，由劳动保障行政部门按照每使用一名童工每月处1万元罚款的标准处罚，并由工商行政管理部门吊销其营业执照或者由民政部门撤销民办非企业单位登记；用人单位是国家机关、事业单位的，由有关单位依法对直接负责的主管人员和其他直接责任人员给予降级或者撤职的行政处分或者纪律处分。

第七条　单位或者个人为不满16周岁的未成年人介绍就业的，由劳动保障行政部门按照每介绍一人处5000元罚款的标准给予处罚；职业中介机构为不满16周岁的未成年人介绍就业的，并由劳动保障行政部门吊销其职业介绍许可证。

第八条　用人单位未按照本规定第四条的规定保存录用登记材料，或者伪造录用登记材料的，由劳动保障行政部门处1万元的罚款。

第九条　无营业执照、被依法吊销营业执照的单位以及未依法登记、备案的单位使用童工或者介绍童工就业的，依照本规定第六条、第七条、第八条规定的标准加一倍罚款，该非法单位由有关的行政主管部门予以取缔。

第十条　童工患病或者受伤的，用人单位应当负责送到医疗机构治疗，并负担治疗期间的全部医疗和生活费用。

童工伤残或者死亡的，用人单位由工商行政管理部门吊销营业执照或者由民政部门撤销民办非企业单位登记；用人单位是国家机关、事业单位的，由有关单位依法对直接负责的主管人员和其他直接责任人员给予降级或者撤职的行政处分或者纪律处分；用人单位还应当一次性地对伤残的童工、死亡童工的直系亲属给予赔偿，赔偿金额按照国家工伤保险的有关规定计算。

第十一条　拐骗童工，强迫童工劳动，使用童工从事高空、井下、放射性、高毒、易燃易爆以及国家规定的第四级体力劳动强度的劳动，使用不满14周岁的童工，或者造成童工死亡或者严重伤残的，依照刑法关于拐卖儿童罪、强迫劳动罪或者其他罪的规定，依法追究刑事责任。

第十二条　国家行政机关工作人员有下列行为之一的，依法给予记大过或者降级的行政处分；情节严重的，依法给予撤职或者开除的行政处分；构成犯罪的，依照刑法关于滥用职权罪、玩忽职守罪或者其他罪的规定，依法追究刑事责任：

（一）劳动保障等有关部门工作人员在禁止使用童工的监督检查工作中发现使用童工的情况，不予制止、纠正、查处的；

（二）公安机关的人民警察违反规定发放身份证或者在身份证上登录虚假出生年月的；

（三）工商行政管理部门工作人员发现申请人是不满16周岁的未成年人，仍然为其从事个体经营发放营业执照的。

第十三条　文艺、体育单位经未成年人的父母或者其他监护人同意，可以招用不满16周岁的专业文艺工作者、运动员。用人单位应当保障被招用的不满16周岁的未成年人的身心健康，保障其接受义务教育的权利。文艺、体育单位招用不满16周岁的专业文艺工作者、运动员的办法，由国务院劳动保障行政部门会同国务院文化、体育行政部门制定。

学校、其他教育机构以及职业培训机构按照国家有关规定组织不满16周岁的未成年人进行不影响其人身安全和身心健康的教育实践劳动、职业技能培训劳动，不属于使用童工。

第十四条　本规定自2002年12月1日起施行。1991年4月15日国务院发布的《禁止使用童工规定》同时废止。

【简评】这是一份行政法规类的规定。结构采用的是条款式，第一条写制订规定的目的和依据；第二至第五条写原则性的规范要求；第六至第十三条是规定的具体措施；第十四条是生效日期的说明。层次清楚，条款具体，具有可操作性，允许做什么、不允许做什么、做了要承担什么后果，让人一目了然。

例文三

高等学校学生行为准则

一、志存高远，坚定信念。努力学习马克思列宁主义、毛泽东思想、邓小平理论和“三个代表”重要思想，面向世界，了解国情，确立在中国共产党领导下走社会主义道路、实现中华民族伟大复兴的共同理想和坚定信念，努力成为有理想、有道德、有文化、有纪律的社会主义新人。

二、热爱祖国，服务人民。弘扬民族精神，维护国家利益和民族团结。不参与违反四项基本原则、影响国家统一和社会稳定的活动。培养同人民群众的深厚感情，正确处理国家、集体和个人三者利益关系，增强社会责任感，甘愿为祖国为人民奉献。

三、勤奋学习，自强不息。追求真理，崇尚科学；刻苦钻研，严谨求实；积极实践，勇于创新；珍惜时间，学业有成。

四、遵纪守法，弘扬正气。遵守宪法、法律法规，遵守校纪校规；正确行使权利，依法履行义务；敬廉崇洁，公道正派；敢于并善于同各种违法违纪行为做斗争。

五、诚实守信，严于律己。履约践诺，知行统一；遵从学术规范，恪守学术道德，不作弊，不剽窃；自尊自爱，自省自律；文明使用互联网；自觉抵制黄、赌、毒等不良诱惑。

六、明礼修身，团结友爱。弘扬传统美德，遵守社会公德，男女交往文明；关心集体，爱护公物，热心公益；尊敬师长，友爱同学，团结合作；仪表整洁，待人礼貌；豁达宽容，积极向上。

七、勤俭节约，艰苦奋斗。热爱劳动，珍惜他人和社会劳动成果；生活俭朴，杜绝浪费；不追求超越自身和家庭实际的物质享受。

八、强健体魄，热爱生活。积极参加文体活动，提高身体素质，保持心理健康；磨砺意志，不怕挫折，提高适应能力；增强安全意识，防止意外事故；关爱自然，爱护环境，珍惜资源。

【简评】准则属制度类，有的也写作“守则”。本文是由教育部2005年印发的，要求各高校学生遵守的行为准则和道德规范。全文共八条，从精神层面到身体层面都做了原则性的规定。每一条都用八个字表达本条的内容，然后再对之进行具体的阐述，既简明易记又具体清楚。

例文四

××厂××车间操作规程

一、开机前的准备工作

1. 查看交班记录，检查本机刀头各部位是否符合要求，合上电源总闸；

2. 观察控制面板和顶上的指示灯及刀片计数器，了解刀片和砂轮的消耗情况，做好记录；

3. 置控制方式控制钮在内部设定状态，调节设定值于60%以上；

4. 置控制刀门钮于关闭状态，置本机工作方式于自动状态；

5. 置连锁选择钮于外部联锁状态。

二、生产开始

1. 启动油泵电机，检查油路中各部压力是否正常，由左向右启动相应的各台电机；

2. 监听本机的响声有无异常，有情况及时处理；

3. 经常检查切出的梗丝是否达到工艺要求，保持本机及现场的清洁。

三、生产结束

置刀门控制钮于“0”位置，从右至左停止各部电机，最后停止油泵电机，关掉电源总闸，做好交班记录，搞好班末保养工作。

【简评】规程属制度类。本文是生产单位为了保证产品质量及工人安全而制订的一些具体操作流程。它有利于车间工作人员明确职责，建立和维护正常的生产秩序。保证生产的正常安全进行。全文按操作的程序逐条写来，清楚明确。

例文五

漂流乘坐须知

为了您的安全，上艇前请仔细阅读漂流乘坐须知，排队检票后，在工作人员的安排下有序、安全地上船。

一、患有高血压、高血脂、心脏病、精神病、孕妇或高度近视等疾病患者，酒醉及60周岁以上的老人、1.2米以下的儿童禁止乘坐漂流。

二、须穿好救生衣，戴好安全帽，戴眼镜的游客请将其摘下或固定好。

三、禁止携带带尖、刃的利器上艇，严禁掀动船身充气孔上方的安全帽，以确保您的人身安全。

四、游客请勿在漂流起漂处走动拍照，起漂时请认真听从工作人员的讲解，握紧船身两侧的安全带，漂流途中未经许可不得起身站立或半蹲状态，更不能私自离船上岸，以免发生危险。漂流中请不要用手触摸漂流道，以免受到伤害。

五、漂流船通过险滩急流、转弯处时不要随便乱动，要保持身体平衡，抓紧船身内侧的安全带，收紧双脚，身体向船体中央倾斜；如坐在后面，身体应略向后倾，以保证船身平衡，顺流而下。

六、遇到船身被卡住时请不要着急，切勿起身站立，以免发生侧翻情况，用桨将船调至合适角度即可，如调整不了请您吹响救生衣上的口哨，会有工作人员前来帮助您正常漂流。

七、落水时，请吹响救生衣上的口哨，以提示附近护漂人员前来救助。

××大峡谷管理处

×年×月×日

【简评】须知属制度类。本文共七条，写明了进行漂流要做到的注意事项，目的是为了让游客能够安全地进行漂流。全文表达清晰，内容具体。

【复习与训练】

一、规章制度的结构方式章条式和条款式有何区别?

二、请与同学商议，制定一份“寝室文明公约”。

三、请结合本校的实际情况，写一份“××学校教室使用须知”。

四、规章制度根据内容的需要可以分为章、节、条、款、项、目，其中最基本的一个层次是（　　）。

A. 章　　B. 条　　C. 款　　D. 目

第九章　公文类文书

第一节　公文概述

【情境与任务】

阅读下文，想一想公文的格式形成和变化有哪些影响因素？

在如今的清宫题材影视剧中，满族人上奏皇帝都自称奴才，这是不完全正确的，或者说至少在雍正以后情况不是这样。

事实上，清朝皇帝不仅严格禁止汉族官员自称奴才，而且对满族大臣也多次做出限制规定。清朝入主中原以后，满族人见到皇帝或向皇帝奏事，还是沿袭旧俗，自称奴才。到了雍正年间，情况有了变化。这是因为经过康熙朝几十年的满汉大融合之后，人们的思想观念渐渐改变，不仅有人提出满汉臣工应一律称臣，雍正皇帝也明确规定，满族大臣奏事时，要和汉族官员一样称臣，不得自称奴才，否则就是“不合体制”。

所谓“不合体制”，大概是因为“奴才”毕竟是骂人的话，而奏对公事尤其是撰写公务文书是一件非常严肃和庄重的事情，如果字里行间都以奴才相称，看多了会让人不舒服。

可是，雍正的指示并没有得到认真的执行。原因是，满族人面对主子自称奴才的习俗相沿已久，改起来非常难，雍正也就只能睁一只眼闭一只眼了。

可后来还是遇到了麻烦：满族官员和汉族官员一起向皇帝上奏公事时，满族官员自称“奴才”，汉族官员自称“臣”，以致在同一份公文上“臣”和“奴才”的称谓无法得到统一。这显然也是一个“不合体制”的问题。于是乾隆皇帝在 1768 年做出规定：“嗣后颁行公事折奏称臣，请安谢恩寻常折奏仍称奴才。”——要求满族官员在上奏公事的奏折上必须称臣，但在书写请安、谢恩以及个人私事的奏折时，仍可称奴才。这与雍正禁止满族官员在奏折上称奴才相比，无疑是个让步。

可五年之后，乾隆又颁发了新的指示。原因是还有相当一部分满族大臣在奏折上自称奴才。遇到这样甘当奴才的“奴才”，皇帝只有再次让步了，规定满族大臣除了在与汉族大臣一起奏对公事时必须称臣，以及在加盖公章的“题本表章”中必须称臣外，其他的一概不管。最后便形成了这样一种定制：“旗员奏折仍称奴才，惟与汉员会奏之折，及题本表章，则书臣字。”（节选自《秘书》2013 年第 8 期）

一、公文的概念

公文是机关、团体、企事业单位在处理公务中形成的具有法定效力和规范体式的应用文，它是传达贯彻方针政策、布置商洽工作、报告情况、交流经验等的重要工具。我国早在公元前 13 世纪，殷、商奴隶制国家机关就开始广泛地使用文书作为管理国家的工具，产生了我国最早的公务文书，并建立了一定的文书工作制度。今天，公务文书应用范围十分广泛，党政机关、企事业单位、人民团体在公务活动中都可以使用公文。

公文有广义、狭义之分，广义的公文指机关、企事业单位、人民团体在公务活动中制作的公务文书；狭义的公文仅指法定性公文，指国家机关以法规形式确立、为处理机关公务形成的具有法定效力和规范体式的文书。包括中共中央办公厅、国务院 2012 年联合发布的《党政机关公文处理工作条例》中规定的 15 种公文、全国人大常委会办公厅 2000 年印发的《人大机关公文处理办法》规定的 19 种人大机关公文、中央军委办公厅 2005 年发布的《中国人民解放军机关公文处理条例》规定的 12 种公文、最高人民法院 2012 年发布的《人民法院公文处理办法》规定的 14 种公文。

本书所讲公文指党政机关公文，即党政机关在公务活动中形成的具有法定效力和规范体式的公文。它虽然主要用于党政机关，但企事业单位、人民团体制发公文也参考其格式，因而具有通用性。

二、公文的种类

根据不同的划分标准，公文分为不同的种类。

按其性质和作用，《党政机关公文处理工作条例》里规定了 15 种公文：决议、决定、命令、公报、公告、通告、意见、通知、通报、报告、请示、批复、议案、函、纪要。

从行文关系上分，可分为上行文、平行文、下行文、广行文四种。上行文指下级机关向上级机关的行文，如报告、请示；下行文指上级机关向下级机关的行文，如批复、命令、决定、通知、通报等；平行文指平级机关和不相隶属机关之间的行文，如函、议案；广行文也叫泛行文，指行文方向广泛，没有特定受文对象的公文，如通告、公告。

从文件的来源分，可分为外发公文、收进公文、内部公文三种。外发公文即本机关制作，向外单位发送的公文；收进公文即本机关收到的外单位发来的公文；内部公文即本机关制作并在单位内部使用的公文。

按秘密等级分，可分为绝密公文、机密公文、秘密公文。

按紧急程度分，可分为特急、加急件、常规公文。

三、公文的特点

（一）有法定的权威和效用

公文反映着制发机关的意图，代表着制发机关所行使的法定职权，在法定的时间、空间内，具有法定的权威性和强制性。

（二）由法定的作者撰写和制发

公文必须以“法定作者”的名义来制作和发布。也就是说，只有根据国家的法律、法令和行政法规而成立的或被授权的、能以自己的名义行使职权和承担义务的组织和个人，可以以其名义来制作和发布公文，而其他的单位和个人是无权制作和发布公文的。

（三）有规范的体式和处理程序

公文的基本格式及各格式要素的内涵有严格的规定，从而形成了一个相对统一、规范的格式体。这种统一、规范的格式体例，既是公文区别于一般文章的重要标志，又是公文合法性、有效性、正确性、完整性的必备条件，也是公文处理中避免错乱、提高效率的重要保证。

（四）有明显的时效性

公文必须针对公务活动中的具体实际撰写，无论是指导工作、布置任务，还是反映情况、报告工作、请求批准、联系事务，每一种公文的制作都是工作的需要，都有实际的效用。由于公文是在公务活动中形成和使用的，为推动机关工作而服务的，因此它明显地受到时间的制约。每种公文的时效不同，有的较长，如法规性公文；有的较短，如进行某项具体工作的通知。在失去时效后，公文依法具有查考的价值。因此需要将公文立卷，并转为档案进行管理。

（五）语言具有庄重性

公文的语言是典雅、庄重的书面语，具有明确、规范、古朴、简洁的特点。它主要用逻辑思维，不用或少用形象思维。在构思和表达时，着重于对事物进行分析与论述，通过判断、归纳、综合，形成语义确定、逻辑严密、条理分明、直述不曲的文字材料，而很少用描写、抒情的手法。同时，公文重视运用专用词语，适当使用文言句式和古语词，恰当运用规范化的缩略语，呈现出典雅庄重、简洁洗练的语体风格。

四、公文的一般格式

应用文书中，公文是最程式化的文种。其他应用文书在文面上相对来说具有较强的灵活性、多样性。公文的程式化，在很大程度上通过书面文字材料形成的相对固定的格式以表现。2012 年 6 月 29 日，国家质量监督检验检疫总局、国家标准化管理委员会发布了《党政机关公文格式》国家标准（GB/T 9704—2012），该标准于 2012 年 7 月 1 日起正式实施。

一份完整的公文，通常由版头、主体、版记三部分组成。公文首页红色分隔线以上的部分称为版头；公文首页红色分隔线（不含）以下、公文末页首条分隔线（不含）以上的部分称为主体；公文末页首条分隔线以下、末条分隔线以上的部分称为版记。

（一）版头

公文的文头，又称版头，包括：发文机关标志、发文字号、签发人、紧急程度、秘密等级和份号等项内容。公文的版头与主体部分用一根较粗的红色横线分开，这条线叫红色反线，也称间隔线。

1. 发文机关标志

发文机关标志又叫文件名称，由发文机关全称或规范化简称后加“文件”两字组成，有些特定情况也可以不加“文件”两字，如“××省人民政府文件”“××公司文件”。发文机关标志用套红大字印刷，位于公文版头中央位置，以醒目、美观、庄重为原则。联合行文时，如需同时标注联署发文机关名称，一般应当将主办机关名称排列在前；如有“文件”二字，应当置于发文机关名称右侧，以联署发文机关名称为准上下居中排布。

2. 发文字号

发文字号又称发文号、文号，指某一公文在发文机关一个年度内发文总号中的实际顺序号。发文字号的作用主要有三个：一是便于登记；二是便于分类、归档；三是便于查找、引用。

发文字号由发文机关代字、年份、序号三部分组成。发文字号中三个部分的书写顺序是：先写发文机关代字，接着是年份，最后是序号，如“粤科院字〔2006〕14 号”，表示是广东省科学院在 2006 年度内发的第 14 号文。年份，要用阿拉伯数字完整书写，不能把“2006”简化为“06”，括号须用六角括号“〔 〕”，不能用半圆括号“( )”。

编排在发文机关标志下空二行位置，居中排布。上行文的发文字号居左空一字编排，与最后一个签发人姓名处在同一行。

联合行文的发文字号，只标主办机关的发文字号。

3. 签发人

上报的公文需在首页标识签发人姓名。“签发人”是指批准发出公文的机关领导人。由“签发人”三字加全角冒号和签发人姓名组成，居右空一字，编排在发文机关标志下空二行位置。“签发人”三字用 3 号仿宋体字，签发人姓名用 3 号楷体字。

如有多个签发人，签发人姓名按照发文机关的排列顺序从左到右、自上而下依次均匀编排，一般每行排两个姓名，回行时与上一行第一个签发人姓名对齐。

4. 密级和保密期限

秘密等级是指公文内容涉及秘密程度的等级。秘密等级分为“绝密”“机密”“秘密”三级。密件根据秘密程度分别表明密级和保密期限。秘密等级和保密期限用“★”隔开，如“机密★5 年”。

如需标注密级和保密期限，一般用 3 号黑体字，顶格编排在版心左上角第二行；保密期限中的数字用阿拉伯数字标注。

5. 紧急程度

公文送达和办理有时限要求。根据紧急程度，紧急公文应当分别标注“特急”“加急”，电报应当分别标注“特提”“特急”“加急”“平急”。

如需标注紧急程度，一般用 3 号黑体字，顶格编排在版心左上角；如需同时标注份号、密级和保密期限、紧急程度，按照份号、密级和保密期限、紧急程度的顺序自上而下分行排列。

6. 份号

份号，又称份数序号，是指将同一文稿印制若干份时每份公文的顺序编号。涉密公文应当标注份号。

如需标注份号，一般用 6 位 3 号阿拉伯数字，顶格编排在版心左上角第一行。

7. 版头中的分隔线

发文字号之下 4 mm 处居中印一条与版心等宽的红色分隔线。

（二）主体

公文的主体部分包括：标题、主送机关、正文、附件说明、发文机关、成文机关署名、成文日期、印章和附注、附件等。

1. 标题

公文标题是公文内容和作用的高度概括。公文标题由发文机关名称、公文事由（或公文主题）、文种三部分组成。发文事由用“关于……”的介词结构，表述公文的基本内容。公文标题中除法规、规章名称加书名号外，一般不用标点符号。

标题一般用 2 号小标宋体字，编排于红色分隔线下空二行位置，分一行或多行居中排布；回行时，要做到词意完整、排列对称、长短适宜、间距恰当，标题排列应当使用梯形或菱形。

2. 主送机关

主送机关，是指公文的主要受理机关，又叫“抬头”“受文机关”。应当使用机关全称、规范化简称或者同类型机关统称。

编排于标题下空一行位置，居左顶格，回行时仍顶格，最后一个机关名称后标全角冒号。如主送机关名称过多导致公文首页不能显示正文时，应当将主送机关名称移至版记。

主送机关不止一个时的标法：同类型、相并列的机关之间用顿号间隔；不同类型、非并列关系的机关之间用逗号间隔，最后用冒号。如人事部“关于开展国家公务员普通话培训的通知”的主送机关：“各省、自治区、直辖市人事（人事劳动）厅（局），教委（教育厅），语委（语言文字工作机构），国务院各部委、各直属机构人事（干部）部门，新疆生产建设兵团人事局：”。

普发性下行文，主送机关较多，一般使用统称，如“校各直属单位”。

上行文的主送机关一般是一个。一些行文方向不定，没有特指主送机关的公布性公文，如公告、通告及一部分通知，则不写主送机关。

3. 正文

正文表述公文的具体内容，是公文的核心部分。正文内容一般分开头（又称缘由或引据）、事项、结尾三部分。

公文首页必须显示正文。一般用 3 号仿宋体字，编排于主送机关名称下一行，每个自然段左空二字，回行顶格。文中结构层次序数依次可以用“一、”“(一)”“1.”“(1)”标注；一般第一层用黑体字、第二层用楷体字、第三层和第四层用仿宋体字标注。

如果正文之后空白处不够写发文机关、发文日期时，可以采取加宽行距等方法，至少将一行正文移至下一页，或缩小行距，留出生效标识的空间。总之，不可标识“此页无正文”。

4. 附件说明

附件说明是公文附件的顺序号和名称。附件是正文的补充说明或参考材料，附件主要有随文发送的文件、报表、材料等。不是所有公文都需附件，根据需要而定。

如有附件，在正文下空一行左空二字编排“附件”二字，后标全角冒号和附件名称。如有多个附件，使用阿拉伯数字标注附件顺序号（如“附件：1. ××××××”）；附件名称后不加标点符号。附件名称较长需回行时，应当与上一行附件名称的首字对齐。

对于被批转、转发的文件来说，不必再标之为“附件”，因为作为按语的正文已写清附上的文件、材料的名称。

5. 发文机关署名和成文日期、印章

一般文件的成文日期，以领导人签发的日期为准；联合行文以最后签发机关领导人的签发日期为准；会议通过的公文，以通过日期为准。成文日期用阿拉伯数字将年、月、日标全，年份应标全称，月、日不编虚位（即 1 不编为 01）。

成文日期一般右空四字编排，印章用红色，不得出现空白印章。

单一机关行文时，一般在成文日期之上，以成文日期为准居中编排发文机关署名，印章端正、居中下压发文机关署名和成文日期，使发文机关署名和成文日期居印章中心偏下位置，印章顶端应当上距正文（或附件说明）一行之内。

联合行文时，一般将各发文机关署名按照发文机关顺序整齐排列在相应位置，并将印章一一对应、端正、居中下压发文机关署名，最后一个印章端正、居中下压发文机关署名和成文日期，印章之间排列整齐、互不相交或相切，每排印章两端不得超出版心，首排印章顶端应当上距正文（或附件说明）一行之内。

公文中有发文机关署名的，应当加盖发文机关印章，并与署名机关相符。有特定发文机关标志的普发性公文和电报可以不加盖印章。

如果是不加盖印章的公文，单一机关行文时，在正文（或附件说明）下空一行右空二字编排发文机关署名，在发文机关署名下一行编排成文日期，首字比发文机关署名首字右移二字，如成文日期长于发文机关署名，应当使成文日期右空二字编排，并相应增加发文机关署名右空字数。联合行文时，应当先编排主办机关署名，其余发文机关署名依次向下编排。

当公文排版后所剩空白处不能容下印章或签发人签名章、成文日期时，可以采取调整行距、字距的措施解决。

6. 附注

附注是公文印发传达范围等需要说明的事项。用于说明其他部分不便说明的事项，如说明有关引文的出处、解释有关名词术语等。请示应当在附注处注明联系人的姓名和电话。公文如有附注，居左空二字加圆括号编排在成文日期下一行。

7. 附件

公文正文的说明、补充或者参考资料。附件应当另面编排，并在版记之前，与公文正文一起装订。“附件”二字及附件顺序号用 3 号黑体字顶格编排在版心左上角第一行。附件标题居中编排在版心第三行。附件顺序号和附件标题应当与附件说明的表述一致。附件格式要求同正文。

如附件与正文不能一起装订，应当在附件左上角第一行顶格编排公文的发文字号并在其后标注“附件”二字及附件顺序号。

（三）版记

版记部分包括：分隔线、抄送机关、印发机关、印发日期、页码。

1. 版记中的分隔线

版记中的分隔线与版心等宽，首条分隔线和末条分隔线用粗线（推荐高度为 0.35 mm），中间的分隔线用细线（推荐高度为 0.25 mm）。首条分隔线位于版记中第一个要素之上，末条分隔线与公文最后一面的版心下边缘重合。

2. 抄送机关

除主送机关外需要执行或者知晓公文内容的其他机关，应当使用机关全称、规范化简称或者同类型机关统称。

一般用 4 号仿宋体字，在印发机关和印发日期之上一行、左右各空一字编排。“抄送”二字后加全角冒号和抄送机关名称，回行时与冒号后的首字对齐，最后一个抄送机关名称后标句号。

如需把主送机关移至版记，除将“抄送”二字改为“主送”外，编排方法同抄送机关。既有主送机关又有抄送机关时，应当将主送机关置于抄送机关之上一行，之间不加分隔线。

3. 印发机关、印发日期

印发机关，即印发公文的机关，要写全称。印发日期，以公文付印的日期为准。印数，是指公文的实际印制份数。

印发机关和印发日期一般用 4 号仿宋体字，编排在末条分隔线之上，印发机关左空一字，印发日期右空一字，用阿拉伯数字将年、月、日标全，年份应标全称，月、日不编虚位（即 1 不编为 01），后加“印发”二字。

版记中如有其他要素，应当将其与印发机关和印发日期用一条细分隔线隔开。

4. 页码

一般用 4 号半角宋体阿拉伯数字，编排在公文版心下边缘之下，数字左右各放一条一字线；一字线上距版心下边缘 7 mm。单页码居右空一字，双页码居左空一字。公文的版记页前有空白页的，空白页和版记页均不编排页码。公文的附件与正文一起装订时，页码应当连续编排。

五、公文的特定格式

公文的特定格式是对公文通常格式的补充，主要有信函式、命令式、会议纪要式。

（一）信函式格式

信函式公文往往用于处理日常事务的平行文或下行文。

发文机关标志使用发文机关全称或者规范化简称，居中排布，上边缘至上页边为 30 mm，推荐使用红色小标宋体字。联合行文时，使用主办机关标志。

发文机关标志下 4 mm 处印一条红色双线（上粗下细），距下页边 20 mm 处印一条红色双线（上细下粗），线长均为 170 mm，居中排布。

如需标注份号、密级和保密期限、紧急程度，应当顶格居版心左边缘编排在第一条红色双线下，按照份号、密级和保密期限、紧急程度的顺序自上而下分行排列，第一个要素与该线的距离为 3 号汉字高度的 7/8。

发文字号顶格居版心右边缘编排在第一条红色双线下，与该线的距离为 3 号汉字高度的 7/8。

标题居中编排，与其上最后一个要素相距二行。

第二条红色双线上一行如有文字，与该线的距离为 3 号汉字高度的 7/8。

首页不显示页码。

版记不加印发机关和印发日期、分隔线，位于公文最后一面版心内最下方。

（二）命令式格式

发文机关标志由发文机关全称加“命令”或“令”字组成，居中排布，上边缘至版心上边缘为 20 mm，推荐使用红色小标宋体字。

发文机关标志下空二行居中编排令号，令号下空二行编排正文。

签发人职务、签名章和成文日期的编排：单一机关制发的公文加盖签发人签名章时，在正文（或附件说明）下空二行右空四字加盖签发人签名章，签名章左空二字标注签发人职务，以签名章为准上下居中排布。在签发人签名章下空一行右空四字编排成文日期。

联合行文时，应当先编排主办机关签发人职务、签名章，其余机关签发人职务、签名章依次向下编排，与主办机关签发人职务、签名章上下对齐；每行只编排一个机关的签发人职务、签名章；签发人职务应当标注全称。

签名章一般用红色。

（三）纪要式格式

会议纪要主要用于国家行政机关的办公会议纪要。

纪要标志由“××××××纪要”组成，居中排布，上边缘至版心上边缘为 35 mm，推荐使用红色小标宋体字。

标注出席人员名单，一般用 3 号黑体字，在正文或附件说明下空一行左空二字编排“出席”二字，后标全角冒号，冒号后用 3 号仿宋体字标注出席人单位、姓名，回行时与冒号后的首字对齐。

标注请假和列席人员名单，除依次另起一行并将“出席”二字改为“请假”或“列席”外，编排方法同出席人员名单。

纪要格式可以根据实际制订。

六、公文的行文规则

行文规则指各级机关公文往来时需要共同遵守的制度和原则。遵守这些规则，有利于公文传递方向正确、线路短捷有效、避免公文旅行、阻止部分公文进入不必要的流通过程、抑制无价值公文的产生。

（一）行文应当确有必要，注重效用

行文本着“少而精”的原则，严格控制发文数量和发文范围。可发可不发的公文不发，可长可短的公文要短。

（二）明确行文关系，不越权行文

我国行政机关的隶属关系分为：上下级关系、平级关系、不相隶属关系。第一类，处于同一组织系统的上级机关与下级机关存在领导与被领导的关系，如国务院——省政府——市政府；第二类，处于同一专业系统的上级主管业务部门与下级主管业务部门之间存在指导与被指导关系，如省农业厅——市农业局——县农业局，这两种关系都是上下级关系，可以发上行文或下行文；第三类，处于同一组织系统或专业系统的同级机关之间的平行关系，如全国各省、自治区、直辖市人民政府之间；第四类，非同一组织系统、专业系统的机关之间，无论级别高低，均为不相隶属关系，如军事机关与各级地方人民政府之间。

职权是指各行政机关的职责权力。在自己的职权范围内行文就有效，否则就是越权。如果干涉了别的机关事务，不仅在实践中行不通，而且会造成政令混乱。当然，不相隶属机关之间也有公文往来，那只能是商洽工作、通知事项、征询意见等，而不存在请示、报告或布置任务的性质。

（三）一般情况下不越级行文的规则

不越级行文体现了一级抓一级、一级对一级负责的原则。一般情况下不能破坏这种原则，破坏了，就会造成混乱，也影响机关办事效率。遇到特殊情况，如发生重大的事故、防汛救灾等突发事件或上级领导在现场办公中特别交代的问题，可越级行文，但要抄送被越过的上级机关。否则，受文机关对越级公文，可退回原呈报机关，或可作为阅件处理，不予办理或答复。

（四）政府各部门行文规则

政府各部门即政府的职能部门，如省政府的××厅、××局。政府各部门依据部门职权可以相互行文。部门之间对有关问题未经协商一致，不得各自向下行文。如擅自行文，上级机关应当责令纠正或撤销。

（1）属于部门职权范围内的事务，应当由部门自行行文或联合行文。联合行文应当明确主办部门。

（2）政府各部门可以互相行文，如省农业厅和省林业厅可以互相行文。

（3）政府各部门可以同下一级人民政府的有关业务部门互相行文。如省农业厅和市农业局互相行文。

（4）政府各部门一般不得向下一级政府正式行文，但可以根据本级政府授权对下一级人民政府行文。如省农业厅或省林业厅得到了省人民政府的授权，可以在自己分工管理的业务范围内对下级政府行文。在行文时，还必须在正文的开头，说明授权的机关或领导人。

（5）政府各部门可以以函的形式与下一级政府商洽工作、询问和答复问题、审批事项。

（6）政府各部门内设机构除办公厅（室）外不得对外正式行文。

（五）联合行文规则

平级机关之间不仅可以通过公文往来加强联系，而且可以联合行文。联合行文应当确有必要，单位不宜过多。联合行文的机关、单位要经过协商对有关事项取得一致意见，而且一般是平级机关。

同级党政机关、党政机关与其他同级机关必要时可以联合行文。属于党委、政府各自职权范围内的工作，不得联合行文。

党委、政府的部门依据职权可以相互行文。

（六）抄送规则

（1）向下级机关或者本系统的重要行文，应当同时抄送直接上级机关。

（2）受双重领导的机关向上级机关行文，应当写明主送机关和抄送机关。

（3）上级机关向受双重领导的下级机关行文，必要时应当抄送其另一上级机关。

（七）请示规则

（1）各级行政机关一般要逐级请示，不得越级请示。

因特殊情况必须越级请示时，应当抄送被越过的上级机关。

（2）请示一般只写一个主送机关，如需同时送其他机关，应当用抄送形式，但不得抄送下级机关。

（3）请示应当一文一事。

（4）下级机关的请示事项，如需以本机关名义向上级机关请示，应当提出倾向性意见后上报，不得原文转报上级机关。

（八）报告规则

（1）报告中不得夹带请示事项。

（2）一般不得越级报告。

遇紧急情况或特殊工作需越级报告时，应同时将报告抄送被越过的上级机关。

（九）公文由文秘机构统一处理的规则

公文必须严格按照正确的渠道和程序进行处理，除上级机关负责人直接交办事项外，不得以本机关名义向上级机关负责人报送公文，不得以本机关负责人名义向上级机关报送公文。

【复习与训练】

一、填空题。

1. 一份格式完整的公文，是由______、______、______三部分组成的。

2. 眉首又称版头，是由文件名称、发文字号、______、______、______和紧急程度等项目组成。

3. 发文字号由______、______、______三部分组成。

4. 秘密等级分为绝密、机密、秘密三级，密级的位置在版心的______。

5. 公文的紧急程度分______、______两种。

6. 签发人指____。

7. 完整的公文标题是由______、______、______三要素组成的。

8. 标题中除______、______名称加书名号外，一般不加标点符号。

二、判断题。

1. 对上级、下级、平级及不相隶属的机关均可用函行文联系公务。(　　)

2. 某单位要将意见告诉上级，行文时，只能用“报告”，而不能用“通知”。(　　)

3. 议案、通报、会议纪要、意见都是行政公文。(　　)

4. 请示和报告都必须一文一事。(　　)

5. 公告. 通告等公布性公文可不注明主送机关。(　　)

6. 收到下级上报的“请示”或“报告”后，上级都应当做出答复。(　　)

7. 公告、通知可不注明秘密等级。(　　)

8. “请示”“汇报”都是现行的国家行政机关公文的文种。(　　)

9. 部门的内设机构包括办公室都可以对外正式行文。(　　)

10. 公文在领导签发后、正式印制前，还应当由文秘部门进行复核。(　　)

三、修改下列句子，使其表述准确，符合公文的要求。

1. 公文质量的优劣，都有损发文单位的形象。

2. 凡必须拆除的违章建筑，不得用罚款代替。

3. 《关于……的请示函》。

4. 《关于印发〈××××的通报〉的通知》。

5. 《××大学关于张××同志职务任免决定的通知》。

6. 《关于××学生警告处分的决定的通报》。

第二节　公文类文书的写作

【情境与任务】

阅读下文，回答问题。

一天，某市城建档案馆馆长指示杨秘书，将市档案局最近下发的一份通知转发下去执行。杨秘书看了看文件，却不知道怎么个“转”法。这份文件是市档案局转发省档案局的一份通知，而省档案局的通知又是转发国家档案局《关于加强重点工程档案资料管理工作的通知》。要起草这份转发文件的通知，杨秘书还真被这标题难住了，考虑了很久都无法下笔。

按照我国现行的行文习惯，大多是逐级下行文，这样可以使直接下级结合木单位实际情况具体地贯彻实施。但这又造成层层转发，出现关于《关于转发……的通知的通知》的奇异现象。

问题：碰到这种情况应如何拟文？如果非转发不可，又应该怎样写才能使公文标题既简练又准确？

一、决定

（一）文体知识

决定适用于对重要事项或者重大行动做出安排、奖惩有关单位及人员、变更或者撤销下级机关不适当的决定事项。

任何机关、团体、单位都可以使用决定行文，但只有事关全局、政策性强、任务艰巨、执行时间较长的重要工作时才使用。

决定是仅次于命令的重要行政公文，而在不能发布命令的社会组织如企业中决定就是最有权威性的行政公文。

1. 决定的特点

（1）强制性。决定是下行文，由领导机关制发，要求下级机关贯彻执行。决定的制约性仅次于命令。决定有时是法规的延伸和补充，具强制性和行政约束力。

（2）明确性。决定的明确性要求决定中做出的安排在时间、目的、要求上必须明确，不能模棱两可。

（3）稳定性。决定的稳定性主要表现在内容上，对某个问题一经决定，就要求相当长时期内贯彻执行。

2. 决定的种类

（1）指挥部署性决定。用于对某项重要事项做出规定、对重大行动做出安排，要求下级机关贯彻执行。这类决定体现了领导机关的意图，发挥了领导机关的宏观调控与具体指导作用，例如《国务院关于加快山区综合开发的决定》。

（2）奖惩性决定。这类决定用于对有关单位或人员进行奖励或者惩戒，以树立典型或处理犯错误人员。如《国务院关于表彰全国劳动模范和先进工作者的决定》。

（3）变更性决定。用于变更或者撤销下级机关不适当的决定事项。“不适当的决定事项”是指下级机关违反党的方针政策、国家法律，有着不良影响的决定。

（4）知照性决定。主要指把决定的事项简要地传达给有关单位，如《全国人民代表大会常务委员会关于加入〈南极条约〉的决定》，这是我国采取的一个重大决策和安排，用决定的形式知照全国、全世界。一般说来，这类决定内容比较单一、简明扼要，而且并不要求下级机关执行。

（二）结构和写法

1. 标题

标题由制发机关、事由、文种组成。如《中共中央关于科学技术体制改革的决定》。如果是会议讨论通过的决定，一般用题注的形式在标题下注明什么时间、什么会议通过。

2. 主送机关

如果决定面向的范围较大，具有广泛性，可以不写主送机关；如果具体到某个机关单位则应写主送机关。

3. 正文

正文一般由决定的缘由、决定的事项和结语三部分组成。也有的不写缘由，只写事项，这一般用于一些重要或重大决定。一般可分为以下几种：

（1）指挥部署性决定：重点写决定的事项，多采取总分条文结构，结尾一般写对贯彻落实决定的希望和要求。这类决定涉及的内容往往政策性和指挥性较强，态度要鲜明，又必须写得明确具体、切实可行。

（2）奖惩性决定：实际上可分为表彰决定和惩戒决定。表彰决定正文主要写被表彰者的身份、事迹、对被表彰者的评价、表彰的决定事项、希望与号召等。惩戒决定的正文针对人和事，先说明错误的事实，并分析其性质、根源、责任及后果，而后要交代被处理人对所犯错误有无认识和悔改表现，接着写文件根据，再写处理决定，最后还要指出教训、提出希望，起到警戒作用。

（3）知照性决定：它的目的，不是让人们具体地去做什么，只是让人们知晓其内容。所以一般不做原因和意见方面的阐述，也不可能有具体的意见和要求。因此写法简单，往往是直陈其事，即只写出决定的根据与决定的具体内容，结构上常常只有一个段落。

（4）变更性决定：它则必须说明所依据的法律法规、相关的政策规定等。

4. 落款

落款包括发文单位和成文时间。

（三）写作注意事项

1. 要有政策和法律依据，同时结合实际

这是撰写决定必须遵循的重要准则。

2. 避免小题大做，滥用决定

决定是权威性较强的文种，因此在使用中一定要规范。要避免小题大做，人为地强调某件事的重要性，滥用决定行文，把本来一般事项或行动升格为重要事项或行动，失去了公文的严肃性。要避免随意误用，比如把本来可以用通报表扬、批评的事项，写成决定。只有在有关法规、规章及条例、条令中有明确规定的奖惩事项，才可用决定行文。

3. 态度要鲜明，语言要决断

注重使用“必须”“要”“不准”一类的词语。

（四）例文评析

例文一

国务院关于加快发展现代职业教育的决定

各省、自治区、直辖市人民政府，国务院各部委、各直属机构：

近年来，我国职业教育事业快速发展，体系建设稳步推进，培养培训了大批中高级技能型人才，为提高劳动者素质、推动经济社会发展和促进就业作出了重要贡献。同时也要看到，当前职业教育还不能完全适应经济社会发展的需要，结构不尽合理，质量有待提高，办学条件薄弱，体制机制不畅。加快发展现代职业教育，是党中央、国务院作出的重大战略部署，对于深入实施创新驱动发展战略，创造更大人才红利，加快转方式、调结构、促升级具有十分重要的意义。现就加快发展现代职业教育作出以下决定。

一、总体要求

（一）指导思想。以邓小平理论、“三个代表”重要思想、科学发展观为指导，坚持以立德树人为根本，以服务发展为宗旨，以促进就业为导向，适应技术进步和生产方式变革以及社会公共服务的需要，深化体制机制改革，统筹发挥好政府和市场的作用，加快现代职业教育体系建设，深化产教融合、校企合作，培养数以亿计的高素质劳动者和技术技能人才。

（二）基本原则

——政府推动、市场引导。发挥好政府保基本、促公平作用，着力营造制度环境、制定发展规划、改善基本办学条件、加强规范管理和监督指导等。充分发挥市场机制作用，引导社会力量参与办学，扩大优质教育资源，激发学校发展活力，促进职业教育与社会需求紧密对接。

——加强统筹、分类指导。牢固确立职业教育在国家人才培养体系中的重要位置，统筹发展各级各类职业教育，坚持学校教育和职业培训并举。强化省级人民政府统筹和部门协调配合，加强行业部门对本部门、本行业职业教育的指导。推动公办与民办职业教育共同发展。

——服务需求、就业导向。服务经济社会发展和人的全面发展，推动专业设置与产业需求对接，课程内容与职业标准对接，教学过程与生产过程对接，毕业证书与职业资格证书对接，职业教育与终身学习对接。重点提高青年就业能力。

——产教融合、特色办学。同步规划职业教育与经济社会发展，协调推进人力资源开发与技术进步，推动教育教学改革与产业转型升级衔接配套。突出职业院校办学特色，强化校企协同育人。

——系统培养、多样成才。推进中等和高等职业教育紧密衔接，发挥中等职业教育在发展现代职业教育中的基础性作用，发挥高等职业教育在优化高等教育结构中的重要作用。加强职业教育与普通教育沟通，为学生多样化选择、多路径成才搭建“立交桥”。

（三）目标任务。到 2020 年，形成适应发展需求、产教深度融合、中职高职衔接、职业教育与普通教育相互沟通，体现终身教育理念，具有中国特色、世界水平的现代职业教育体系。

——结构规模更加合理。总体保持中等职业学校和普通高中招生规模大体相当，高等职业教育规模占高等教育的一半以上，总体教育结构更加合理。到 2020 年，中等职业教育在校生达到 2350 万人，专科层次职业教育在校生达到 1480 万人，接受本科层次职业教育的学生达到一定规模。从业人员继续教育达到 3.5 亿人次。

——院校布局和专业设置更加适应经济社会需求。调整完善职业院校区域布局，科学合理设置专业，健全专业随产业发展动态调整的机制，重点提升面向现代农业、先进制造业、现代服务业、战略性新兴产业和社会管理、生态文明建设等领域的人才培养能力。

——职业院校办学水平普遍提高。各类专业的人才培养水平大幅提升，办学条件明显改善，实训设备配置水平与技术进步要求更加适应，现代信息技术广泛应用。专兼结合的“双师型”教师队伍建设进展显著。建成一批世界一流的职业院校和骨干专业，形成具有国际竞争力的人才培养高地。

——发展环境更加优化。现代职业教育制度基本建立，政策法规更加健全，相关标准更加科学规范，监管机制更加完善。引导和鼓励社会力量参与的政策更加健全。全社会人才观念显著改善，支持和参与职业教育的氛围更加浓厚。

二、加快构建现代职业教育体系

（四）巩固提高中等职业教育发展水平。（略）

（五）创新发展高等职业教育。（略）

（六）引导普通本科高等学校转型发展。（略）

（七）完善职业教育人才多样化成长渠道。（略）

（八）积极发展多种形式的继续教育。（略）

三、激发职业教育办学活力

（九）引导支持社会力量兴办职业教育。（略）

（十）健全企业参与制度。（略）

（十一）加强行业指导、评价和服务。（略）

（十二）完善现代职业学校制度。（略）

（十三）鼓励多元主体组建职业教育集团。（略）

（十四）强化职业教育的技术技能积累作用。（略）

四、提高人才培养质量

（十五）推进人才培养模式创新。坚持校企合作、工学结合，强化教学、学习、实训相融合的教育教学活动。（略）

（十六）建立健全课程衔接体系。适应经济发展、产业升级和技术进步需要，建立专业教学标准和职业标准联动开发机制。（略）

（十七）建设“双师型”教师队伍。完善教师资格标准，实施教师专业标准。（略）

（十八）提高信息化水平。（略）

（十九）加强国际交流与合作。完善中外合作机制，支持职业院校引进国（境）外高水平专家和优质教育资源，鼓励中外职业院校教师互派、学生互换。实施中外职业院校合作办学项目，探索和规范职业院校到国（境）外办学。（略）

五、提升发展保障水平

（二十）完善经费稳定投入机制。（略）

（二十一）健全社会力量投入的激励政策。鼓励社会力量捐资、出资兴办职业教育，拓宽办学筹资渠道。（略）

（二十二）加强基础能力建设。分类制定中等职业学校、高等职业院校办学标准，到 2020 年实现基本达标。（略）

（二十三）完善资助政策体系。进一步健全公平公正、多元投入、规范高效的职业教育国家资助政策。（略）

（二十四）加大对农村和贫困地区职业教育支持力度。（略）

（二十五）健全就业和用人的保障政策。（略）

六、加强组织领导

（二十六）落实政府职责。（略）

（二十七）强化督导评估。（略）

（二十八）营造良好环境。（略）

国务院

2014 年 5 月 2 日

（本文有删减）

【简评】本文是国务院为加快发展职业教育而发布的决定，属于指挥部署性决定，全文采用条文式，分别从总体要求、构建职业教育体系、激发办学活力、提高人才培养质量、提升发展保障水平、加强组织领导等方面进行阐述，体现了国务院宏观调控的意图，具有指导作用。

例文二

××化工厂关于给予×××行政开除处分的决定

杨××，男，28 岁，群众，1984 年参加工作，现为厂配料车间工人。

1996 年 4 月 16 日 1 时至 4 时，杨××在值夜班时违反工作纪律，因睡觉失察而造成 K502 大型搅拌机的损坏，直接造成经济损失 5 万元，因停产造成间接经济损失 20 万元。根据《企业职工奖惩条例》及我厂的有关规定，厂务会研究决定：

1. 给予杨××开除厂籍处分。

2. 根据《中华人民共和国劳动法》的有关规定，给国家集体财产造成重大经济损失，应负法律责任，故将杨××一案移交司法部门依法处理。

××化工厂

×年×月×日

【简评】这是一则惩戒性决定，文章开头交代当事人的基本信息，然后写明他所犯的错误及造成的后果，最后写决定处罚的具体内容。语言决断、简练。

例文三

广州市人民政府关于废止《广州市区暂住人口管理规定》和《关于加强流动人员管理的通告》的决定

（二〇〇三年八月二十一日）

《广州市区暂住人口管理规定》（穗府〔1990〕60 号）和《关于加强流动人员管理的通告》（穗府〔1999〕46 号）部分内容与《城市生活无着的流浪乞讨人员救助管理办法》（国务院令 381 号）相抵触，有关内容已被《广州市流动人员 IC 卡暂住证管理规定》所涵盖，现决定废止。

本决定自公布之日起生效。

【简评】这是一篇撤销性决定，正文一开始就说明撤销的原因、依据，指出被撤销文件跟国务院 381 号文件相抵触，因而决定废止，并指出有关内容涵盖在另一文件中，最后写明生效日期，行文十分简洁明确。

例文四

关于追认邓练贤、叶欣同志为革命烈士的决定

各市、县、自治县人民政府，省府直属有关单位：

中山大学附属第三医院传染科党支部书记、主任医师邓练贤同志、省中医药护士长叶欣同志在抗击非典型肺炎的战斗中，全力救治病人，不幸感染非典型肺炎而英勇牺牲。

根据《革命烈士褒扬条例》第三条第（5）项规定的条件，省人民政府决定：追认邓练贤、叶欣同志为革命烈士。

广东省人民政府

二〇〇三年四月二十六日

【简评】这是一篇奖惩性决定，首先写明当事人的主要事迹，然后写表彰的依据，再写决定给予表彰的具体事项。行为简洁，清楚明确。

二、通知

（一）文体知识

通知是国家机关、人民团体、企事业单位常用的文种，具有传达性和告知性。通知适用于批转下级机关的公文、转发上级机关和不相隶属机关的公文、发布文件、传达要求下级机关办理和需要有关单位周知或者执行的事项、任免人员。

通知被誉为公文中的“老黄牛”，使用频率很高。一般可分为批转性通知、指示性通知、事务性通知、会议通知和任免通知等。

通知有公文性通知和日常应用性通知之分。日常应用性通知是一般基层单位内部使用的、用来处理日常事务的通知，不具备公文格式，也不按公文制发程序制作，不需存档；公文性通知是正式的文件。

1. 通知的特点

（1）使用面广。通知不受发文单位级别、性质的限制，既可用于批转或转发公文，又可向下级传达信息，与人们的日常工作和生活密切相关，无论是涉及国计民生的重大安排，还是某具体单位告知一般事项，都可以使用通知行文。

（2）行文方向与功用的双重性。通知既可作为下行文，也可作为平行文。作下行文时，对受文对象一般会提出需要知晓、执行或办理的事项。通知作平行文时，内容不带指挥、指导性，只能表述告知性或周知性的内容。

（3）明显的时效性。通知事项一般要求立即办理、执行或知晓，不容拖延。有的通知如会议通知等，只在特定的一段时间里有效。

2. 通知的分类

（1）指示性通知。指示性通知是上级机关对下级机关的工作进行部署、指示与指导的一种公文，就某项工作提出要求和安排，让受文单位贯彻执行。这种通知的内容一般不宜以命令或意见行文。

（2）知照性通知。主要用于告知某一事项，如设立或撤销机构、迁移办公地点、启用或更换印章、调整办公时间等。

（3）处理文件的通知。包括批转、转发有关文件和发布行政规章、管理规章的通知。其中上级机关转发下级机关的文件，是“批转”性通知；下级机关转发上级机关的文件或同级机关、不相隶属机关的文件，是“转发”性通知；发布本机关制订的规章、办法或日程管理的文件属于“发布”性通知。

（4）任免通知。告知有关单位人事任免的通知。

（二）结构和写法

1. 标题

通知的标题因类型不同，写法也不一样。

（1）处理文件的通知，标题一般由发文机关、印发（批转或转发）、被印发（转发或批转）的文件标题、文种构成。如果被批转或转发的是法规性公文应加上书名号。上级机关转发下级机关的文件，用“批转”；下级机关转发上级机关文件、同级或不相隶属机关的文件，用“转发”；发布本机关制定的行政法规、规章、办法等用“印发”。如：《中共中央办公厅国务院办公厅关于印发〈党政机关公文处理工作条例〉的通知》《国务院批转国家统计局关于建立国家普查制度改革统计调查体系的请示的通知》《国务院办公厅转发工商局等部门关于严厉打击传销和变相传销等非法经营活动意见的通知》。若经过多次转发的公文只保留末次批转或转发文件机关和始发文件机关，只保留一个“关于”和一个“的通知”字样。

（2）其他种类的通知标题一般由发文机关、事由、文种组成，如《国务院关于切实加强艾滋病防治工作的通知》。

2. 主送机关

根据实际情况，可以是一个或几个单位。普发性通知可省去主送单位。

3. 正文

不同类型的通知，其正文写法有所不同。

（1）处理文件性通知。

正文一般有两部分：第一是批语；第二是被批转、转发或印发的规章或文件。

批语内容有的比较简单，说明批转、转发或印发的文件名称和有关要求，基本格式为“现将《关于……的规定》印发（或批转、转发）给你们，请……”。有些比较复杂的文件，则在结尾处或者对如何实施作具体说明，或者阐述意义等。

由通知缘起语、通知事项、要求（希望）、附件构成。这部分是核心部分，一定要具体明白。

（2）指示性通知。

正文内容有三部分：引言、主体、结尾。引言，说明缘由或者通知事项的背景、依据、目的等；主体，即通知的具体内容，如果内容比较复杂，则分条列项陈述。重要内容详细写，放在前面，次要内容应尽量简化，放在后面；最后一部分为结尾，提出贯彻执行的要求，如“请认真贯彻执行”等。也有的通知不写结尾。

总的说来，工作通知的目的在于布置工作任务，要求下级遵照执行，工作通知要说明：“办什么事”“为什么办这些事”“怎样办这些事”。

（3）知照性通知。

其行文的目的是让受文对象了解有关事项。正文把事项叙述清楚即可。

（4）任免通知。

通常只写明任免事项即可，有的也交代一下原因、依据等。行文写作时要遵循“先任后免”原则。

4. 落款

注明发文单位和发文日期。

（三）写作注意事项

1. 针对性要强

通知具有对象的专指性，因此，通知的内容应有较强的针对性。在传达指示、部署工作、提出要求、落实措施时，都要从通知对象的实际出发。

2. 具体明确、内容具体，便于受文者操作

无论是在部署工作、还是交代方法，无论是做出指示、还是告知事项，都要具体明确、有条有理、不含糊、不冲突，做到切实可行。

（四）例文评析

例文一

国务院关于印发
实施《中华人民共和国促进科技成果转化法》若干规定的通知

各省、自治区、直辖市人民政府，国务院各部委、各直属机构：

现将《实施〈中华人民共和国促进科技成果转化法〉若干规定》印发给你们，请

认真贯彻执行。

国务院

2016 年 2 月 26 日

（此件公开发布）

【简评】这是发布文件的通知。标题格式规范完整，受文机关按类别排序，正文内容直接、简要，没有多余的废话。注意被转发的文件在标题里和正文里的写法有所不同，一个有书名号，一个没有，这是为什么呢？

例文二

××省人民政府转发国务院关于调整机关、事业单位工作人员工龄津贴标准的通知

各市、县、自治县人民政府，省府直属各单位：

现将《国务院关于调整机关、事业单位工作人员工龄津贴标准的通知》（国发〔1991〕74 号）转发给你们，请按照执行。

这次调整机关、事业单位工作人员工龄津贴标准的组织实施工作，地方由市、县人民政府负责，省直单位由省人事局负责。各地、各部门要加强领导，严格按照国务院文件规定执行，切实做好这项工作。所需经费，按现行财政体制解决。

××省人民政府

×年×月×日

【简评】这是一篇转发上级文件的通知，第一段说明了转发的文件，第二段补充执行文件的一些措施及要求。简单明确，具体可行。

例文三

关于召开全市专业化生产代表会议的通知

各县（市）、乡镇人民政府，良种场、林场，农林专业户：

为了贯彻中发〔2005〕1号文件精神，推动我市农村商品生产的发展，经市政府研究决定，于 2005 年 5 月 27 日召开全市农林专业户的代表会议。现将有关事项通知如下：

一、会议内容：学习讨论中发〔2005〕11 号文件，交流经验，研究如何为农林专业户提供服务，满足他们对信息、供销、科学技术等方面的要求，使他们能够在商品生产中发挥各自的专长，逐步形成我市农林商品经营规模。

二、与会人员：各县（市）负责农林生产的副县长（副市长）、农林局局长、乡长、镇长、村长、农村信用社负责人、农林专业户代表（代表名单附后）。

三、会议时间、地点：会期三天（5 月 27 日至 5 月 29 日），5 月 26 日到市××宾馆门厅报到，5 月 27 日上午 8 点整，在该宾馆七楼会议大厅准时开会。

四、要求：

1. 各县（市）负责农林生产的副县长（副市长）准备一份关于服务农林商品生产的经验材料，将在大会上发言交流。

2. 城区与会者食宿自理。

附件：1. 代表名单

2. 会议日程安排

××市人民政府（公章）

×年×月×日

【简评】这是一篇会议通知，标题采用了“事由加文种”的方式，正文部分简洁明确地阐明了缘由，清楚具体说明了会议的有关事项。通知格式规范、表达周密。

例文四

关于纪××等同志职务任免的通知

××建筑分公司：

你公司上报的选举过程和结果已收悉。经董事会会议研究决定：

任纪××为经理，主持全面工作；

任吴××为副经理，主持施工工作。

免去蒋××的经理职务和刘××的副经理职务，由公司安排其他工作。

特此通知。

××集团公司董事会

×年×月×日

【简评】这是一篇任免通知，简单说明任免的依据是经过公司选举并经董事会决定，先写任命的人员及职务，再写免职的人员及职务，行文简洁清楚。

例文五

××省人民政府关于立即制止越权审批和非法占用土地的通知

各市、县、自治县人民政府，省府直属各单位：

最近，据有关部门检查，发现一些地方把公路两侧和城镇近郊的大片农田安排为项目建设用地，其中有相当部分是未经批准或超批准面积占用，或越权批准占用。有些地方未经充分论证就盲目兴办工业村、开发区，甚至将大片土地用于建高尔夫球场。有的地方对土地管理松弛，致使非法交易和投机倒卖土地活动猖獗，地价急涨，加剧了对土地的乱占滥用。为迅速制止越权审批和非法占用土地的行为，现就有关问题通知如下：

一、接本通知后，各级政府要立即组织建设、国土等部门对一九九一年一月一日以来本地的建设用地情况进行一次检查和清理。凡无合法审批手续，越权审批，未批先用，或超批准面积占用的，按违法用地依法处理，正在施工的要责令其停止施工，对不听劝告，坚持违法占地施工的，一律从严处理。对越权审批的要依法追究审批人的责任，属于集体讨论决定的，要追究主要负责人的责任。对在审批用地工作中玩忽职守、弄虚作假或对违法用地行为包庇袒护、姑息迁就的，要依法从严处理。

二、对新建或扩建的基建项目要经过充分论证，认真规划，并按规定办理用地报批手续。建设项目用地要尽量节约，尽可能使用非耕地。工业村、开发区以及新城区开发建设的规模要严格掌握，不得随意圈占农田，闲置浪费土地。

三、对公路沿线两侧的建设用地，要严格按照《公路管理条例及实施细则》以及省人民政府《批转省公安厅等部门关于制止公路沿线两侧违章建筑和加强公路交通管理的请示的通知》《××省公路沿线店铺管理暂行规定》和《关于加强公路两旁建设管理的通知》规定，加强管理，对违反规定占地的，要依照规定严肃处理。农田保护区内的土地，未经有关机关批准，一律不得安排用于非农建设。

四、各地要按照《土地管理法》《城市规划法》和《城镇国有土地使用权出让和转让暂行条例》，对城镇土地市场进行一次清理整顿。对少数倒卖土地牟取暴利的不法分子要严厉打击，依法惩处。要抓紧建立健全有关管理制度，使城镇土地市场逐步纳入依法、规范和健康发展的轨道。

五、各市人民政府应在今年三月底前将本通知贯彻执行情况书面报告省建委、国土厅，并由这两个单位汇总报省人民政府。

××省人民政府

×年×月×日

【简评】这是一篇指挥性通知，首先说明行文的缘由，问题的严重性及解决问题的紧迫性，然后分条列出通知的具体事项，全文条理清楚，规定具体，用语果断坚决。

三、通告

（一）文体知识

通告适用于在一定范围内公布应当遵守或者周知的事项。通告是广行文，使用普遍，任何机关、团体、企事业单位都可以使用通告来行文。

1. 通告的特点

（1）内容的具体性。通告常常是针对本单位的一些实际业务活动而制发，内容一般属于业务方面的问题，而且多为局部的、具体的问题，如交通、能源、邮电、金融、教文等，因此，使用频率较高。

（2）制发单位的广泛性。国家权力机关、地方行政机关、一般企事业单位均可使用通告。

（3）受文对象的有限性。通告告知的对象一般是辖区内的单位和群众，或者和通告事项有关联的人群。

2. 通告的种类

（1）告晓性通告。告晓性通告是让有关单位和个人周知的事项通告，如通告停电、停水等。

（2）办理性通告。办理性通告是指办理一些例行事项的通告，其内容如注册、登记、年检等。

（3）禁管性通告。禁管性通告是指公布一些令行禁止类事项的通告，其内容如查禁淫秽书画、收缴非法枪支、加强交通管理、查处违禁物品等。

（二）结构和写法

1. 标题

通告的标题有四种构成形式：

（1）由发文机关名称、事由和文种构成，如《工商总局、海关总署关于打击走私、投机倒卖进出口物品的通告》。

（2）由发文机关和文种构成，如《中华人民共和国财政部通告》。

（3）事由加文种构成，如《关于严禁燃放烟花爆竹的通告》。

（4）只用文种“通告”作标题。这一般都用于张贴出来的通告。

事情紧急的，可在“通告”前加“紧急”二字，成为《紧急通告》，以引起受文者的重视。

2. 主送机关

通告为广行文，一般不写主送机关。

3. 正文

通告正文，一般包括通告缘由、通告事项或通告规定、通告结语三部分。

通告缘由，是发布通告的原因、根据，说明为什么发此通告。文字简明，末句用“特通告如下”或“现将有关事项通知如下”等惯用语引起下文。

通告事项，即通告的具体事项或规定。内容比较简单、单一的，可不分条写；如果内容比较多，则应分条列项地写。要写明需要有关人员遵守或周知的体项。通告的宗旨是让人们知道通告的内容，或遵守有关事项，因此要求应写得清楚、明白、具体，不能抽象笼统、含混不清。

通告结语，一般为“特此通告”之类的用语，以示强调，提起注意。有些通告干脆不用结语，干净利落。

4. 署名和日期

标题已有发文机关，并在标题下署上了日期的，可不用落款。如果标题没有发文机关，也没有日期，则落款处必须署上发文机关名称和日期。

（三）通告写作的注意事项

（1）通告的内容必须符合国家的法律、法规、有关政策。
（2）语言要注意通俗易懂、准确简洁，便于受文者知晓和执行。

（四）例文评析

例文一

深圳市建设局关于对建筑企业进行资格年审的通告

根据《深圳市施工企业管理暂行办法》等有关文件规定，我局决定自 1994 年 11 月 15 日起对我市建筑安装企业、装饰施工企业、建设监理单位、工程总承包单位进行 1995 年度企业年审工作。

凡在我局注册的上述有关单位，请于见报后 5 天内前来我局领取有关文件，办理年审手续。逾期不办，责任自负。

联系人：熊××　　邓××　　禹××

联系地址：振兴路 6 号××大厦九楼

联系电话：323××××　　323××××　　323××××

特此通告。

深圳市建设局

×年×月×日

【简评】这篇办理性通告文字简练、事项清楚。首先说明通告的事项，然后交代了需要办理的手续和期限，最后写明了联系人和联系方式，让受文者能够清楚知道该做什么，怎么做。

例文二

广州市供电局通告

（×年×月×日）

为方便群众监督，抵制以电权谋私的不正之风，广州市供电局规定，凡从事营业、工程安装设计以及一切与用户有工作联系的职工均应佩戴员工证。员工证印有本人的照片、姓名、工作部门、编号。凡有不佩戴员工证而从事供电业务者，市民可视为非供电局人员。如发现供电局员工有侵犯用户利益的行为，欢迎直接向广州市供电局举报。监督举报电话：76××××。

【简评】这是一则知照性通告。正文先写发文缘由，接着写事项，最后写要求。行文简洁、庄重。因为标题和题注写明了发文单位和时间，所以没有写落款。

例文三

××县关于严禁燃放烟花爆竹的通告

烟花爆竹是国家明令严格监管的民用爆炸物品，烟花爆竹的使用必须符合安全规定。近年来，个别居民和单位燃放烟花爆竹时因使用方法不当、燃放时间地点不适，不仅造成社会治安和消防安全隐患，而且污染环境、干扰正常工作生活秩序、严重影响了广大人民群众的身心健康。为了保持市区良好的社会环境、维护广大市民的正当权益、塑造文明的城市形象，特通告如下：

一、禁止在市区榆海路技工学校至安福小学路口段、林农路、河北西路、河南西路、红军路、解放路、人民路、新华路、龙兴路等主要街道燃放烟花爆竹。

二、禁止在公共楼梯、走廊、橱窗内燃放烟花爆竹。

三、禁止在晚上 12:00 至次日 6:30 和中午 12:30 至 14:30 的时间段内燃放烟花爆竹。

四、凡违反上述规定的，一律责令立即清除遗物遗迹，并按有关规定严厉处罚。

五、各单位、宾馆、酒家和其他经营户要教育好本单位的干部职工及其家属子女自觉遵守上述规定，不得在规定的时间和地点内燃放烟花爆竹。

六、广大市民要进一步提高觉悟、转变观念、移风易俗、倡导文明生活方式、共同创造和维护良好的工作生活环境。

七、本通告由县公安局和县城监管理大队负责监督实施。县公安局和县城监管理大队要认真履行职责，严格执法。

××县公安局

×年×月×日

【简评】这是一篇禁管性通告。标题明确，正文先写通告的原因和目的，再分条列出通告的事项，要求具体明确，行文符合规范。

四、通报

（一）文体知识

通报是用来表彰先进、批评错误、传达重要精神或情况的一种周知性的公文。通报除公布性、知晓性之外，还具有指导性和传达性。其作用有表彰推动作用、惩戒警示作用和启发指导作用。

1. 通报的分类

（1）表扬通报。用于表扬先进人物和先进集体的事迹，树立榜样、宣传典型、总结成功经验。

（2）批评通报。用于批评严重错误、通报事故或反面典型、总结教训。

（3）情况通报。用于传达情况、沟通信息，以便引起人们的警觉与注意，对当前工作起指导作用。

2. 通报的特点

通报作为下行文，与其他下行文相比，明显不具备指令性、指示性。因此除了周知性外，尤以教育性和典型性为特点。

（1）典型性。通报的人和事总是具备一定的典型性，能够反映、揭示事物的本质规律，具有广泛的代表性和鲜明的个性。这样的通报发出后，才能使人受到启迪，得到教益。所以，无论表彰先进、批评错误，还是通报情况，都必须重视通报内容的典型性。所谓典型性是指不论哪种通报都要注意涉及的事项既要有普遍性、代表性、针对性，同时，又具有个体的独特性、鲜活性。

（2）引导性。无论表扬性通报、批评性通报，还是情况通报，其目的都是为了通过典型的人和事来引导人们辨别是非、总结经验、吸取教训、弘扬正气、树立新风。因此，它即使告诫和要求人们注意什么，也不是以命令、指示的方式，而是通过希望和号召的形式来表达，通过表彰先进以树立榜样、批评错误以吸取教训、传达情况以总结经验、沟通信息。

（3）时效性。通报针对当前工作中出现的情况和问题而发。它的典型性、引导性都是就特定的社会背景而言的。随着客观情况的变化，一件在当时看来具有典型意义的事实，时过境迁，未必仍具有典型性。因此，通报作用的发挥，与抓住时机适时通报是分不开的。

（二）结构与写法

1. 标题

标题一般由发文机关名称、事由和文种组成，如《国务院办公厅关于对少数地方和单位违反国家规定集资问题的通报》《××学校关于××教师体罚学生的情况通报》；也可以由事由和文种构成，如《关于××教师长期扶贫帮困先进事迹的通报》；此外，有少数通报的标题是在文种前冠以机关单位名称，如《中共××市纪律检查委员会通报》。

2. 主送机关

通报一般是上级机关为了使下级机关知道某一方面工作的经验、教训或重要情况而制发的。这种情况下，应有主送机关。有时为了扩大影响，通报也通过登报、张贴等形式发布，这时可不写主送机关。

3. 正文

不同类别的通报，其内容和写法有所不同。

（1）表扬性通报。一般在开头部分概述事件情况，先介绍被表彰单位或个人的先进事迹，事实叙述不但要清楚明白，而且要注意详略得当、重点突出；然后再分析先进事迹的性质、意义、重要性等，对人物、事件、行为做出定性评价；接着写明具体给予他们什么样的表彰；结尾部分明确提出希望和要求，号召大家向先进者学习。

（2）批评性通报。和表扬性通报一样，先是事实情况介绍：主要介绍被通报事件发生的时间、地点、人物、过程、后果、影响等事实；其次分析评价：在通报事实的基础上，分析认定事件的原因、根源、性质、危害、不良影响、应吸取的主要教训等，从而抓住要害，做出恰当的结论；再次写处理决定：明确、简要地写明决定内容，包括目的、依据等；最后写警诫要求：警诫要求主要是向有关方面提出引以为戒、吸取教训的希望和要求。

（3）情况通报。主要起着沟通情况的作用。旨在使下级单位和群众了解上面的情况，以便统一认识、统一步调，推动全局工作的开展。一般先写通报背景：主要说明通报的缘由和目的等；再写情况概述：写明要传达的具体情况，包括事件的发生经过、结果等；再次分析评价：对被通报事实认识或评价性意见、分析形成该结果的原因，对通报事件的性质、影响等做出评估；最后提出相应的希望、要求、努力的方向或是今后工作的设想、应对的措施等。

4. 落款

包括发文机关署名和成文时间。有的在通报标题中已标明发文机关名称，这里就可以省略。

（三）写作通报的注意事项

1. 通报的内容必须真实

通报的事实、所引材料，都必须真实无误。动笔前要调查研究，对有关情况和事例要认真进行核对，实事求是。

2. 通报必须有叙有议

通报既要有事实的叙述，又要有理论的升华。在清楚叙述事实的基础上要进行恰当的评议，这就需要有对事物本质的高度认识。

3. 通报的语言要简洁、庄重

表扬性和批评性的通报还应注意用语分寸，要力求文实相符，不讲空话、套话，不讲过头的话。

（四）例文评析

例文一

国务院办公厅关于×省×市×县
擅自停课组织中小学生参加迎送活动的通报

1999年12月5日，××省××市××县举行××高速公路在本县通车仪式，××

县主要领导擅自决定，让本县部分中、小学校停课参加通车仪式，近千名中小学生在风雪天等候长达两小时，致使部分中小学生生病，学生家长和群众极为愤慨，致信中央要求坚决制止此类现象。

中小学校依照国家规定建立有严格的教育教学秩序，这是教育教学质量的保证，任何单位和个人都不能随意破坏。现在一些地方的个别领导利用自己的权力，动辄调用中小学生为各种会议、考察、参观、访问搞迎送或礼仪活动，有些地方还因此发生了严重的安全事故，造成极恶劣的社会影响。××县发生的问题，已不只是一般的形式主义，而是官僚主义，严重脱离群众，此类不良风气必须坚决予以制止。各地区、各部门以及各级领导干部，要高度重视这一问题并从中吸取深刻的教训，切实增强群众观念，杜绝此类事件再度发生。

中小学生是祖国的未来，他们的学习和活动安排，要有利他们的学习和身心健康。今后各地区、各部门都必须严格执行国家的有关法规和规定，不得擅自停课或随意组织中小学生参加各种迎送或礼仪活动，如确有必要组织的，须报经省级教育行政部门批准。

国务院办公厅

一九九九年十二月二十日

【简评】本文属于批评性通报。正文开头先通报了事件事实，写出了批评的缘由。然后从理论上分析事件发生的原因是有关部门严重的官僚主义作风。最后严令今后不得再犯同类错误。全文层次分明、语言简明扼要、用词得体。

例文二

××省化工总公司党委关于
授予张××“优秀共产党员”荣誉称号的通报

各分公司党委、总公司党委各部门、各直属机构：

张××同志是××分公司所属天宏化工厂管道维修工人，共产党员。今年8月12日上午8时30分，该厂成品车间后处理工段油气管道突然爆炸起火。正在利用公休日清理夜间施工现场的张××被爆炸气浪猛烈推倒，头部、右臂和大腿等多处受伤，鲜血直流，鞋子也被甩出很远。在这危急关头，张××强忍剧痛，迅速爬起来，顾不得穿鞋和查看伤势，踩着玻璃碎片，冲入烈火之中，迅速关闭了喷胶阀门、油气分层罐手阀、蒸汽总阀。接着先后用了10余个干粉灭火器扑救颗粒泵、混胶罐等处的大火，在随后赶来的保安人员的援助下，共同英勇奋战十余分钟，最终将大火全部扑灭，避免了火势的蔓延。

张××同志在身体多处受伤、火势凶猛并随时可能发生更大爆炸的万分危急关头，将个人生死置之度外，果断处理突发事件，为遏制火势蔓延，防止事故扩大，减少国家财产损失，做出了突出的贡献。他的行为体现了为保护国家财产和人民利益而置个人生命安危于度外的崇高精神品质，谱写了一曲保持共产党人先进性的正气之歌。

为了表彰张××的英雄行为和崇高的革命精神，总公司党委研究决定：授予张××“优秀共产党员”荣誉称号，将张××奋力灭火的英勇事迹通报全公司，晋升二级工资，并颁发灭火奖励10 000元，以资鼓励。

希望各分公司党委、各直属机构组织广大共产党员和干部职工以张××为榜样，落实安全生产责任，努力做好本职工作，为化工行业的改革与发展做出更大的贡献。

××省化工总公司党委（印）

××年×月×日

【简评】这是一份表彰性通报。正文先叙述张××的先进事迹，再对其做了恰如其分的分析、评议，然后写明表彰的具体内容，最后提出希望和号召。全文结构合理，格式规范。

例文三

教育部办公厅关于近期几起中小学生溺水事故情况的紧急通报

各省、自治区、直辖市教育厅（教委），××生产建设兵团教育局：

最近一段时间，一些地方连续发生多起中小学生溺水身亡事故。5月15日下午，湖南省涟源市××学校3名小学生放学后结伴到××河里洗澡，不幸溺水死亡；5月16日下午，河南省商丘市××县4名小学生结伴去鱼塘洗澡时玩船，船翻溺水，被打捞出水后抢救无效死亡；5月16日，甘肃省张掖市甘州区××学校、××小学3名小学生在新墩镇××区建设工地一水潭边摸鱼时不慎滑入水中溺水死亡；6月12日，河南省南阳市××镇××小学发生一起溺水事故，1名教师4名学生死亡；7月3日下午，河南省驻马店市确山县留庄镇××村发生一起溺水事故，5名儿童（3男2女）在鱼塘中溺水死亡。

这些溺水事故的发生，教训十分惨痛。针对预防溺水事故，教育部曾三令五申，发出预警并提出相关要求，但个别地方安全意识依然淡薄，没有足够的重视，没有采取有效的措施。为确保学生的安全，现对预防中小学生溺水事故的发生提出如下要求：

一、各地教育行政部门要速将近期连续发生的溺水事件通报到本行政区域内所有中小学校和全体学生，使学校和学生都从这些事故中充分吸取教训，引起高度重视，采取有效措施，防止此类事故的再次发生。

二、各地要结合实际，充分利用教育部提供的各类教育资源，结合以上事故在暑假前开展一次专门的预防溺水安全教育。尤其要教育学生不准擅自与同学结伴游泳，在上下学途中不要下江（河）、池塘、建设工地残留水坑玩耍、洗澡、摸鱼。对已经放暑假的地方，要采取电视滚动播放字幕、教师家访、告家长通知书等多种形式提醒广大中小学生注意游泳安全。

三、各地教育行政部门和学校要进一步加强与有关部门、社区、村委会、家长的密切联系，切实建立预防溺水事故发生的联动工作机制。

目前，广西、江西等南方强降雨地区在洪涝灾害中要特别注意师生的安全，重点预防学生在上下学途中被洪水围困或冲走，避免发生伤亡事故。同时，暑期临近，各地要切实教育学生注意在假期中的安全，防止溺水等各类安全事故的发生。

教育部办公厅

×年×月×日

【简评】这是一份情况通报，通报全国中小学学生溺水死亡事故的情况。标题用了“紧急”二字，说明事情的迫切性，正文先是通报了全国各地发生的几起学生溺水事故，再对各地教育部门提出了相应的工作要求。全文简明、结构清晰。

五、报告

（一）文体知识

报告是下级向上级机关汇报工作、反映情况和问题以及答复上级机关询问或交办事项时所使用的一种公文。报告是机关单位经常使用的上行文，其作用是使上级机关随时掌握下级情况，及时总结经验、纠正错误或制定新的方针政策。机关单位要上下沟通、协同一致才能做好管理工作，报告就是下情上达的重要工具。

一些专业部门从事业务工作时所使用的行业文书，如“审计报告”“评估报告”“立案报告”“调查报告”等，与作为公文的报告不是相同的概念，这些文书不属于行政公文的范畴，注意不要混淆。

1. 报告的特点

（1）汇报性。从性质上看，报告是一种上行文，是下级领导机关向上级领导机关汇报工作、反映情况用的。没有隶属关系的机关间不能使用。

（2）陈述性。报告是一种陈述性文件，只是如实地将有关情况、问题反映给领导机关，不带请示事项，不要求领导机关予以答复，这是与请示的主要区别。

（3）内容的综合性。报告是公文中综合性最强的，报告的内容可以是一文一事，还可以是一文多事，涉及的面较广，篇幅也相对较长。

（4）时间的不定性。报告的制发不受时间的限制，事前可以报告计划和设想；事中可以报告进展情况；事后可报告已完结的事项。

2. 报告的种类

根据报告的内容性质，可将报告分为三种。

（1）工作报告。

工作报告是向上级机关汇报有关工作进展的情况、取得的成果、积累的经验、存在的问题以及今后的打算等。一个部门、一个单位做完一个阶段的工作，或完成一项工作任务后，常常要回顾与总结，把有关情况、做法或成绩、经验、体会、问题和意见等向上级机关做出书面汇报，可以是综合性的，也可以是专题性的。

（2）情况报告。

情况报告是指发文机关将本地区、本单位发生的重大问题以及在一定范围内带有倾向性的情况向上级汇报，目的是求得上级机关的指导、帮助或为上级决策提供依据。一般是反映上级机关所要了解的有关情况、有关方面的动态等，汇报一些重要情况、特殊情况、突发情况和新情况。

（3）答复报告。

答复报告指用于答复上级询问的报告。

（二）结构与写法

1. 标题

报告的标题包括发文机关、事由和文种，如《林业部关于加强森林防火工作的报告》。

2. 主送机关

一般只有一个主送机关。受双重领导的单位，写情况报告可以同时主送两个同级的领导机关。

3. 正文

正文通常由前言、主体、结语三部分组成。

（1）前言。先简要交代写报告的原因或目的等，或者简略叙述事件概况，然后多用“现将主要情况报告如下”的过渡语过渡到下文。

（2）主体。正文的主体是报告的具体事项。不同种类的报告，主体部分的写法也不同。工作报告，要把工作的情况、取得的成绩、存在的问题、有什么经验和教训以至今后工作的意见写清楚，以便上级掌握情况、指导工作；情况报告，重点要把问题或事情的原委、性质写清楚，还要提出看法，有的还可提出初步处理意见，以供上级参考；答复报告，一定要针对上级机关询问的问题给以明确具体的答复，不要言不及义，脱离主题。

（3）结语。正文的结尾，一般都由简单的结束语构成。例如“专此报告”“请审阅”“请查收”等。如报告需提请上级机关批转，结束语可写“以上报告如无不妥，请批转各地执行”。

4. 落款

在正文右下方标注发文单位名称、发文时间并加盖公章。

（三）报告写作的注意事项

1. 材料充分，情况真实

写报告必须掌握大量的实际材料，用“事实说话”。有时，还需必要的鉴定和核实，不能有丝毫虚假。

2. 以叙为主，中心突出

报告主要是陈述情况、反映情况，使领导机关了解和掌握事情的本来面目，以便做出决策。因此，应以叙述为主，对有关情况和问题可以提出自己的看法，但一定要简略和客观。同时，报告一定要重点突出，除综合性报告外，一般应一文一事，尤其是专题报告，必须做到专文专用。

3. 不能夹带请示事项

报告和请示的用途、特点不同。凡要求上级机关答复或批准的事宜，应用“请示”；而向上级机关汇报工作，陈述情况，不需要回复的事宜，应用“报告”。报告和请示不能混用，不可在报告中带有请示事项，否则，不便于上级及时处理。

（四）例文评析

例文一

××市国土资源局2008年依法行政工作报告

××市人民政府：

按照《国土资源部关于深入持续推进依法行政构建保障和促进科学发展新机制的通知》（国土资发〔200〕248号）的要求，现将我局2008年全面推进依法行政工作情况报告如下。

一、2008年依法行政主要工作情况（略）

（一）完成法规规章和规范性文件的清理工作（略）

（二）进一步规范行政审批事项，及时修改办事程序（略）

（三）认真贯彻落实政府信息公开条例（略）

（四）加强行政处罚实施的规范化，严格行政处罚自由裁量权（略）

（五）严格执法队伍管理，建立健全依法行政评议考核机制（略）

（六）建立依法行政监督机制，认真处理好群众来信来访（略）

二、存在的主要问题和原因（略）

三、2009—2013年依法行政工作重点（略）

特此报告。

××市国土资源局

×年×月×日

【简评】这是一篇工作报告。开头干净利落，交代了报告的缘由，然后以一句“现将我局2008年全面推进依法行政工作情况报告如下”过渡到下文。主体部分结构清晰、条理分明。主要工作情况部分是本文的重点所在，从六个方面汇报了主要工作成绩及做法；存在的问题及原因部分的陈述，客观简洁；最后点明了今后的工作重点。全文结构清晰、层次分明。

例文二

关于机修车间空压机房发生火灾的情况报告

××市化工局：

我厂机修车间××××年建的简易空压机房于××××年×月×日上午9时35分在发电过程中，由于发电机排气管过热，引燃芦席草帘，顶棚起火。烧毁芦席、草帘顶棚和油毡、石棉瓦房顶30平方米。幸由于消防部门全力扑救，未酿成大祸。经对起火事故进行全面分析，其原因如下：

一、领导存在严重的麻痹思想，放松了对防火安全工作的领导和检查。在空压机排气管变细，排气阻力过大，排气管过热的情况下，没有及时采取措施。

二、不遵守操作规程。空压机规定应二人操作，但当班只安排了一个人，这个人当时又去锅炉房联系工作，形成无人操作，致使发生火情后，未能立即消除。

三、缺乏灭火知识。在发生火情后，空压机室里有两个灭火器，无人会使用，等到从外面找到人时，火势已经蔓延，几乎无法扑救。

通过这次事故，我们深深认识到防火工作的重要，针对我厂存在的薄弱环节制订了以下几点措施：

一、本着三不放过的原则，开展防事故教育。通过对事故的分析，发动职工查找防火安全隐患，揭摆不安全因素。进一步加强职工的安全防火常识的教育，使每个职工熟知本岗位的生产性质和火灾的危害性，提高自防自救的能力。

二、在防火大检查中，进一步完善防火制度。做到防火制度与设备改造同步进行，配备相应的灭火器材，在防的基础上做好消的准备。

三、对厂内的义务消防组织进行调整充实，做到组织落实。

四、坚持每周一次的有主管厂长和各级安全防火人员参加的安全防火检查。对查出的隐患和问题实行定人、定时、定任务进行落实。全厂职工决心以此为鉴，防止灾害事故的再次发生。

专此报告。

××市化学厂（公章）

××年××月×××日

【简评】这是一则情况报告。正文主体部分抓住情况报告的重点，既把发生火灾的原委写清楚，并将整改措施逐条列出，内容集中，叙事简明。该报告格式规范，条理清晰，重点突出，较好地把握住了情况报告的写作要求。

例文三

关于张××同志职称评定问题的答复报告

××市人民政府办公室：

接市办5月20日查询我单位张××同志有关职称评定情况的通知后，我们立即进行了调查。现将有关情况报告如下：

××同志是我集团公司二分厂工程师。该同志1962年起曾在××工学院受过四年函授教育，学习了有关课程，由于“文化大革命”而未能取得学历证明。因缺乏学历证明，在今年上半年职称评定时，根据上级有关文件精神，我单位职称评委会决定暂缓向上一级职称评委会推荐评定他的高级工程师职称，待取得学历证明后补办。该同志认为这是刁难，因而向市政府提出了申诉。

接到市政府办公厅查询通知后，我们专程派人去××工程学院查核有关材料，得到××工学院的支持，正式出具了该同志的学历证明。现在，我集团公司职称评委会已为××同志专门补办了有关评定高级工程师的推荐手续，并向该同志说明了情况。对此，他本人已表示满意。

特此报告。

××集团公司

×年×月×日

【简评】这是一篇写得较好的答复报告。正文开门见山写接到市办查询通知及已进行了调查，这是行文的背景。接着写对张××一事的调查和处理情况，有理有据。报告处理结果，尤其是张××本人对处理结果的态度，是上级最关心也是本文的关键一笔。

例文四

关于报送重点研究基地“十五”科研规划的报告

教育部社政司：

根据《关于教育部第二批人文社会科学重点研究基地制定“十五”科研规划的通知》（教社政司〔2000〕64号）精神，我校边疆考古研究中心、数量经济研究中心、理论法学研究中心认真制定了“十五”科研规划，现报送贵司，请查收。

附件：1. 吉林大学边疆考古研究中心“十五”科研规划

2. 吉林大学数量经济研究中心“十五”科研规划

3. 吉林大学理论法学研究中心“十五”科研规划

吉林大学

×年×月×日

【简评】本文是报送材料的报告，写法规范、表述简洁、附件格式准确。正文部分先说明发文缘由；之后介绍报送材料内容或名称；最后以“现报送贵司，请查收”的尾语收束。

六、请示

（一）文体知识

请示是下级机关向上级机关陈述意见、反映问题、请求上级指示、要求上级答复或批准的一种公文。

请示是上行文，使用请示，一般有以下几种情况：对有关方针、政策、指示、法令中有不甚理解，希望上级给予解答；工作中必须办理而又无权决定或无法解决的事项，请求上级给予帮助；工作中出现了新情况、新问题，按原有规定、办法无法解决，请求上级给予指示；工作中遇到的重大事项，如人员的编制、机构设置、资金的调拨使用、物资设备的购置等，需请求上级批准等。

1. 请示的主要特点

（1）期复性。请示是发文机关在工作中遇到了没有权力、没有能力、没有办法解决的问题，需要请求上级机关批准、帮助或指示，才能开展有关工作时所使用的公文，因此，在内容上有明显的请求性，请求上级答复。可以说请示与批复是一对相应的机关公文文种，有请示必应批复。

（2）单一性。为了方便上级机关对请示的处理，请示必须一文一事，不能一文多事。

（3）时限性。请示的时限性是指必须事先请示而不能先斩后奏或“边斩边奏”。

2. 请示的种类

（1）请求指示的请示。请求上级机关对有关的方针、政策、规定中的难以理解或不明之处，以及在执行过程中需做变通处理的问题或涉及其他机构职权范围的问题予以答复。

（2）请求批准的请示。请求上级机关批准编制、机构设置、领导班子组成、干部任免以及经费、工作任务等问题。

（3）请求帮助的请示。在工作中遇到人、财、物方面的困难，自己无法解决，可提出解决的方案请上级机关审核批准，在人、财、物方面给予相应的调配。

（二）结构与写法

1. 标题

标题要写明发文机关名称、事由、文种，也可以只写事由和文种。标题中的事由要明确，由于请示本身就含有请求、申请的意思，所以标题中尽量不要再出现“申请”“请求”一类词语。

2. 主送机关

主送机关只能写一个，不能并列写成两个或多个，如果是受双重领导的单位，所写请示的主送机关也只能是一个，如果确需送呈另一个领导机关，需用抄送的形式。

3. 正文

请示的正文一般由缘由、事项和结语组成。

（1）请示的缘由。即请示的理由或根据，要将请示的原因、问题的由来等情况交代清楚。这部分是请示的关键，直接关系到请示的事项能否被批准。这部分内容要求实事求是、有理有据、说明充分、条理清楚。比较复杂的缘由必须写明必要的事实和数据，不能追求简要而做简单化处理，要让领导知晓批准或不批准这个请示将分别出现什么局面。如果理由部分内容很多，可以用附件形式。

（2）请示事项。是要求领导给予指示或批准的具体事宜。事项要具体，要明确交代请示什么问题、要求批准什么事情、要求解决什么困难等。请求资金要写明数额；请求物资要写明品名、规格、数量；请求批准的请示，要把要求批准的事项分条列款一一写明，以便上级及时批准。

（3）结语。期复请求用语常见的有“以上请示当否，请批复”“当否，请批示”“当否，请指示”“妥否，请批复”“以上请示，请予审批”“以上请示，请予批准”“如无不妥，请批准”等。

4. 落款

在正文后右下方标注发文单位名称、发文时间并加盖公章。

（三）请示写作的注意事项

1. 一文一事

请示事项要集中、专一，一份请示只能写一个方面的问题，不要提出若干方面的问题。如果一文多事，可能导致受文机关无法批复。

2. 请示只能主送一个领导机关，不能同时主送几个领导机关

受双重领导的，应明确由谁主管便主送谁，而抄送另一个。否则，就可能造成几个收文者互相等待、推诿或批复意见不一致，影响问题的解决。

3. 语言中肯，要求合理

请示是上行文种，请示的内容是要求领导机关给予指示或批准。因此，撰写请示所用的语言，应该是恳切真诚又坦率直言；此外请示的问题要符合政策和实际情况，提出的要求要合情合理且留有余地。

4. 注意报告与请示的区别

主要表现在四个方面：

（1）行文目的、作用不同。

报告用于向上级汇报工作、反映情况、提出建议，主要目的在于信息的呈报，报

告中不能夹带请示事项，一般不需要上级的答复；而请示则旨在上级的批准、指示，需要上级明确批复。

（2）内容含量有别。

报告的内容比较广泛，涉及的面可大可小，报告内容较广泛，可一文一事，也可反映多方面情况，但不能在报告中写入请示事项，也不能请求上级批复；请示则强调一文一事，内容比较单一。

（3）行文时间不同。

报告的行文时间比较灵活，报告涉及事项大多已过去或正在进行中，可以事后行文，也可以事中行文；而请示则必须事前行文，否则可能构成越权。

（4）受文机关处理方式不同。

报告一般属阅件，上级机关阅后了解情况即可；而请示均属办件，上级收到请示后，不管意见如何，都必须按公文程序处理，并做出及时的批复。

（四）例文评析

例文一

××省人民政府
关于建议暂缓批准解决××湖地段勘界遗留问题方案的请示

国务院：

我省参加国务院赴××湖工作组召开的研究解决××湖地段勘界遗留问题会议后，省委、省政府非常重视，再次进行了认真研究。鉴于目前××湖地区的客观形势，我省认为暂不宜批准实施《解决××湖地段勘界遗留问题方案》（以下简称《方案》）。主要理由是：

一、××湖地区的现实状况发生了很大变化，批准实施《方案》已没有实际意义。（略）

二、目前××湖地区两省群众和睦相处、形势稳定，不宜再触及可能引发纠纷的敏感问题。（略）

三、××两省对《方案》分歧较大，难以实施。《方案》通报给两省后，两省对《方案》都不满意，如果批准该《方案》，下一步实施起来难度会更大。还是先协调、先磋商，基本取得一致意见或相近意见后再定，以便更好落实。

四、眼下正值年末岁首，各地都在学习贯彻中央召开的一系列重要会议精神，筹备召开“两会”，安排部署 2004 年的工作。涉及国计民生的大事很多，时间紧，任务重，是全年最忙时期之一，政府很难集中精力处理这件事。

五、解决××湖问题应保持政策连续性。我省认为，解决××湖问题应保持政策的连续性，应坚持贯彻、全面深入落实党中央、国务院 1984、1985 年“三个文件”精神，坚持××湖由××县统一管理的原则，而不要翻来覆去调整边界。如果需要重新勘界，应待南水北调工程完工后，再根据新情况考虑调整方案，以利××湖问题的彻底解决，确保××湖地区的长治久安。

鉴于上述原因，恳请国务院暂缓批准《解决××湖地段勘界遗留问题方案》。

当否，请批复。

××省人民政府

×年×月×日

【简评】本文是请求上级批准的请示，开头表明"《方案》暂时不宜批准实施"的观点，接着从实施该《方案》的不必要性和不可行性两个角度谈了五点理由，然后水到渠成地提出"恳请国务院暂缓批准《解决××湖地段勘界遗留问题方案》"的要求。行文内容严谨有序、语言简明有度。

例文二

广东省人民政府关于拨给秋收前困难群众生活救济款的请示

国务院：

今年以来，我省遭受干旱、冰雹、龙卷风、特大暴雨洪涝灾害等自然灾害。其中湛江、茂名、阳江等市县（区）入春后遭受旱灾，花生、甘蔗等农作物受旱凋萎，春耕生产延误或无法播种，受旱面积 33.3 万公顷，成灾面积达 17.9 万公顷；5 月至 6 月初，肇庆、茂名、阳江、梅州、河源、云浮等市县（区）又遭受暴雨洪涝灾害袭击，部分地区的早稻受特大暴雨袭击，产量受到严重影响，造成减产或失收。至 6 月 8 日止，全省已有 12 个市 40 个县（市、区）受灾，受灾人口 297.4 万人、成灾人口 145.1 万人，被困村庄 335 个，紧急转移安置 3.12 万人，因灾死亡 44 人、伤 503 人，倒塌房屋 7 787 间、损坏房屋 119 368 间、有 23 779 人因倒塌房屋无家可归，农作物受灾面积 40.9 万公顷、成灾面积 25.04 万公顷、绝收面积 1.234 万公顷、毁坏耕地面积 0.113 万公顷。农业、工业、交通、通讯等方面的直接经济损失达 11.589 亿元，其中农业经济损失 6.708 亿元。今年的灾情对农业生产影响比较大，加上损坏倒塌房屋比较多，灾区群众生活比较困难。

据调查统计，今年秋收前我省缺粮群众达 386 万人，缺粮 11 000 万公斤，其中缺粮缺钱又缺乏自救能力的农村特困户达 138 万人，缺粮 4 028 万公斤，需购粮款 1.03 亿元。

由于需要政府救济的人口多、范围广，资金缺口大。除我省多方自筹资金，并发动群众进行生产自救、互助互济，预计可筹集资金 6 000 万元外，尚缺 4 000 万元，恳请国务院拨给我省秋收前困难群众生活救济款 4 000 万元。

以上请示当否，请批复。

广东省人民政府

×年×月×日

【简评】这是一篇请求上级帮助和支持的请示。第一、二段罗列了广东省今年以来所遭受的多种自然灾害以及对该省部分地区财产和人员带来的损失，文中用了大量的数据陈述受灾损失情况，充分说明了请拨救济款项的理由及其必要性和迫切性；第三段提出请求批准事项：请拨资金数额。需要指出的是，在请示事项部分，不能简单地伸手要求上级机关拨款，而应提出处理请求批准事项有关方案。就本文而言，在提出请求批准事项时，先陈述自筹资金数额，再请求上级机关拨给 4 000 万元，显得比较合理。

例文三

关于交通肇事是否给予被害者家属抚恤问题的请示

最高人民法院：

据我省××县人民法院报告，他们对交通肇事致被害人死亡是否给予被害者家属抚恤的问题有不同意见。一种意见认为，被害者是有劳动能力的人，并遗有家属要抚养的，应给予抚恤，被害者若是没有劳动能力的老人或儿童，就不给以抚恤；而另一种意见认为，只要不是由被害者自己的过失所引起的死亡事故，不管被害者有无劳动能力，都应酌情给予抚恤。我们同意后一种意见。几年来实践经验证明，这样做有利于安抚死者家属。

以上请示是否妥当，请批复。

××省高级人民法院

×年×月×日

【简评】这是一篇请求指示的请示。先说明请示的事项，并且提出了自己的倾向性意见，最后请求上级单位给予指示。事项单一、行文简洁。

七、批复

（一）文体知识

批复是用于答复下级机关请示事项的回复性公文。批复与请示相对，是上级机关对下级机关的请示事项给予答复时使用的一种公文，具有明确的指向性。批复是被动行文。批复属于指挥性公文、下行文。

1. 批复的主要特点

（1）权威性。批复发自上级机关，代表着上级机关的权力和意志，对请示事项的单位有约束力，特别是那些关于重要事项或问题的批复，常常具有明显的法规作用。上级机关在批复中表述的意见，下级机关都必须遵循，不能违背上级的批复意见。

（2）针对性。批复内容具有很强的针对性，请示什么事项，就批复什么事项，不能离开请示的内容来批复。批复的针对性还体现在批复的主送单位只能是请示的单位。

（3）指示性。批复在答复请示时，内容常常有指示性质，对下级机关请示的问题，表示同意要说明应该怎么办，不同意则要说明为什么不应该这样办。

2. 批复的种类

（1）阐释性批复。即针对下级机关、单位对有关方针、政策、规定等提出的不甚明白的问题予以阐释或指示。

（2）批准性批复。即对下级机关、单位请示的其无权自行决定的某个问题或某种事项做出同意与否的答复。

（二）结构与写法

1. 标题

请示的标题一般由发文机关、批复事项、文种组成，如《国务院关于编纂中华大典问题的批复》。可以在批复的标题中加上“同意”以表明态度，如《国务院关于同意××省撤销××地区设立地级××市的批复》，如果不批准请求事项，标题中可以不出现态度和意见，到正文中表态。标题中批复的事由可以与请示的事由相同。

2. 主送机关

主发机关为直属下级机关，即向本机关发出请示的机关。

3. 正文

正文包括引语、批复意见和结语。

（1）引语。引语是批复的依据，它主要是告知对方“请示”收到的情况，通常是一两句话，引用“请示”的发文字号或来文的标题，必要时可简要引述来文的请示事项，如“×年×月×日《关于××××的请示》收悉”，或“×发〔20××〕号请示收悉”。这部分的关键要点出批复的对象，使下级机关一看就知道“批复”是对哪个“请示”做出的。引语之后，往往用“现批复如下”或“现对有关问题批复如下”的过渡语言引出下文的批复意见。

（2）批复事项。批复事项的内容包括：批复态度和批复意见。要求写得态度鲜明、意见具体，或完全同意、或部分同意、或不同意，有的批复还提出具体处理意见。总之批复不能含糊不清、似是而非、模棱两可，否则下级无所适从，更不能回避不复。如有必要，批复机关也可以针对请示事项的实施、落实等问题做出有关指示性意见。如果是同意有关请示的批复，不必阐述批复理由，表明同意态度即可。若不同意请示事项，或对下级机关要求的支持和帮助难以满足，则除在批复中表明态度外，一般还需要适当说明理由，以使对方能较好地接受，并及时做出相应的工作安排。

（3）结语。一般用“此复”“特此批复”等作结。

4. 落款

写明批复单位名称、日期，并加盖公章。

（三）批复写作的注意事项

1. 态度要明确，措辞要准确

回答问题要直截了当，正面答复可否，不可含糊其词、模棱两可、回避问题。切忌使用“似属可行”“酌情办理”“最好去做”等词语。必须字斟句酌、用词准确、语句周密、防止歧义。对批复的问题要考虑周全，执行中注意的问题应明确提出。

2. 撰写要及时

批复是一种时间性很强的公文，一定要及时撰写，及时发出。

3. 文字要简练

开门见山，紧扣下级提出的问题，做出明确答复。阐述理由必须高度概括，不要长篇大论、枝节横生。即使是推广典型经验的批复，也要简略明了。

（四）例文评析

例文一

××省地质矿产厅关于同意
成立“××省××岩土工程公司”的批复

××地质探矿队：

你队×地探字〔20××〕×号请示收悉，经研究同意成立××省××岩土工程公司。请抓紧时间，依法办理开业手续。

××省地质矿产厅（公章）
×年×月×日

【简评】这是一则批准性批复。全文先引来文标题和文号，以便收文者明确这是哪篇请示的批复，然后表示对该请示的态度。该批复格式规范、态度明确、文字简练。

例文二

××县人民政府关于××乡人民政府兴建砖瓦厂问题的批复

××乡人民政府：

你乡×年×月×日《关于兴建砖瓦厂的请示》（××发〔××××〕×号）收悉。经研究，现答复如下：

改革开放以来，农村盖房使用砖瓦量确实明显增加，因此各乡纷纷兴建了砖瓦厂。据调查，我县已经有 40%的农户盖了新房；约 30%的农户近年内不拟盖新房，砖瓦需求量相对趋于缓和。其余拟盖房户所需砖瓦的数量，我县现有砖瓦厂完全可以满足。

因此，凡申报新建砖瓦厂的请求一律不予同意，以免供过于求，出现新的问题。

特此批复。

××县人民政府（印）

×年×月×日

【简评】这是一则不批准请求事项的批复。正文首先引叙来文，以“经研究，现答复如下”引出否定新建砖瓦厂的理由。这份批复由于不同意请求事项，因而重点放在表述不同意的理由和根据。以调查了解的数据作为理由和根据，针对性强，令人信服。

例文三

司法部关于对如何理解《司法鉴定机构登记管理办法》第十一条规定的批复

××省司法厅：

你厅《关于如何理解〈司法鉴定机构登记管理办法〉第十一条规定的请示》（×司鉴〔2007〕16 号）收悉。经研究，批复如下：

司法鉴定机构是为司法、仲裁活动提供科学鉴定的公益性组织。司法鉴定机构的设立主体主要是国有事业单位，如高等院校、科研机构。考虑到司法鉴定的基本属性，暂不受理企业（包括工业、农业、商业以及投资、咨询类经营性法人或非法人组织）、自然人（公民）、外国组织、外国自然人设立司法鉴定机构的申请。

对于实际从事与《司法鉴定职业分类规定（试行）》所确定的司法鉴定活动相关的非经营性组织申请设立司法鉴定机构的，登记管理机关可根据实际需要予以登记，但应从严掌握。

司法部

×年×月×日

【简评】这是一篇阐释性批复，对下级机关不清楚的相关问题给予答复。全文围绕如何理解《司法鉴定机构登记管理办法》第十一条规定来阐述，而且说明了相关理由及可能出现的情况，考虑周密，层次清楚。

八、函

（一）文体知识

函适用于不相隶属机关之间商洽工作、询问和答复问题、请求批准和答复审批事项。主要用于平级机关或者不相隶属机关之间的公务往来以及向无隶属关系的业务主管部门请求批准有关事项。

1. 函的主要特点

（1）适用范围广泛。函是在不相隶属机关之间运行的公文。任何机关，除同一垂直组织系统中的上下级关系，与其他单位多为非隶属关系。它们之间相互联系、商洽工作、询问答复问题、请求批准或答复审批事项，都使用函。所以，函的使用范围是很广的。

（2）短小精悍。函要求一文一事、内容简短。因而具有语言简洁明了、篇幅短小精悍的特点，有公文“轻骑兵”的誉称。

（3）指导、商洽性。函虽然是法定的公文，但不具有指示作用，没有其他公文那样强的指令性和行政约束力。它较多地表现出指导性和商洽性。因此，重大事项、严肃的问题一般不使用函的方式行文。

2. 函的种类

（1）按照不同的行文方向，可以把函分为去函和复函。由发文机关发出的函称为去函；有关机关回复的函称为复函。

（2）函按内容和用途，可分为商洽函、询答函、批请函、告知函。

商洽函是不相隶属机关之间商洽工作、联系有关事宜的函。如人员商调、联系参观学习等。

询答函即不相隶属机关之间相互询问和答复有关具体问题的函。

批请函即用于不相隶属机关之间请求批准和答复审批事项的函。批请函实际上也可以分为两种：请批函，用于向不相隶属的主管部门请求审批事项；批答函，用于主管部门答复不相隶属机关单位的请批事项。

告知函即告知不相隶属机关有关事项的函。

（二）结构与写法

1. 标题

标题一般由发文机关、事由和文种三部分组成，不相隶属机关来往的函件标题有时可省略发文机关；若函件的内容过于复杂，难以用少量文字加以概括，也可省略事由。

2. 主送机关

要写清楚主送机关的全称。

3. 正文

正文主要由前言和主体组成。

（1）引言。一般写行文的缘由、背景和依据。去函应说明本机关、单位发函的原因或目的。复函应写明发函的依据，即说明什么时间收到对方什么字号的函，并用“现函复如下”之类的语句来承启主体内容。

（2）主体。写需要商洽、询问、答复、联系、请求批准或答复审批及告知的事项。这部分内容一般单一，一函一事，行文要直陈其事。无论是商洽工作、询问和答复问题，还是向有关主管部门请求批准事项等，都要用简洁得体的语言把需要告诉对方的问题、意见叙写清楚。

（3）结语。要求对方答复的，可用“即请函复”“请予研究函复”“特此函询（商），望予函告”；若不要求对方答复的，可用“特此函达”“特此函告”；若是复函，可用“特此函复”“此复”等。请批函的尾语常用“可否，请予审批”“请审核批准”“当否，请审批”等。

4. 落款

落款应署发文机关（单位）全称、日期，并加盖公章，以示郑重有效。

（三）写作函的注意事项

函是公文的一种，不是一般信件。因此，撰写时要避免随意性，严格按照写作要求进行。

1. 一函一事

要有鲜明的针对性，不可将几件事写在一起，否则将影响对方的处理速度。

2. 语言要规范得体，注意分寸

发函要注意用语平和礼貌，对主管机关要尊重、对低级别机关要平和、对平行机关要友善。切忌使用生硬、命令性的语言。

3. 注意请批函和请示的区别

向有隶属关系的上级机关请求指示、批准事项用请示，向没有隶属关系的业务主管机关请求批准有关事项，则用请批函。

（四）例文评析

例文一

关于拟录用1996届大中专毕业生的函

省人事厅：

根据中共××省委组织部、××省人事厅《关于1996年省级机关录用应届高校、中专学校优秀毕业生的通知》规定，我们对拟录用到我厅机关工作的大中专毕业生按规定程序进行了统一笔试、面试、体检、政审。经厅党组研究，拟录用大中专毕业生24名。现将有关录用审批材料报上，请审批。

附件：录用审批材料24份

××省安全厅

一九九六年三月二十五日

例文二

关于批准录用××等24名同志为国家公务员的函

省安全厅：

你厅《关于拟录用1996届大中专毕业生的函》（×安政〔1996〕18号）收悉。

根据中共××省委组织部、××省人事厅《关于部分省级机关从1996年应届高校、中专毕业生中考试录用国家公务员和机关工作人员的通知》的规定，经考试、考核合格，批准录用×××等24名同志为国家公务员。

特此函复。

附：录用人员名单

××省人事厅

一九九六年三月二十九日

【简析】例文二、例文三是请批函和批答函。例文二开门见山说明发函的依据和事项，并附上相关的材料。例文三开头引述对方来函的标题和文号，接着对所请批的事项进行明确的答复。两文都简短规范，用语得体。

例文三

浙江省人民政府办公厅关于浙江省人民政府驻福州办事处更名的函

福建省人民政府办公厅：

根据工作需要，我省确定，将浙江省人民政府驻福州办事处更名为浙江省人民政府驻福建办事处。特此函告，请协助办理有关登记注册手续。

浙江省人民政府办公厅

×年×月×日

【简析】本文为告知函。标题包括发文机关、事由和文种，正文内容告知对方更名的情况，并请对方协助办理相关手续。简明直接，格式规范。

九、纪要

（一）文体知识

纪要适用于记载会议主要情况和议定事项。纪要是根据会议记录、会议材料等会议文件，提炼综合而成。它既可以作为上行文报告会议精神，也可以作为下行文单独印发，还可以作为平行文使用。有些纪要在经上级领导机关或者主管部门批准后，就具有了法规性质，不仅与会单位要遵守执行，其他有关方面也必须遵照执行。

从格式看，纪要有特定的格式标准，区别于一般的文件格式，使用时应注意。纪要可以在报刊上发表。

1. 纪要的特点

（1）内容的纪实性。纪要必须是会议宗旨、基本精神和所议定事项的概要纪实，不能随意增减和更改内容，任何不真实的材料都不得写进会议纪要。纪要的纪实性特点，使得它具有凭证作用和资料文献价值。

（2）表达的概括性。纪要必须精其髓，概其要，以极为简洁精练的文字高度概括、提炼会议的内容和结论。既要反映与会者的一致意见，又可兼顾个别与会人员有价值的看法。

（3）效用的指导性。除凭证作用、资料作用之外，多数纪要具有指导工作的作用。它要传达会议情况、会议精神，要求与会单位和相关部门以此为依据展开工作，落实会议的议定事项。

（4）称谓的特殊性。纪要一般采用第三人称写法。由于纪要反映的是与会人员的集体意志和意向，常以"会议"作为表述主体，"会议认为""会议指出""会议决定""会议要求""会议号召"等就是称谓特殊性的表现。

2. 纪要的种类

（1）决议性纪要。主要记载和反映会议做出的重要决策事项，常用于各级领导机关的办公会，如省长办公会议、市（县）长办公会议等。

（2）协议性纪要。主要记载双边或多边会议有关内容及其达成的协议等情况，常用于领导机关主持召开的多部门协调会或不同单位共同召开的联席办公会等。

（3）研讨性纪要。主要记载和反映经验交流会议、各种专业会议或学术性会议的研讨情况，主要用于职能部门或学术研究机构召开的专业会议、学术研讨会议等。

（二）结构与写法

1. 标题

（1）会议名称加纪要，如《全国农村工作会议纪要》等。这类标题最为常见。

（2）正标题加副标题，正标题提出问题或揭示会议主旨，副标题多为会议名称加纪要。如《加强未成年人思想道德教育是家庭、学校和社会的共同责任——××市××区教育工作研讨会纪要》。这种标题常见于报刊发表的会议纪要。

（3）发文机关名称加议题加纪要，如《国务院关于加强土地市场管理工作会议纪要》。

2. 正文

（1）开头。主要用于概述会议的基本情况，包括会议名称、时间、地点、主持人、参加人、会议议程和主要成果等，然后用"现将会议主要精神纪要如下"或"现将这次会议研讨的几个问题纪要如下”等过渡句转入下文，文字一般都比较简练。

开头部分常见的写法有两种：一是列项式，即将会议名称、时间、地点等要素依次列出，各占一行，使人一目了然，这种写法多用于办公会议纪要；二是概述式，即将会议的基本要素用一段文字做简要叙述，使人看后对会议情况和基本精神有个大致了解。

（2）主体。一般包括会议研究的问题、讨论的意见、做出的决定和提出的措施办法等。它根据会议中心议题，按主次、有重点地总结会议情况和成果，其写法可以有以下几种。

① 条款法。就是把会议议定的事项用条款方式加以简要说明，分别冠以一、二、三、四的标号，一条写一个事项。这样表述简明扼要，适用于部署工作的会议或办公会议，也适用于工作协调会等。

② 综述法。就是将会议所讨论、研究的问题综合成若干部分，每个部分集中谈一个方面的问题，较复杂的工作会议或经验交流会议的纪要多采用这种写法。

③ 归类法。有些工作会议涉及内容较广，讨论的问题较多，这就要求按讨论问题的性质或议定事项的不同分类进行整理，分别列出序号、标题来叙述，每个标题下面视内容多少，或分段或分条来写。

④ 摘记法。就是按会议发言顺序记录每个人的发言要点，根据各人提出问题的不同角度，整理成几个问题，并署上发言人姓名、职务，有时还要加上小标题。

（3）结尾。有的向有关单位和人员提出为实现会议目标和任务而奋斗的号召或希望；有的就会议议定的有关问题，向上级有关部门提出意见建议；有的向有关单位和人员提出贯彻落实的具体要求；有的则对会议意义和收获进行评价等。也可以不写结尾。

（三）会议纪要的写作要点

1. 真实准确

要真实准确地反映会议的情况和精神，需认真地进行会议记录，详尽地了解会议情况，做好各项基础性工作。

2. 精练概括

精练概括与详尽细致，是会议纪要与会议记录最重要的区别，纪要切忌事无巨细地把会议的所有内容都一律照录。语言文字简练准确、朴实无华、通俗明白，也是精练概括的应有之义。

3. 要点突出

会议纪要就是记叙会议的中心内容和讨论研究的要点。凡与此联系密切的问题，都应尽力写充分；反之就要少写或不写。

4. 取舍适当

凡符合会议宗旨的多数人的一致意见，会议纪要都应集中反映；对少数人的意见，如果是正确的，也要予以反映；如果讨论中意见确有分歧，难以取得统一，一般不应写入纪要，但研讨性会议纪要除外。集中会议讨论的意见，还要特别留意会议主持人发表的意见，特别是他（她）的总结性发言和结论性意见，并在纪要中充分体现。

（四）会议纪要、会议记录、会议简报的区别

1. 会议纪要与会议记录

会议纪要与会议记录都是记录会议有关情况的文书，都具有很强的纪实性，但也存在较大的区别，主要体现在以下几点：

（1）性质不同。

会议记录是会议情况的原始记载，它忠实地记录会议的议题、发言与进程，实录会议内容，一般是有会必录，凡属正式会议都要做记录，作为内部资料存档备查，属事务文书；会议纪要只体现会议要点，用于反映重要会议的主要精神及重要情况，目的是上呈下达，是行政公文。

（2）功能不同。

会议记录一般不向上级报送，也不向下级分发，不具备指导工作的作用，只作资料和凭证存档；会议纪要通常要经过上级机关审批，并作正式文件印发，也可在报刊上发表。

（3）写作方法不同。

会议记录随会议进程进行，逐项记载，越详细越好，直到会议结束，作为客观纪实材料，要求原原本本地记录原话、原意；会议纪要是在会议结束后，在会议记录的基础上加工整理、提炼而成的正式公文，具有高度概括性和鲜明政策性。会议纪要通常采用第三人称的写法，以介绍和叙述情况为主。

2. 会议纪要与会议简报

（1）承担的任务不同。会议简报只是报告和交流情况，供上下左右参考，对阅读对象没有硬性要求，一般也没有什么约束力；会议纪要则有一定的权威性，对特定的阅读对象有一定的指导和制约作用。

（2）会议简报的编写者在简报中可以对所写事件发议论，谈看法；会议纪要则必须忠实于会议情况，客观地、扼要地叙述会议的内容，不允许编写者在纪要中对会议内容进行评论。

（3）会议简报要求文字简短，一般在千字左右；会议纪要则不受文字长短的限制。

（4）会议纪要和会议简报，虽然都是反映会议情况的，但会议简报只反映会议某个阶段或某个方面的情况，会议纪要则要全面系统地反映会议情况和会议精神。

（5）一次会议可以发多期简报，可以定期不定期编发，纪要则是一次会议一般只产生一份。

（五）例文评析

例文一

关于对××地区放宽政策发展第三产业现场办公会议纪要

（××年×月×日）

××年×月×日，区委副书记××、副区长×××，在××地区××镇主持召开了对××地区放宽政策和发展第三产业的现场办公会议。

会议决定事项如下：

一、关于放宽政策问题

（一）为了贯彻××地区工作会议精神，对××退耕还林地区所造成的农民口粮减少问题，区委决定保证该地区每人每年××斤口粮，由粮食部门调给议价粮，按平价销售。价差由乡、镇财政部门根据不同情况予以补贴。由农林部门与乡、镇政府做出年度计划，经农林、粮食、财政部门认定后，报农林部门核批。

（二）贷款问题。支持××地区的经济发展，只有发展企业和广开多种经营门路，为此农业银行在贷款上应给予支持。

（三）兴办企业，办理工商营业执照问题。区政府确定一位副区长，定期召开区有关部门负责同志参加的现场办公会，现场审查核批。

二、关于发展第三产业问题

（一）会议原则同意在××公路、××地段东侧建设商业街，要按有关规定让开地下线，建设临时性商业设施。

（二）会议同意在××乡政府办公大院门前的公路东侧扩建整流器厂，有关占地和基建问题与各公司建设项目均应按基建程序由区规划办和计划部门协助办理。在设计施工中，要注意安全问题。

（三）关于筹建货场问题。（略）

（四）关于发展畜牧业问题。（略）

会议最后，区委书记××同志讲话强调指出：区委、区政府对××地区予以放宽政策，各有关部门要在政策允许的前提下，予以积极支持。××地区的乡、镇领导要发动群众，认真讨论如何致富问题。我们大家要齐心协力，使××地区早日富裕起来。

【简析】这是一篇现场办公会的会议纪要。前言点出会议的名称、时间、地点、参加人员及主要议题，主体部分将会议决定的事项通过条款一一列出，很有条理，尾语提出希望。全文格式规范、语言准确、条理清晰、概括性强。

例文二

民政部××省人民政府共同推进
××地区民政事业改革发展工作会议纪要

××年×月×日，民政部与××省人民政府在××市召开共同推进××地区民政事业改革发展工作会议。会议充分肯定了过去三年履行部省合作协议取得的成绩，深入分析了××省民政工作面临的形势，研究了进一步加强部省合作、加快推进××省尤其是××地区民政事业改革发展的思路和任务。会议提出，部省合作是推动××省民政事业改革发展的重要引擎，部省双方要深入贯彻党的十八大精神、国务院第十三次全国民政会议部署及《国务院机构改革和职能转变方案》要求，围绕中心、服务大局，继续共同推进××地区民政工作先行先试、改革创新，特别是在创新社会管理服务体制机制、加强基本民生保障方面做出新探索、取得新经验，为××省经济社会发展和全国民政事业发展做出新贡献。会议明确部省2013—2015年合作措施如下：

一、创新社会管理服务体制机制

（一）深化城乡社区管理服务体制改革。（略）

（二）率先建立现代社会组织体制。（略）

（三）全面建立现代社会工作制度。（略）

二、完善基本民生保障制度

（一）完善救灾救助制度。（略）

（二）加快推进社会养老服务体系建设。（略）

（三）完善孤儿和残疾人保障政策。（略）

（四）不断壮大慈善事业。（略）

（五）推进福利彩票发行销售创新。（略）

三、推进双拥优抚安置体系建设

（一）深化退役士兵安置改革。（略）

（二）提高优抚保障水平。（略）

（三）加强烈士褒扬和优抚安置事业单位建设工作。（略）

（四）创新社会化拥军工作机制。（略）

四、提升专项社会事务管理水平及民政服务保障能力

（一）优化行政区划设置。（略）

（二）提高婚姻、救助和殡葬管理服务水平。（略）

（三）加强政策创制和基层民政能力建设。（略）

会议明确，部省适时召开联席会议，及时协调解决合作中的重大问题，总结推广典型经验。

出席会议人员：民政部×××部长、×××副部长，民政部办公厅、政策法规司、

社会救助司、政策研究中心主要负责同志，广东省政府×××省长、××副省长，省府办公厅、发展改革委、民政厅、财政厅、人力资源社会保障厅、法制办负责同志。

【简析】这是一篇专题会议纪要。标题即点明会议的主题，开头概述会议的时间及主要内容，然后分条列出会议达成的共识，最后列出参会人员。层次清晰、语言简明。

【复习与训练】

一、试分析批转性通知与转发性通知的区别。

二、简述会议纪要与会议记录、会议简报的区别和联系。

三、判断题。

1. 国家林业主管部门将最近几起重大火灾的情况通知给下属各部门。(　　)

2. 某市纪检委员会将2007年纪检情况通报于市各直属机关和各局。(　　)

3. 请求和报告都可以同时主送两个同级的领导机关。(　　)

4. 报告是一种陈述性文件，只是如实地将有关情况、问题反映给领导机关，不带请示事项，不要求领导机关予以答复，而请示则要求答复。(　　)

5. 判断下列事项是否可以用通报行文：

A. ××县工会拟表彰奋不顾身抢救落水儿童的青年工人。(　　)

B. ××厂拟向市工业局汇报该厂遭受火灾的情况。(　　)

C. ××市安全办公室拟向各有关单位知照全市安全大检查的情况。(　　)

D. ××县政府拟公布加强机关廉政建设的几条规定。(　　)

E. ××县纪委拟批评××局×××等干部挥霍国家钱财游山玩水的错误。(　　)

6. 判断下列事项是否可以用通知行文：

A. ××省人大常委会拟颁布一项地方法规。(　　)

B. ××市水电局将召开水利建设工作会议，需告知各县、区先做好准备。(　　)

C. ××县纪委拟批评××局×××干部玩忽职守、造成国家经济损失的错误。(　　)

D. ××市政府拟批转市卫生局《关于做好灾后防疫病工作的意见》。(　　)

四、选择题。

1. 下面哪个标题符合规范（　　）。

A. ××部关于几起重大火灾的请求报告

B. ××大学关于报送××省教育厅今年招生工作情况的请示

C. ××财政厅关于要求解决××县广播、电视设备问题的报告

D. ××研究所关于改变拨款待遇的请示

五、问答题。

某小学校门口有个公交车站，由于车辆拥挤，严重影响了小学生进出学校的安全。学校决定与公交公司交涉，写了一份《关于要求公交站台移位保障师生安全的报告》，

而公交公司即向学校发出了《关于对要求站台移位保障师生安全的报告的批复》。这两个单位在行文中有什么问题？应该用什么文种？

六、病文修改。

下面是一份学校函的正文，请根据公文的要求重写。

首先让我们以××电子工业学校的名义，向贵校表示衷心的感谢。感谢你们为我校办学给予的很大帮助。目前我校又面临一个很难解决的问题。

事情是这样的：我校开办不久，师资力量很差，决定派12位年轻教师到贵校旁听进修一年。我校与贵校有关部门多次商量，但12位年轻教师进修住宿问题，至今也没有得到解决。提高教学质量的关键是师资。为提高我校教育质量，恳请贵校设法解决我校进修教师的住宿问题。贵校府高庭阔、物实人济，且具宽大为怀、救人之危的美德。以上区区小事，谅贵校不难解决；我们不知贵校还有什么实际困难，如果这些困难我校能帮助解决的话，请尽管提出，我校会竭力去办。再说一句，贵校如能解决我校进修教师的住宿问题，我们以我校领导的名义向贵校领导深深地表示谢意。万望函复。

七、写作题。

1. 首届“友谊杯”马拉松赛将于2008年9月15日上午8时至下午1时在××市举行。为保证赛事的顺利进行，对环城路、滨江路、诗书南路、教育北路、桃园中路实行交通管制，除警备车、救护车、消防车、工程保险车外，禁止其他机动车辆通行。试据此信息，代某市公安局拟一公文告知社会大众。

第十章　大学生实用文书

第一节　专题活动策划书

【情境与任务】

阅读下面的材料，说说策划是什么、策划之前应该做些什么准备工作。

1. 2016年5月，某地一个商场开业庆典，推出了一个策划项目：凡是手持号码尾数为“88”的100元人民币可当200元消费。结果顾客手持“中奖”人民币蜂拥而至，柜台被挤坏，还有人员受伤，主办商家只好提前宣布活动中止。这次活动招致顾客不满，还受到中国人民银行的警告，工商部门也上门来干预。

2. 西蒙·福格从伯明翰大学一毕业，就遭遇了多次求职失败。他没有气馁，不断从失败中吸取教训、总结经验。经过精心的准备策划，他信心十足地来到英国著名的《泰晤士报》总经理办公室求职。他问：“你们需要编辑吗？”“不需要。”“记者呢？”“也不需要。”“那么排字工、校对员呢？”“不，都不需要。我们现在什么空缺都没有。”“那么你们一定需要这个了。”说着，福格从包里掏出一块精致的牌子，上面写着：“额满，暂不雇用。”接待者为福格新颖独特的求职方式所打动，破格给他安排了一个职位。25年后，福格成了这家报社的总编，名扬世界。

一、文体知识

策划就是筹划、谋划，是人们为了达到一定的目的，根据所掌握的资源信息，对事物的发展变化趋势进行分析判断、对某项工作进行全面系统的构思、谋划，并制订合理可行的执行方案。策划书就是将这一思维过程整理后形成的文书。

策划书根据内容不同可以分为多种，如市场营销策划、专题活动策划、新闻策划、广告策划、企业形象策划等。

专题活动策划具有独特的创意性、主题的单一性、可操作性等特点。具体来说就是专题活动策划不同于一般的工作计划，它最大的特点就是应该有创意、新颖奇特、使人觉得新鲜，而且一般有明确单一的主题，如《晨读活动策划》的主题就是品读经典、传承智慧。如果一个活动创意很独特，但是无法实施，也是不行的，必须是现有条件下能够做到的，具有可行性。

二、结构与写法

策划是一个具有个人主观性的行为，是个人逻辑能力加创造力的综合体现。专题活动策划书的写法没有固定的模式，但策划书的基本内容还是有章可循的。总体来说策划者要把整个活动的每个细节都考虑到，有顺序地安排各个阶段的时间，做到全局在胸、有条不紊，一个好的专题策划书应该清楚地体现出这一点。

1. 策划书名称

名称即是标题，应简单明了，如《××活动策划书》。“××”为活动内容或活动主题，可以在活动内容前加上主办方名称。主办方也可以副标题的形式出现，避免使用诸如《社团活动策划书》等模糊标题。

2. 活动背景、目的与意义

活动背景也就是活动举办的原因、前提，比如可以是为欢送毕业生离校举办的活动，可以结合时代背景、环境背景等来写，一般会体现在活动主题上。活动目的即活动举办要达到一个什么样的目标，陈述活动目的要简洁明了、具体化。活动意义包括文化意义、教育意义和社会效益，及预期在活动中产生怎样的效果或影响等，书写应明确、具体、到位。

3. 活动主题

在活动背景和目的基础上为本次活动拟订一个主题，主题要具有吸引力、说服力，表达一般是标语式、口号式，要与活动背景、目的相辅相成。主题是对活动内容的高度概括，是策划目的的主要体现，是统领整个活动、连接各个项目、各个步骤的纽带。专题活动要为广大公众所接受，就必须选好主题。

活动的主题是多样的，它既可以是一句口号，如“为了千千万万个失学儿童”“迎接奥运，爱我中华”；也可以是陈述式表白，如雅戈尔：“中国的皮尔·卡丹”，步步高：“世间自有公道，付出总有回报，说到不如做到，要做就做最好”。主题看似简单，但设计难度很大，它既要虚拟、拔高，又不能空洞、口号化，必须贴近受众心理。

4. 活动时间与地点

该项必须详细写出，非一次性举办的常规活动、项目活动必须列出时间安排表。活动时间与地点要考虑周密，充分照顾到各种客观情况，比如场地因素、天气状况等。活动日期的选择很重要，要确保大多数人能够参加，预留出天数排出每天应该做的事，确保活动可以如期举行，特定的节日、假日或特殊日期会增强活动的效果。

5. 活动开展形式

注明所开展活动的形式，比如文艺演出、文体竞赛、知识宣传、展览、调查、讲座等。

6. 资源需求

资源需求即活动的前期准备。列出所需人力资源、物力资源，可分已有资源和需要资源两部分。一般包括前期宣传、报名、争取赞助等准备工作。

7. 活动流程

活动流程是策划的主体部分，表述要力求详尽，不仅仅局限于用文字表述，也可适当加入统计图表等。人员的组织配置、活动对象、相应权责及时间地点也应说明，执行的应变程序也可以在这部分加以说明。在活动后续阶段也可以写对活动的总结，如何进行宣传报道等。

细节要考虑如会场布置、接待、嘉宾座次、音响、摄像、活动后清理场地人员、合影、餐饮招待等。

8. 活动经费预算

活动的各项费用在根据实际情况进行具体、周密的计算后，用清晰明了的形式列出。经费预算要尽量符合实际花费，写出每一笔经费预算开支，最好用表格的形式。

9. 活动安全保障

对于大型活动和户外活动，要成立安全小组，指定第一安全负责人，充分考虑安全隐患，把人身安全放在活动开展的首要位置。

10. 应急方案

策划书应考虑当内外环境发生变化或发生特殊情况时如何应对，比如发生紧急情况时参加人员的疏导工作、活动设备发生故障的解决办法、活动现场的秩序维护措施等。

三、专题活动策划书写作应注意的问题

1. 篇幅要适当

太短，容易给人有不深入的感觉，对活动信心不足；太长，则又会被认为太啰嗦，表达不清楚。

2. 做到形式新颖，组织周密

一个成功的策划书既能符合公众心理，让人接受，又要在活动的各个环节做到周密严谨，才能达到最好的效果。

四、例文评析

例文一

××大学青年晨读活动策划书

浮躁的社会呼唤中国传统文化精华的回归。品读经典，用经典的智慧解决现代人

生活中的困惑和迷茫；品读经典，让广大学子和社会大众树立起对传统文化的正确认识，同时不断完善自己的道德体系和价值体系，促进和谐社会的建立和发展。

一、活动主题

品读国学经典享受智慧人生

二、活动目的及意义

1. 配合学校“三早”活动，带领会员及广大学生开展青年晨读活动；

2. 诵读传统文化经典，保卫中国传统文化；

3. 使大家养成早起的习惯，有益于身体的健康。

三、活动时间

1. 启动时间：2010 年 4 月 12 日；

2. 实施时间：每周一、周三、周五早晨 6 点 30 分到 7 点 10 分。

注：如果遇到特别恶劣的天气，由××大学国学研究会读书交流部负责通知活动取消或改到室内举行。

四、活动地点

××校区图书馆东侧（下沉广场西侧）

××校区大礼堂前

五、活动前期准备

1. 由××大学国学研究会读书交流部负责整理去年的晨读材料，上交理事会审批；

2. 通过展板、海报等各种手段做好宣传工作，要让绝大多数的同学了解青年晨读活动；

3. 通过书评学社向学社会员宣传有关晨读活动的有关事宜，并邀请其他社团的成员积极参与晨读活动；

4. 通过校信通短信平台，宣传介绍青年晨读活动，号召更多的同学参与晨读活动；

5. 通过制作书签来宣传介绍青年晨读活动，让更多的同学参与到青年晨读活动；

6. 充分调动广大会员的积极性，以会员为核心向周围的人宣传介绍青年晨读活动。

六、活动流程

1. 早晨 6 点 30 分之前，读书交流部所有成员和书评学社成员负责发放晨读材料，并由办公室、组织部成员协助维持活动现场秩序并完成会员的考勤工作；

2. 从 6 点 30 分开始进行 20 分钟的齐声朗读，由两人负责领读，其他成员跟读；

3. 从 6 点 50 分开始进行自由朗读，也可以相互交流诵读经典的感受体会。

注：7 点 10 分之前为××大学国学研究会和书评学社组织时间，7 点 10 分以后读书交流部负责收回晨读材料。参与晨读活动的人员可以自由安排时间，可自行解散，也可继续交流。

七、诵读注意事项

1. 仪态端庄、容色和婉，以坦然的诚意来诵读经典；

2. 诵读时两脚可以与肩同宽，也可以合拢并立，选择自己适应的方式，全身自然放松，可以站立很长时间而不觉得劳累；

3. 诵读时吐字清晰、字正腔圆、语气舒缓、连绵不断，同时，注意一下韵律节奏，避免平铺直叙、单调乏味；

4. 诵读讲求绵长悠远，以慢读为主，优游涵泳、细嚼慢咽，而不是贪多求快；

5. 诵读时调顺呼吸，安定心神；尽量用鼻子呼吸，有时候也可以通过嘴慢慢吐气，但不能用嘴吸气；控制住节奏，使得呼气和吸气都很缓和，气息连绵不断。

八、活动后期总结

1. 周六晚上召开会议，用来让广大会员进行交流诵读经典的心得体会；

2. 周二中午 12 点 50 为读书交流部例会时间，对晨读方案进行评议，不断提出更好的方案，同时进行工作总结；

3. 国学研究会与书评书社保持沟通，不断总结经验，相互交流；

4. 组织一些知识问答、读书竞赛等活动来丰富青年晨读活动，提高同学们的阅读兴趣；

5. 活动中期剪辑一些会员在青年晨读活动中的精彩画面，以展板的形式展出，加大宣传力度；

6. 开展问卷调查，了解晨读活动的影响力，同时采纳大家的意见，以便晨读活动更好地开展。

九、经费预算

1. 展板制作两块，30 元；

2. 调查问卷 200 份，20 元；

3. 晨读书籍由书社提供，免费；

4. 书签 500 份，50 元。

总计 100 元。

××大学国学研究会

2010 年 4 月 5 日

【简析】本文首先用前言的方式点出活动的背景，然后说明活动主题、时间、地点、过程等，并对活动中可能出现的情况进行预估，提出对应的应急措施。最后给出了活动经费预算。内容完整、表述清晰。不足之处是第七点诵读注意事项放在文中，影响了上下文的连贯性，可以作为补充放在文章最后。

例文二

校园募书活动策划书

一、活动背景

1985 年 12 月 17 日，联合国大会通过 40/212 号决议，确定每年 12 月 5 日作为国际志愿者日，其目的是为了在世界范围内弘扬志愿者精神，宣传志愿者在社会和经济发展中的作用。每年的这一天，世界各国都开展庆祝活动，以推动志愿者服务活动的开展。××大学信息物理工程学院青年志愿者协会准备在2016年国际志愿者日到来之际与海外中国教育基金会（Overseas China Education Foundation，OCEF）合作组织一次为贫困地区的中小学生捐助图书的活动。

二、活动目的

弘扬志愿者精神，为贫困地区中小学生的教育事业贡献一份力量。

三、活动时间

院青协计划于2016年12月5日左右举行一次大型的宣传活动，并借助此次宣传将募书活动持久开展下去（考虑到同学们手中适合中小学生阅读的书籍较少，我们计划将第一阶段的活动延续至下学期，以保证同学们能利用放假回家的机会带来一些合适的书籍。预计第一阶段活动将持续到2017年3月）。如果各方面条件成熟，可以考虑将此项募书活动作为信息物理工程学院青协的传统逐届开展下去。

四、活动地点及负责人

宣传活动地点：校本部饮食文化中心前、××大学南校区七食堂前

校本部负责人：××。

南校区负责人：××。

五、活动步骤

（一）前期准备

1. 活动申请；

2. 设计宣传板，OCEF组织有特制的宣传板报，可供直接使用；

3. 设计及复印海报和宣传单可参考OCEF组织的特制海报和宣传单；

4. 在校园网BBS发表募书帖，借助科实部网站的管理权限，对募书活动在网上进行积极宣传；

5. 大力开展本院的内部宣传，通知全院各班青协负责人务必在班级内做好宣传工作，让他们将此次活动的精神和意义翔实地传达给班级每一位同学，争取在本院同学中募到更多书籍；

6. 制作书籍募集明细表供集书负责人登记捐书者个人以及所捐书籍的详细信息；

7. 为捐书者准备小纪念品若干，如OCEF组织特制的书签等。

（二）活动实施

1. 12月4日前完成前期宣传工作，将海报贴在所有学生宿舍楼下及人流密集区（食堂、教学区和宣传栏）；

2. 12月4日（周日）组织大型的宣传活动；宣传板分别于南校区七食堂前、本部饮食文化中心前展出，志愿者派发宣传单，并向大家介绍本次活动具体流程及开展意义；

3. 确定固定的收书时间和收书地点，由专人负责收书和书籍信息登记工作，便于该活动的长期开展；

4. 书籍的托运工作：在募集到一定数量的图书之后，分类整理托运到 OCEF 组织的受助学校。

（三）注意事项

1. 海报尽可能持久地保留，避免被覆盖；

2. 南校与本部的协调；

3. 图书的管理和保存；

4. 由于活动规模较大，历经周期较长，所需人手较多，可考虑让 04 或 05 级的一个班级来承办此次活动；

5. 在书籍质量上严格把关，以适合农村中小学生阅读为标准。如果收到一些不合要求的书籍，我们将作为旧书变卖，所得现金将购买适量适合的图书或者作为包装费用；

6. 关于图书托运，要事先找好运输公司；

7. 所有费用一律以发票作为报销凭证。

六、活动预算

横幅	2 条	10 元/条
宣传板	2 块	70 元/块
海报（A3 纸张）	80 份	0.15 元/份
宣传单（A4 纸张）	1000 份	0.07 元/份
书籍募集明细表（A4 纸张）	70 份	0.05 元/份
纪念书签	200 份由 OCEF 供给	
书籍托运费用（铁路慢运）	300 公斤费用由 OCEF 供给	

合计：$10\times2+70\times2+0.15\times80+0.07\times1000+0.05\times70=245.5$（元）

信息物理工程学院青年志愿者协会

2016 年 11 月 2 日

附：海外中国教育基金会（OCEF）是一个基于美国的助学组织。宗旨是帮助中国贫困地区中小学生的义务教育。在中国的主要项目是为贫困地区的中小学募捐图书和建立图书室。OCEF 的所有工作人员都是义工，不从 OCEF 获得任何报酬。

【简析】本策划书内容完整，结构清晰。依次说明了活动开展的背景、目的、活动的步骤、经费预算等，并充分考虑了活动中可能出现的问题，不足之处是没有设计一个活动主题，以让活动更有号召力。

【复习与训练】

一、以一个值得纪念的日子为题，如同学聚会、重大事件、节日，写出一份策划书，并模拟举办一次庆典活动。

二、北京的望京 SOHO 新开了一家咖啡厅，与星巴克不一样的新品牌。面临的问题是上班族不知道这里新开了一家咖啡厅，即使看见过，也对这个品牌很陌生，不知道这个咖啡厅的特色是什么、适合什么时候去、价位是多少。所以，虽然望京 SOHO 每天有很多上班族来来往往，但很少会有人留意到这家咖啡厅，更没什么人进去消费。你有什么好办法吗？请你策划一个活动并写出策划书。

第二节　学术论文

【情境与任务】

阅读资料，说说你在论文写作中遇到的困难，并想想一篇学术论文的基本框架有哪些。

“凌晨两点半，我还开着灯，望着满屏幕飞舞跳动的论文。我心里有多苦，我自己多清楚……写到天昏地暗，写到头脑发昏……”最近，某高校大四学生创作的歌曲《不想写论文》突然走红网络。

当搜索“毕业论文为什么这么难”，大概可以找到 3930 万条相关网页，但是再多的招数对于大学生来说都像是“浮云”。不少大学生都有这样的体会，“学校教了我们很多东西，却没有教会我怎么找选题、怎么查文献、怎么写论文……”

在焦头烂额的“论文大战”中，许多大学生表示，写论文这项从来没有接触过、练习过的“技能”，学校似乎是默认每一个人都会的。而对于高校教师来说，指导这样一群没有经验的大学生在临近毕业的时候完成一篇成熟的大论文也不是一件容易的事。

“你不愿意写论文，你以为我愿意改吗？”每年春天，这句话大概成为所有大学教师的内心写照。

在网络上，大学教师关于指导学生写论文的吐槽也比比皆是：“他觉得痛不欲生，我还觉得生无可恋”“指导论文是一个修仙成佛的过程，从最开始的气到心塞吐血，到最后心平气和笑对一切……感觉指导完论文整个人生境界都升华了”“经常帮学生改着改着论文，就不知不觉重新写了一篇”“要么根据内容改标题，要么根据标题改内容，已经不知道对多少学生说过这样的话了”……

在北京师范大学新闻传播学院副教授姜申看来，大学生写论文下笔困难的情况比比皆是，“感觉学生不太会设计论文，总是一种作业思维——我交了，虽然不是很好，但也不至于不及格，你给个 60 分就可以了，不要再让我改了”。

对于这种应付了事的做学术论文的心态，除了惰性，姜申分析还存在几层问题：“一、不做文献积累，不了解前人的学术成果；二、教科书口吻，想当然，缺乏分析讨论；三、框架不行，行文没有递进关系；四、题目普遍太大，文字撑不起来，内容太浅表，没有论点；五、举例单一，形成孤证。”（摘自《中国青年报》2018 年 5 月 14 日 09 版）

一、文体知识

所谓学术论文，就是较系统地、专门地研究某种学问的文章，是对自然现象或社会现象进行科学探求的书面成果。按内容可以分为自然科学论文和社会科学论文两大类。按写作目的可以分为交流性论文和考核性论文。交流性论文主要是用于进行学术交流、发表研究成果，如在学术刊物上发表的论文。考核性论文目的是考查写作者的科学研究能力、检验其学术水平，如高等学校对学生进行考核的论文，又包括学年论文、毕业论文、学位论文等。

（一）学术论文的特点

1. 学术性

学术论文是作者经过科学研究后形成的学术观点，目的是解决学术问题，而非传授、介绍、普及该专业的基本知识与理论，这是学术论文不同于教材、讲义、科普文章的显著标志。学术论文是学术成果的载体，学术价值是衡量学术论文水平高低的一个重要标准。学术论文无论是选题、论证还是思辨，都应具有本学科较高层次的理论背景与理论视野，应具有专业的深度。

2. 科学性

学术论文是作者对某一课题长期积累、潜心研究，在分析和综合的基础上经过严密的论证写成。在立论上要求实事求是、尊重客观实际、不凭个人好恶下结论、不说过头话、不搞绝对化；论据要求全面客观地占据材料，准确地使用材料；论述要求方法科学、结构严谨、逻辑严密，最后得出客观的结论。论文的写作要求遵循统一而规范的格式，体现学术研究工作的严肃性，避免随意性和主观性。

3. 独创性

独创性是学术论文的生命。一篇高水平的学术论文必然不能是对前人成果的简单注释或重复，而应该有自己的独创。或是提出新的理论、新假说、新见解；或是采用新型研究方法，能拓展人们的思路与视野；或是研究角度新颖独特，为提出富有创见性的观点打下基础。由专业研究人员写的用于发表的论文，对独创性的要求比较高；由学生撰写用于考核用的学业论文，对独创性的要求相对更低。

二、学术论文写作的过程和方法

（一）选题

选题是写作学术论文的第一步，也是决定论文价值的重要一步。好的选题可以使研究事半功倍，好的选题是论文成功的前提。成功的选题应该是揭示研究的目标取向，也就是要使研究达到什么样的目标：

一要清楚研究的目标取向。它所反映的是研究是否有价值、是否值得研究。因此，从选题来看就可以知道该问题研究的状况和可能发展的趋势。如果选题没有揭示研究的目标取向，而只是陈述了一个事实，那么就意味着该研究不值得研究，或者说前人已经做了比较详尽的研究，在目前的状况下已经没有深入的可能了。这种选题就不应该去选。

二是要确定研究的具体范围。成功的选题应该是范围具体的，不是大而全的。也就是选题不能过大，过大的选题会使研究无法深入下去，只是如蜻蜓点水；另一方面是题目太小，研究就会过于沉迷于琐碎的细节，从而使研究失去了价值和品位。特别是有的细节并不具有代表性，也不能真正反映事物发展的趋势，但由于研究者的视野太小，没法从细节中发现事物发展的基本规律。

三是要对一个学术问题提出质疑，或者说要有争鸣性。学术研究是无止境的，真理更是无止境的。很多学术观点在当时是对的，或者说是真理，但若时间和条件变化了，其真理性自然也会发生变化。因此，选题一定要敢于质疑，但质疑必须要有理有据，而不是随便怀疑。在有理有据的基础上的怀疑，这样的选题一定是有价值的。

另外，还要注意选择主观上有条件完成的课题。要保证写出高水平的论文，在考虑客观需要的同时，还要考虑是否有顺利完成论文的各种有利因素。最好要选择那些自己有浓厚兴趣、潜心追求的课题。爱因斯坦曾说过："兴趣是最好的老师。"因为有兴趣才会激发深入研究的热情，产生创作的欲望。

（二）资料的搜集与整理

"夫立言之要在于有物"（章学诚《文史通义》)，资料是研究问题、写论文的基础。资料的丰富与否对论文观点的深刻与否，正犹如庄子所说的水之于风，风之于鸟——"水之积也不厚，则其负大舟也无力""风之积也不厚，则其负大翼也无力"，资料的多寡直接关系到论文价值的大小。因此在动笔写作之前一定要抽出大量的时间搜集、阅读、整理、研究资料。

1. 资料的搜集

资料搜集的过程是伴随着科研选题同时进行的，有时还先于选题。知识浩如烟海，信息无处不在，资料种类繁多，来源广泛，那么怎样才能有效地搜集资料呢？通常有如下几种途径：

（1）利用图书馆、互联网查阅文献资料。

柏林图书馆大门口写着"这里是人类知识的宝库，只要你掌握了它的钥匙，那么全部知识都是你的"。利用图书馆是写作学术论文搜集资料的基本途径，也是论文作者的基本功。

要掌握文献检索的方法，熟悉图书分类法和现有书目索引，以便按图索骥，直接找到所需书刊、文献。文献检索就是从汇集的文献中，选出既定需要的事实和数据，以供研阅、使用。检索的方法有：

① 按照图书馆分类法进行检索。在我国，各图书馆的分类主要是以下列图书所规定的分类法编排的：《中国人民大学图书分类法》《中小型图书馆图书分类法》《中国科学院图书馆图书分类法》《武汉大学图书馆图书分类法》《中国图书馆图书分类法》等。此外，还有书名目录、著者目录等。入乡随俗，进入图书馆首先应了解该图书馆的分类与查找方法，以便快速、准确地检索到自己所需要的图书资料。

② 利用书目、索引检索。书目，是为了某专科或专题研究的需要，把一批相关的图书按照一定的次序编辑而成的图书目录。索引，是把图书馆、报刊中的项目和内容摘记下来，按一定顺序排列，用于检索散见于书刊中资料的工具书。检索书目、索引能使我们了解在某个研究领域中已有哪些成果，又能引导我们定向查到散见于报刊中的资料。

③ 要善于使用各类工具书，包括百科全书、年鉴、手册等。同时可以登录相关学术网站和期刊网站，查阅有价值的资料。

（2）进行社会调查。

通过调查收集第一手资料是进行科学研究的重要手段。调查步骤、方法、方式和要求与一般调查大致相似。调查应做好必要的准备，以明确目的、确定对象。在调查时一般采用典型调查、抽样调查、重点调查等方法。在调查过程中，可采用访问、开会、问卷等方式，来获取所需要的具体材料。

（3）进行科学实验和科学观察。

即通过实验和观察，以求获得第一手的事实资料。实验方法有定量法、定性法、对照法、模拟法等。

2. 资料的整理与研究

广征博采，多方搜集到大量资料后，还要经过一个去伪存真、去粗取精的研究整理过程，然后根据论文内容表达的需要进行严格的取舍剪裁，把零散的、表面的感性材料联系起来，发展成一个完整的、反映事物本质规律的理论认识，从而形成论文的论点和基本框架。具体而言这一过程包括：

（1）资料的记录整理。

在资料搜集过程中，应当边搜集边思考边记录。古人云："学而不思则罔，思而不学则殆"，孟子更有名言"尽信书，不如无书"。面对大堆的资料不能教条地照抄照搬，要"批判地阅读"，经过思考、鉴别、筛选，明辨资料的真伪优劣，并随时将所发现的新颖的、必要的资料记录下来。记录的方法很多，可采用笔记本、活页纸或卡片，也可用复印、剪贴、微机存贮的方式。在记录时应注意不但要摘录原文，还应注意在资料上加上标题，以便易于了解资料的内容和分类。在资料的末尾应注明书名、作者名、出版单位、时间、页数等，以便日后使用时加注或核对。

对收集到的文献资料还要注意及时整理，在形式上注意分类编排。起初分类可参照本学科、本专业一般所设的章节项目划分、归并，以简明为好。以后资料积累越多，使用频率越高，自己对资料就越熟悉，就会对分类产生自己的看法，根据需要重新调整分类项目，逐渐形成自己独特的分类方式。

（2）资料的研究分析。

对加工整理后的资料，必须运用归纳、演绎、分析、综合等科学的逻辑思维方法进行研究，从而产生正确而深刻的认识，形成论文的观点。这就要求选用到论文中的资料必须是真实准确、典型有力、新颖而富有创造性的。只有真实准确的资料才经得起推敲，才能得出科学的结论；只有典型的资料才能反映事物的本质特征，才能使论点得到充分的论证；只有新颖的资料才能激发创造性思维，从中引出新的见解，才有可能写出有创见的论文。

（三）拟订提纲

有了资料和论点，写作准备阶段的基本任务就完成了，可以开始拟订写作提纲了。提纲是论文写作之前的设计蓝图，它起到帮助作者理清思路、明确论文的论点、论据和论证步骤、确定论文的基本框架的作用。编拟提纲还可以检验自己的构思，如中心论点与分论点的关系是否正确合理、使用的材料是否充分等。

论文提纲一般包括题目、中心论点、全篇逻辑框架、主要分论点、论证的层次与步骤等。编写提纲一般是由大到小、由粗到细，一层一层地拟定。

（四）学术论文的撰写

学术论文的格式包括标题、摘要、关键词、引言、主体、结语、致谢、注释、参考文献、附录等部分。

1. 标题

标题是对论文课题或论点的简明概括。其内容要素可以是研究对象、研究目的、研究结论或兼而有之。例如：《冲出精神围城——论老舍作品中的知识分子形象》，这一标题表明了作者对所研究课题的看法，是对研究结论的揭示；《会计决策的模型和方法》《工业设计与 CI 识别系统》这类标题只是作者对所研究的课题的揭示。标题的具体形式有两种：一是单行标题，二是双行标题。用双行标题时，主标题表明写作内容或观点，副标题表明研究对象和范围。

论文的标题是研究目录、索引等二次文献的重要著录内容，是供读者检索论文的主要标识。因此论文标题必须提供必要的信息量，能概括全文的中心内容，在写作中要求用语准确、简明、直接、醒目。

2. 摘要

摘要是全文的简明要点，是对全文基本思想的浓缩。摘要是对论文内容不加评议的简短概述，主要阐明论文研究的主要问题、目的与方法、主要观点与结论。

摘要具有引导读者迅速了解全文内容的作用，既节省读者的时间，同时又可以满足二次文献工作的需要，使文献索引杂志不做修改或稍做修改就可转载，避免由他人摘要所产生的误解和缺漏。故写作时要忠实于原文、突出重点、文字精练，摘要一般为 100~300 字，外文摘要一般不超过 250 个实词。

3. 关键词

关键词又称主题词，是说明论文核心内容的名词性词、词组或术语，一般为 3 ~ 8 个，词与词之间用空格或分号隔开，最后一个词不加标点符号。其主要作用是方便文献标引和信息检索。关键词可以从论文的标题、摘要和小标题中抽取，但一般不要重复标题，可通过设置关键词使标题所表示的论题和论点更具体。

4. 引言

引言又称前言、绪论、导言，是学术论文的开头部分，内容是说明研究的缘起、目的、任务、方法和结论等。这些内容在实际写作中无须面面俱到、详细铺陈，要有所侧重、有所选择，有的只需点到为止。除了学位论文要说明研究过程、引言较长外，一般论文的引言较短，要求言简意赅。

5. 主体

主体是学术论文的主要部分，是描述研究成果、具体展开论证的核心部分，是作者学术水平和创造才能的集中体现，直接决定着论文质量的优劣高低。

主体部分根据写作意图，或正面立论、或破除谬论、或争鸣探讨、或解决疑难。不管哪种情况，都需提炼出明确的中心论点，并以中心论点为轴心贯穿全文。对中心论点的阐释与论证应当严密，做到层层深入、节节展开，使事物内部的联系及本质呈现出来，从而使文章具有无懈可击的逻辑力量。论述要条理清楚、由表及里地挖掘、自浅而深地推进。

它在层次段落之前，或使用小标题，或使用数码标示。

通常采用的结构形式有以下三种：

（1）并列式——横式结构。

即围绕总论点并列排出几个分论点，从不同角度、不同侧面对总论点进行阐释、论证。

（2）递进式——纵式结构。

即由浅入深，一层一层地对总论点进行阐释、论证，后一个层次是前一个层次的深化，后一部分是前一部分的发展。

（3）混合式——综合式结构。

或者大层次为并列式，而一些层次中又采用递进式结构；或者大层次为递进式，而一些层次中又采用并列式结构；或者并列式和递进式分散用在本论的不同部分。

总之，不管采用何种结构形式，都是为了展开论证过程，即运用论据以说明观点、证明观点，通俗地说，就是摆事实、讲道理。

6. 结语

结语是根据主体论述所做的结论，是对本论中分析、论证的问题的综合概括。或对本论部分的观点做概括和升华；或对论题研究的前景进行展望；也可说明解决了什么问题、有何对策或建议等。结语要写得干净利落、不拖泥带水。

7. 致谢

致谢是作者对那些在论文的形成中给予过帮助，提出过有价值的建议、意见或提供了资料、科研经费的个人或单位予以感谢的文字。一般置于正文之后。致谢应写明致谢原因与对象，语言诚恳、简短、恰当。也有的论文不写致谢。

8. 注释

注释主要用于对文章篇名、作者及文内某一特定内容做必要的解释或说明。篇名、作者注释置于当页地脚；对文内有关特定内容的注释可夹在文内(加圆括号)，也可排在当页地脚或文末，序号用带圆圈的阿拉伯数字表示。

9. 参考文献

参考文献是作者撰写论文所引用和借鉴的主要文献。参考文献必须注明出处，这既是论文科学性、严肃性的反映，也是作者严谨认真的科学态度的体现，更便于读者查对有关内容。一般来说，参考文献应以研究论文和论著为主，教科书、普及性读物最好不要列入，网络文章由于缺乏规范性与权威性，学术质量较低，也应慎用。参考文献的列举范围包括：研究过程中受到启迪的文章、对选题和论点的确立产生过影响的文献、引用资料所涉及的文献。

参考文献也是评价论文质量的某种指标。从参考文献中可以看出论文作者对论题所涉及的有关文献的了解情况。文献质量高说明作者阅读过研究领域内较精深的资料，文献数量大说明阅读面广，这些都是对论文质量有重大影响的因素。

常见的参考文献的标注方法是用尾注，将文献统一按顺序编号，在文末依次注明，序号用方括号标注。

参考文献与引文出处的注释在形式上大致相似，但两者的性质和功能尚存在很大不同。首先，注释是对某一论点、某一资料所做的征引，为论证提供依据，必须标明资料的详细出处，如某书的第几页；而参考文献是对某一著作或论文的整体参考或借鉴，是全文注释征引资料的来源。其次，注释根据论文写作的需要可对一份文献多次引用，而参考文献仅在文末做一次注明。

10. 附录

附录是论文的重要补充。凡因篇幅所限不便于写入正文的，有重要参考价值的资料、数据、图表等均可写入附录，并编连续页码。

上述各项，有些是每篇论文都必须有的，有些则可根据论文具体情况决定取舍，不必生搬硬套。

三、学术论文写作的注意事项

（一）选题要恰当

选择有价值的、难易适中，自己又比较有兴趣的论题来做。

（二）充分占有选题范围内的资料

做好材料的分类、鉴别和扬弃工作。

（三）反复修改

初稿完成后，要反复修改。斟酌写作意图是否表达清楚；基本论点和分论点是否准确、明确；材料用得是否恰当、有说服力；材料的安排与论证是否有逻辑因果；大小段落的结构是否完整、衔接自然；句子词语是否正确妥当；文章是否合乎规范。总之，一篇好文章一般都要经过多次修改才能定稿。

四、例文评析

例文一

如何正确评价私塾问题

熊贤君

（华中师范大学教科院，湖北武汉 430079）

摘要：私塾作为中国传统教育的重要组成部分，对中华文化的传承与创造，发挥过较大的作用；对于继承和弘扬中华传统文化，促进教育改革，全面实施素质教育，仍然具有一定的借鉴价值。

关键词：私塾；文化传承；教学经验

私塾是中国传统教育的重要组织形式之一。对私塾的评价，过去大多采取全盘否定的态度，扣上“死记硬背”“鞭笞体罚”“脱离实际”“教授八股文章”，以及由塾师一人讲授全部课程，缺乏起码的教学仪器、实验设备等帽子，否认私塾的现代借鉴价值。诚然，私塾的确存在着许多弊端——这在以前的报刊所载文章中已经给予了淋漓尽致的揭露，毋庸赘述。问题在于这种“一边倒”的私塾评价方法，对于我们吸取私塾这一重要教学组织形式的教育经验，是有百害而无一利的。而事实上，私塾作为中国传统教育的重要组成部分，对中华文化的传承和创造，发挥过较大的作用；对于继承和弘扬中华传统文化，促进教育改革，全面实施素质教育，仍然具有一定的借鉴价值。因此，我们要调整对私塾的审视点，选择新的切入点，使用辩证的科学的方法正确评价私塾。

一、正确估价私塾在文化传承中的作用

私塾的历史源远流长，作为一种独特的教学组织形式，它在唐宋以后便成为盛事，成为中国封建社会学校体系中的一个重要组成部分。成为古代和近现代学校体系中与官学相衔接的不可替代的部分，在中国传统文化传承过程中起着重要作用。

在中国古代和近现代，传统文化传承的重要凭借之一是私塾。近代“壬寅学制”公布以前，学校大致可分为大学和小学两个层次，私塾与此相应地有专馆与蒙馆之分。官方所办的学校大多为大学，地方也有一定数量的半官半私的社学，但更多的最活跃的仍是私塾。而私塾中生机勃发的则是相当于小学性质的蒙馆，正是这些具有小学性质的私塾承担着日常杂字、洒扫应对、简单的算数记账等基本文化知识传授的任务。尽管在近现代新学制——“壬寅学制”“癸卯学制”“壬子·癸丑学制”和“壬戌学制”公布并实施后，政府推行义务教育的力度不断加大，新型正规学校教育得到发展，私塾受到重大打击，但是受影响的主要是私塾中层次较高的“专馆”，而蒙馆性质的私塾仍然十分活跃。所以，即使是在中国近现代，私塾在新学制的威慑之下，也只是部分功能有所减退，而一部分反而得到强化。因而，在中国古代和近代，传授基本文化知识，甚至是扫盲破蒙的任务，主要由层次较低的私塾承担。在现代社会，私塾也与新型学校并行不悖，与小学共同承担着破蒙和提高广大人民群众基本文化程度的任务。

由于以上诸种因素的作用，直到中国近现代社会，私塾遍及全国各地。据河北省有关资料统计，1902 年景州有私塾 420 处、抚宁县 227 处、赵州 200 处、永平府 197 处、阜平县 75 处、望都县 71 处、共计 119 处。1906 年,《学部官报》统计直隶省高等、初等小学堂共 2 766 所。据此推算，光绪三十三年（1908 年）直隶（河北）全省共有私塾总数不少于 30 000 万所。中华民国时期，随着新式小学堂的进一步发展，河北省私塾逐步减少，但到 1928 年，全省仍有私塾 6 277 所，其中女塾 237 所，在塾学生 72 144 人。同年，河北省初等学校在校学生数为 659 335 人，是私塾学生数的 9 倍。[①]湖北省部分县市统计，清末蕲水县有私塾 300 所，塾童 6 000 多人；黄安县 700 多所，塾师 712 人，塾童 10 500 人；江陵县 1 700 多所，巴东县 41 所，鹤峰县有 28 所。随州自 1894—1949 年间还曾设置过女子私塾。[②]又据《浙江教育志》统计，到 1935 年，国民政府加大了私塾改良的力度，但该年私塾数不仅没有减少，反出现了“反弹”，由原来的 2 033 所增至 2 355 所，学生由 44 170 人增至 54 324 人。《广西通志·教育志》载，广西“由官宦世家、名人巨富或由家族以及合村主办的家塾、村塾、义塾（族塾）数量很多，遍及广西乡镇农村”，清末“贺县私塾多达数百所，其中莲塘乡在民国时期还有私塾 42 所”。全国在各个历史时期私塾数到底有多少处，难以细说其详，但可以肯定，私塾数目是巨大的，遍及全国乡野，即使是少数民族地区也是如此。

数目巨大的私塾，所传授的内容大多系基本文化知识。人们常常批评私塾只传授四书五经，讲授科举“坏心术”之学，其实这主要是层次比较高的私塾所为，大部分层次较低的私塾所讲授者，更多的还是识字与算数之类。考察层次较低的私塾的部分教科书，其教学内容便可一目了然。此类私塾的教学内容大致可分为五种类型，其内容之一是识字，如《三字经》《四言杂字》《急就章》《龙文鞭影》《千字文》等；其二是历史知识，如《历代国号总括歌》《五字鉴》《历代蒙求》等；其三是介绍生活常识，如《名物求蒙》《训蒙骄句》《幼学琼林》等；其四是教塾童为诗作文，如《声律求蒙》《笠翁对韵》《神童诗》等；其五是教做人讲道德，如《小学诗礼》《小学韵语》《蒙童须知韵语》等。此外，还有讲经学、算数等内容的私塾。这些都是当时基本的文化知识，与“坏心术”的科举之学关系不大，不排除有一些私塾所传授的内容是科举之学的基础。

进入近现代后，清末学部、中华民国教育部不断加强对私塾整理和改造的力度，迫使私塾教育内容现代化。“壬寅学制”（未实施）、“癸卯学制”公布并实施后，私塾承受着巨大的压力，在政府的鞭策下步入现代化的历程。清末和中华民国时期掀起了私塾改良运动，1909 年清学部颁发了《通行京外凡各私塾应按照本部奏定变通初等小学简易科课程办理文》，很多省、县成立了私塾改良会，订立了《私塾改良会章程》；中华民国时期北京政府教育部颁布了《整理教育方案（关于小学、改良私塾）》（1914 年 12 月）、南京政府教育部颁布了《改良私塾办法》（1935 年）。要求“国定教科书与审定教科书并行于社会间，听人民之自择，庶穷僻之壤以其书美价廉，教授儿童，亦知改用教科书，所谓《三字经》《千字文》者，可渐其绝迹；推广教育，刷新文化”。③私塾的教育内容先后大多易而为科学民主新知，与公立小学无多大差别。

由于私塾所传授的内容大多系所处的那个时代的基本文化知识，私塾遂成为所处各时代学校系统的重要组成部分。不少风云人物就是通过私塾接受初步的文化知识、生活常识及做人的起码准则的。如毛泽东、刘少奇、邓小平、刘伯承、陈毅等一大批无产阶级革命家，马叙伦、陈垣、冯友兰、尚袱、谢国祯、吕振羽、陈望道、翦伯赞、谭其骧、蔡尚思、张舜徽、朱光潜、张友渔等著名学者、教育家无不如此。湖北早期共产党人，如董必武、恽代英、陈潭秋、林育南等人，还亲自办过现代私塾，借以提高民众文化素质，培养新型人才。私塾对中国各个时代先贤先哲创造的灿烂文化的传承，对人们在劳动过程中积累起来的经验的传承，起着重要中介作用。

二、如何看待私塾教学方法的现代价值

无可否认的是，私塾比较普遍地存在着“死记硬背”“鞭笞体罚”的教育和教学方法。但是，私塾所创造的种种教学方法，仍有一些具有现代教育价值值得借鉴。

寓道德品质教育于文化知识之中的方法，很值得重视。私塾教授塾童时强调做人立德的问题，但他们并不单独大谈为人处世的大道理，而是将这些“大道理”置于知识传授过程中。有的塾师在讲授“四书”时，指出：“儒者，明体达用，讲求实学，不沾沾于辞章训诂，而独以风俗人心为己任。夫风俗之所以美，必由于教化，教化之所以兴，始于童蒙。”在介绍儒家的伦理道德思想时，趁机阐述自己的主张，说：“子与子言孝，弟与弟言悌，望而知其为义学中来也。”[4]避免了集中时间板起面孔说教，所收到的效果反而不错。

私塾最重要的教学方式之一是个别教学，个别教学与因材施教是一对孪生姊妹。塾师在指导学生作文习字时，常常将学生唤到桌案前，采取耳提面命的方式，当面批改作业。这有利于抓住学童学习中的问题，有针对性地采取对策，使学生有深刻的印象。在修改时往往运用连圈断句，对突出佳句加上连点的方法，标示精华之点。学童的作文篇篇都有眉批总批，一一指出其问题之所在，深入分析犯错误的原因等等，学童每一篇作文做下来都能够有所收获，批改后都有所进步。这样做可以抓住学生在学习中遇到问题的要害，当面指正，避免泛泛而谈，蜻蜓点水雾里云中不着边际，学生从中可获得很大的教益。学生在习字时，塾师也常在学生中巡视，发现问题如运笔方法、握笔姿势、笔画肥瘦、间架结构等，当面纠正。这种个别教学方式，便于发现学生学习过程中出现的各种问题，然后有针对性地采取措施予以解决。塾师的教学可收到意想不到的效果。

私塾最常见、采用最广泛的教学方法是自学切磋。塾师的教学常常是在塾童自学的基础上，再对课文进行精要讲解。这种讲解是采取“点化”而不是“解化”的方式，并没有整天整日由教师喋喋不休地讲说。《广西通志·教育志》载，广西经馆阶段的塾师除讲课外，“重视学生自学，有的要求每日写学习札记。私塾每日功课可概括为读书、背书、写字、作文（包括诗、赋）四个方面。”清末广西教育家龙启瑞的家塾课程“以读熟书、看生书、写字、作文为纲，对每日从早到夜的课业活动作了安排”。[5]如果说写字和作文主要是训练技能的话，那么“读书”“读熟书”和“看生书”中就包括大量的自学活动了。贺长龄在《塾规》中还特地对塾童的自学方法进行指导：“读书贵有疑，疑思问，须订读书间答一本，每日晚间，将日间问过先生的话择要登记数条，须条畅，须明简”。又说：“凡读书须研朱句读，改正讹字；有独得一解处，随用纸条书写，粘在书上，注明某页前后几行字样，看至第二遍时，或识见有进，则扯去之。凡书中有疑难字，即检字典及韵府查明，不可含糊过去。”他还强调，“凡讲书，须看注，求其训，注中无者，便检各书参考求之，不可杜撰误人，宁以俗说粗解，却不妨既通说每句大义，又通说每段大义，即令自反覆说通，面试通乃已，久之才觉文义粗通，能自解说，即使自看注，沉潜玩索，使来试说，更诘难之，以使之明透。”对于塾童的自学方法的指导十分细致，是对私塾塾童自学方法的总结。学生掌握了自学的方法，犹如掌握了走进知识殿堂的钥匙，可以在知识的海洋中自由游弋。这也可以说是人们常说的“授之以渔”。一部私塾（或私学）教学论史，简直可以称之为私塾自学史。

私塾的书法教学，也是其饮誉教坛的看家本领之一。塾师教授塾童习字，有一个不可错乱的程序，一整套行之有效的方法，塾童必须依序进行。其程序与方法分为四步，即：第一步是描红、涂影。其字体笔划由简到繁，如“上大人，孔乙已……”“一去二三里，烟村四五家，楼台六七座，八九十枝花”等。因为这些字是红影本，故叫

“描红”。这些字有木刻的，也有先生手写的，学生便在红底上填黑。经过一段时间，改用透摹法，即用黑笔写就的影本，放在里面，用一张素纸蒙在外面，透影摹写，字体略小于一寸见方。第二步即是临帖。待描红、涂影有一定基础后，学生渐在字旁“脱手”复写小字。学生能够“脱手”自书，便进入临帖，其帖多以颜、柳、欧、苏之帖为主，小楷练习同时进行。每天早晨各人要写楷字48个和1张行书。中午要写360个小字，晚上还要自己练习小楷，第二天交塾师审查，如不交教师就用戒板打手心。[6]第三步是写“米”字格，或者写“圆格”纸。塾师安排这一程序，主要是为了锻炼学生笔画间架能力，使之能控制字的大小，框架结构合理，笔画肥瘦适当。第四步是在白纸上印好的方格里写。这一步比以上所言的“米”字格又要难一些，因为格子在纸的下面，若明若暗，控制字的大小，笔划的肥瘦有一定难度。这一步过了关，就可以脱格写字了。凡读过私塾的人，大多有一手好字，与私塾所实施严格的程序训练是分不开。

私塾的教学法有很多值得重视。这些业已证明是成功的经验，对于提高教学质量，促进教学方法改革，是有借鉴意义的。很显然，在评价私塾的教学方法时，是不能采取过于简单化的方法，或者以偏概全，或者全盘否定的。相反，应当具体的问题具体分析，取其精华，去其糟粕。

三、如何对待私塾学科教学经验

私塾历史悠久，在某些学科的教学方面，探索到了某些学科教学的规律，揭示了某些学科教学的真谛。尤其是在作文教学方面，可以说是形成了作文教学程序，作文训练步骤，以及作文批改方法。过去，人们只看到私塾仅教授“八股时文”“为圣人立言”等等，而将作文教学中十分有价值的内容，千百年来形成的学科教学经验视同垃圾扔掉了。这对于今天方兴未艾的学科教学改革，是极为不利的。

私塾的作文教学颇有特色，形成了阶梯式的教学程序。私塾在塾童习作训练上，提出了词义并重的原则。塾师在长期私塾作文教学实践中摸索到了作文教学的一个重要原则问题，这就是“辞章”与“义理”并重并举，从而使形式和内容的关系得到较好的处理。

作文训练的第一步是“开笔”。塾童识得一定数量的文字后，便开始进行习作练习，亦即进入“开笔”阶段。塾师对学童的“开笔”训练，是从“属对”开始的。塾师要求塾童首先要将《声律求蒙》之类的书籍熟读成诵，旨在使塾童掌握词性。如“云对雨，雪对风，晚照对晴空；来鸿对去燕，宿鸟对鸣虫；三尺剑，六钧弓……”在训练时，要注意以“天”对“地”、以“水”对“山”、以“屋后”对“房前”等。在教学过程中要学习缀字、缀句，讲解诗词时着重讲虚实、平仄对字。弄清词性是为文作诗的基础，是塾师作文教学训练入手的第一步。

第二步是习作短文。塾童掌握了缀字缀句等为诗作文的基本知识后，即开始学习短文的写作。所谓短文主要是指做小段日记、纪实性的小文章，或称之为片段描写。湖北《英山县教育志》记载，私塾塾童的这一类短文训练大约每旬 2 篇；湖北《随州教育志》的记载大致相同，该州私塾“程度较高的学生，每 5 日进行 1 次‘会文期’

写作训练，由先生命题，学生按规定时间（2～3 小时）交卷”。[7]清代石天基等在撰写的《训蒙辑要》中对这一阶段的作文者说：“作文各有体格，要看题思索”“记文须选前辈文极简浅切当者，每日读两篇。作文之日，仿读过文法者出题，庶易引触”。[8]这就是说，初学作文者，应以前人简明易懂的作范文，从此处入手熟悉文章的结构，表情达意的方法，在学作文时要找一根拐棍。塾师应令塾童在动笔前“将通篇主意口说一遍”，这样才能够做到“无糊涂重复之弊”。塾师所出题目，应“极明浅易于发挥”。

第三步是为诗作文。在以上两个步骤扎实训练的基础上，塾师便开始教塾童正式为诗作文。塾师对塾童所作的诗文，要求做一篇便有一篇的长进，篇篇都能够上一个新台阶。塾师对塾童为诗作文应提出明确的要求，在鼓励其兴趣和信心的同时，要求语句精练、结构严谨。在这一阶段之中，塾童应腾出时间集中作文。唐彪在《读书作文谱》中说：“人生作文，须有数月发愤工夫，而后文章始得大进。盖平常作文，非不用力，然未用紧迫工夫，从心打透，故其获效自浅。必专一致功，连作文一二月，然后心窍开通，灵明焕发，文机增长，自有不可以常理论者。”他不仅主张要经常写，而且要集中攻关，这当然有一些机械死板，但是他所强调的在某一段时间多看多写，使写作方法达到比较娴熟的程度，这则是有道理的。还有一些塾师也强调为诗作文不要硬着头皮去写，要组织好了实在的内容才动笔，否则就会作无病呻吟，或胡乱连缀成篇。

塾师在指导塾童作文时，还探索到了一些值得重视的经验。如鼓励塾童放手去写，待具备一定的条件后再收拢堰绳。王绮在《教童子法》中说：“作诗文必须放，放之如野马……不受羁绊”，以后便逐渐“加以衔辔”“涵养诱掖，待其自化，则文境必大进”。塾师在修改作文时，也摸索到了一些能使塾童有长进的修改指导方法，张行简指出：“改初学诗文，改窜过多，失去本来面目，彼定无从捉摸。即有不合作法者，亦须因其文气顺之，而抑扬其词，明为指示，并附一拟作于后。”他强调不要改得过多，使学生“失去体面”，丧失作文信心，“改窜过多，阻其兴致，强者愤怒，弱者颓安，势必束高阁，而不加捉摸。我费苦心，彼仍隔膜，师弟之凿柄不相入也。”[9]这种尊重学生，激发塾童首创精神的作文批改办法，是值得重视的。这种精神对于促进我们的各个学科教学改革，都是大有裨益的。

如此看来，私塾中既有害人匪浅的内容，也有需要继承的积极因素，可谓泥沙俱下、鱼龙混杂。正因为如此，我们不可不问青红皂白将私塾一棍子打死，而是要仔细辨析毫芒，去粗取精，“吹尽黄沙始到金”。对于私塾的评价，要采取实事求是的态度，进行深入认真的研究，既不要感情用事，一概否定，也不可奉为“国粹”，一味褒扬。

注释：

①④河北省地方志编纂委员会编：《河北省志》第 76 卷《教育志》〔M〕，中华书局 1995 年 6 月出版，第 36～38 页。

②湖北省地方志编纂委员会编：《湖北省志 · 教育》〔M〕，湖北人民出版社 1993 年 8 月版，第 4 页。

③《教育部整理教育方案（关于小学、改良私塾）》（1914 年 12 月），《教育公报》

〔J〕，第1卷第8册。

⑤广西壮族自治区地方志编纂委员会编：《广西通志·教育志》〔M〕，广西人民出版社1995年10月版，第62页。

⑥田梅村：《蔡甸镇的私塾学堂》，《湖北文史资料》〔J〕，第32期，湖北省政协文史资料委员会1990年9月版。

⑦随州市教育委员会编：《随州教育志》〔M〕，1996年印行，第39页。

⑧〔清〕石天基：《训蒙辑要》卷二《学堂条规》。

⑨〔清〕张行简：《啸孙轩制艺文稿》所附《塾中琐言》。

〔选自《河北师范大学学报》2000年1月第2期〕

【简析】这是一篇发表在期刊上的学术论文。论文运用翔实的材料论述了古代私塾一些值得学习的地方，分别从传承文化、教学方法、学科教学经验方面阐明了私塾的可取之处，值得现代教育从业者深思。论文观点鲜明、结构清楚、论证有力。

例文二

论中国古代应用文写作理论的形成

刘　壮

摘　要：中国古代应用文写作理论形成于汉魏六朝，但是由于人们对文学作品与一般文章（包括应用文）的差异经历了漫长的认识过程，使得古代应用文写作理论还缺乏整理。汉魏六朝时期，对应用文的功用、文体辨析、写作规律等进行了全面、系统的研究，并清楚地呈现出继承与发展的历史轨迹。

关键词：文学与文章的差异；应用文功用；文体辨析；写作规律

汉魏六朝，是中国文学理论批评史的发展和成熟的时期，中国古代写作理论独立，中国古代应用文写作理论随之形成。但应予说明的是，应用文的名称迟至南宋才出现，到五四时应用文才作为独立的文章体裁提出来，人们对于文学作品与一般文章（包括应用文）的差异经历了漫长的认识过程，这使汉魏六朝时期的应用文写作理论并不是以专著、专论的形式出现，而是散见于相关的文论著述之中，例如王充的《论衡》、曹丕的《典论·论文》、陆机的《文赋》、挚虞的《文章流别论》、刘勰的《文心雕龙》和萧统的《昭明文选序》等。因此，多少年来人们对于古代应用文写作理论还缺乏整理。本文就其主要论题并结合发展轨迹进行论述。

一、应用文功用

关于应用文的社会政治功用的论述，主要见于王充的《论衡》、曹丕的《典论·论文》和刘勰的《文心雕龙》。王充作为唯物主义哲学家，其著作《论衡》主要是一部哲学著作。他作此书的宗旨是“疾虚妄”，正如在《佚文》中所说：“《论衡》篇以数十，亦一言也，曰：疾虚妄。”他的唯物主义思想基础引申出文学观：为文重“世用”，即特别重视文章的社会政治功用。他强调文章要“有补于世”“劝善惩恶”，提出：“为世用者，百篇无害；不为世用者，一章无补”“凡贵通者，贵其能用之也”“文岂徒调笔弄墨为美丽之观哉？载人之行，传人之名也。善人愿载，思勉为善；邪人恶载，力自禁裁。然则文人之笔，劝善惩恶也。”这种强调文章的实用性的见解，虽然在当时还是泛指各种著作而言，但是实际上已涉及应用文起于实用、讲求实效的根本性问题。

除了阐述为文纲要之外，王充进而结合具体现象进行论证，一是关于应用文起于实用，二是关于讲求实效。

他在《对作》中提出：“起事不空为，因因不妄作；作有益于化，化有益于补。”指写文章并非“妄作”，而是出于一定原因为了一定目的。他举汉初陆贾奏汉高祖为例来说明。据《史记·郦生陆贾列传》，陆贾时时说称诗、书，刘邦斥之：天下是在马背上得来的，并不是靠诗、书。陆贾则陈述了商汤周武并用文武而天下长久，倘若秦行仁义、法先圣也不会灭亡；进而根据动乱之后需要休养生息的社会需求，针对秦实行严刑峻法的恶果，作《新语》十二篇上奏。结果，“每奏一篇，高帝未尝不称善，左右呼万岁”。王充就此指出：“高祖不辨得天下，马上之计未转，则陆贾之语不奏。”这个论据充分说明奏议类应用文是起于实用的。陆贾所奏的《新语》，是总结了历史教训，针对当时社会发展需求，从而得出的结论，正体现了“起事不空为，因因不妄作”。也正因为此，陆贾所奏才深得统治者赞赏，体现出“作有益于化，化有益于补”。于此，应用文起于实用的主张鲜明可见，也可见应用文的社会政治功用。

关于讲求实效，王充提出为文须“辨然否”，并在若干篇目中以汉赋为例反复论证。自先秦以来就有以诗文劝喻讽谏的传统，赋是其中之一。《国语·周语》邵公谏周厉王弭谤中有关于“瞍赋”的记载。瞍，是没有瞳人的盲人，以盲人作乐官。赋，是不入乐诵读的，所谓“不歌而诵谓之赋”。赋作为文体名称，始于战国后期荀子。郑玄注《周礼·春官·大师》称“赋之言铺，直铺陈今之政教善恶”，指赋从表达上来说有铺张、敷陈的特点，从功用上来说则有劝喻讽谏的作用。但汉初经惨淡经营日渐繁荣，汉赋内容也多歌功颂德、劝百讽一。例如，司马相如的《子虚赋》《上林赋》与后来的《上书谏猎》相比，后者受赋影响而注重文采，但前者堆砌铺排极尽渲染、多粉饰少讽谏。再如，其后扬雄虽然在晚年认识到赋是“壮夫不为”的“童子雕虫篆刻”，但早期也仿效司马相如作《甘泉赋》《羽猎赋》，只是在结尾加上一点抽象的讽谏的话。王充尖锐批评了这种倾向，在《定贤》中指出：“以敏于赋颂为弘丽之文为贤乎，则夫司马长卿、扬子云是也。文丽而务巨，言眇而趋深，然而不能处定是非，辨然否之实。”并在《谴告》中具体阐述：武帝好仙，成帝好官室，若《大人赋》“言仙无实效”，《甘泉赋》“言奢有害”，武帝岂有仙仙之气？成帝岂有不觉之惑？却“反人心而以非应之”，使“皇帝不觉，为之不止”“惑而不悟也”。显然，王充评价文章的标准十分明确：尽管文辞宏丽意趣博深，但是不能“辨然否”，不能起到“劝善惩恶”的作用，不算好文章。虽然《论衡》中涉及的写作理论并非单纯就应用文体而言，但深入探索文章的社会政治功用，对后世应用文写作和应用文写作理论的形成都产生了重大影响。中国自古就有

“文贵实用”的传统，中国古代写作理论的特点首先是强调写作的社会功能，古代应用文写作理论与此是一致的，而且更为突出。

曹丕的《典论·论文》是古代文学批评史上第一篇专篇论文，也十分重视文章的价值功用。他明确提出：“盖文章，经国之大业，不朽之盛事。年寿有时而尽，荣乐止乎其身，二者必至之常期，未若文章之无穷。是以古之作者，寄身于翰墨，见意于篇籍，不假良史之辞，不托飞驰之势，而声名自传于后。”结合文中例举的王粲、徐干、蔡邕、张衡的辞赋和陈琳、阮瑀、孔融的章表书记，可以看出这里所说的文章既包括文学作品也包括应用文。他高度评价文章功用，认为是经治国家政事的重要工具，有很高的政治作用，有与立功、立言同样重要的地位，比个人荣乐、生死更有深远意义，可以垂世不朽。从应用文写作理论发展的角度来看，王充所论涉及应用文起于实用、讲求实效的根本问题，当然有重要意义；而像曹丕这样把文章功用提高到“经国之大业，不朽之盛事”的高度来评价，从经治国家的层面认识其社会政治功用，则是前所未有的。况且曹丕的地位与王充不同，他的认识、评价对应用文写作及其理论的发展是功不可没的。

刘勰的《文心雕龙》是古代文学批评史上的不朽巨著，即使仅从应用文写作理论的角度，也应专文对其阐述，这里只能极简要地介绍。他重视文章社会政治功用的主张，首先体现在《文心雕龙》第一部分“文之枢纽”以及“长怀序志”等篇目里。他提出：“唯文章之用，实经典枝条，五礼资之以成，六典因之致用，君臣所以炳焕，军国所以昭明。”此外，他在文体论中也有多处论述。例如在《诠赋》中指出赋的流弊时，称：“然逐末之俦，蔑弃其本，虽读千赋，愈惑体要；遂使繁华损枝，膏腴害骨，无贵风轨，莫益劝戒。”他继承了王充的主张，批评因求辞采而忽略情志，认为这无益于辞赋规范和劝戒作用。他对于应用文功用则比曹丕评价得更为具体，在《章表》中提出：“章表奏议，经国之枢机。”应予注意的是，他已不是像曹丕泛指文章、文学而言，而是专指章表奏议类公务应用文，论述对象更为明确。枢机在汉代为朝廷机要部门或职位。以枢机喻关键，足见高度评价应用文在经治国家政事中的价值和功用。

二、应用文体辨析

古人写作十分重视辨体，所谓“夫才童学文，宜正体制”。因为明体才可能合体，才可能得体。应用文体辨析始于曹丕，经陆机、挚虞、刘勰，形成了全面、系统的应用文体论。这是中国古代应用文写作理论的重要组成部分。

曹丕在《典论·论文》中提出：“夫文本同而末异。”本同，是就文章的基本规律而言，是各种文体所共有的；末异，指不同的文章体裁有不同的形式特点。他据此进而概括文体特点：“盖奏议宜雅，书论宜理，铭诔尚实，诗赋欲丽。”这在古代文体研究中具有开创意义。第一，从理论上第一次提出了“末”，把本、末结合起来考察，这比先秦文史哲浑然一体，对文章、文学也同于学术著作限于本而不及末，有了历史性的进步。第二，尝试从表现形式的角度探索不同文体的不同特点，把当时常用文体区分为四科八类，始创“以体论文”的研究方法，使古代写作理论研究从宏观走向微观。

这四科八类主要是应用文体，因此这种探索对于应用文体辨析同样具有开创意义。尽管曹丕对不同文体的分析还较为简括，像对奏议、铭诔仅仅概括为雅、实；或还不够准确，像对诗赋没有触及形象化特点；或还不够深入，只是从形式上考虑。但是这一探索略引端绪，其后陆机、挚虞、刘勰等人的文体研究，可以说是在《典论·论文》的基础上发展起来的。

陆机的《文赋》是古代文学批评史上第一部完整、系统的专著，对文学创作过程中的艺术想象、灵感等提出了创造性见解，也对文体进行了比前人更为广泛、深入的研究。

关于文章体裁特点，陆机着重从内容与形式的主从关系的角度，首先指出了体裁的多样性："体有万殊，物无一量。纷纭挥霍，形难为状。"物，指物象，即文章所反映的客观现实；量指标准、分限。客观现实多样而且千变万化，作者的认识又有所不同并无一定的标准，这些因素反映到文章上就有千差万别。在此前提下，他进一步概括各种文体的特点："诗缘情而绮靡，赋体物而浏亮。碑披文以相质，诔缠绵而凄怆。铭博约而温润，箴顿挫而清壮。颂优游以彬蔚，论精微而朗畅。奏平彻以闲雅，说炜晔而谲诳。"这段论述比之曹丕有三点发展。第一，区分体裁更细致。把四科八类扩展为十类，涉及更多应用文体，如碑、箴、颂。第二，概括文体特点较准确。例如诗为"绮靡"（李善注"绮靡"为"精妙"）；赋为"浏亮"（李善注"浏亮"为"清明"）；铭不仅是"实"进而是"约"，即"文省"（据张铣注），且兼褒赞所以言辞"温润"。第三，在研究方法上有重要发展，分析文体特点不是单纯从形式出发，而是考虑到不同的内容反映到形式上的不同特点。例如"赋体物"，指形象的描写；再如"诗缘情"，强调诗歌创作缘于感情的抒发。这触及文学的根本特征：形象与感情。对应用文体裁的分析也是从内容上探索创作规律，例如碑"披文以相质"，指言辞合乎评价（陈柱注"碑本以纪功德，然必立言不苟，称乎其人，故曰披文以相质"）；再如诔"缠绵而凄怆"，指诔本来为了陈哀（李善注"诔以陈哀，故缠绵凄怆"）。这些都是兼论意与言，注意到了一定的形式反映一定的内容。此外，陆机还深入到从不同层面去探索文体研究的基本理论。在概括文体特点的基础上，他进而有两点重要论述。一是"虽区分之在兹，亦禁邪而制放"。禁、制即约束，指各种体裁虽有区别，又须有准绳。二是"其为物也多姿，其为体也屡迁"。物指文章，体指体式，即文章是多姿的，体式是变化的。把这两点与全文中的文体论结合起来看，关键在于阐明文体特点的相对性。这有两层含义：第一，文体特点使不同的文体相区别，但只是就各文体之间相对而言的，各种文体则应有共同遵守的准绳；第二，文体虽有特点，但不是绝对的，而且即使是同一种体裁也应文章多姿、体式多变。

陆机的文体研究较曹丕辩证，体现了文质兼顾和定体则无、大体须有的辩证原则。这些研究把中国古代写作理论的文体论和古代应用文写作理论引向了深入。

挚虞的《文章流别论》，据《晋书·挚虞传》记载："虞撰《文章志》四卷……又撰《古文章类聚》，区分为三十卷，名曰《流别集》，各为之论，辞理惬当，为世所重。"

另据《隋书·经籍志·总集类》:“《文章流别集》四十一卷,《文章流别论》二卷”,并称《文章流别集》是文章总集的开始(后来《四库提要》也继承了这一看法)。从这些记载来看,“论”大概原附于“集”,后又摘出成为专论,即《文章流别论》。不过,“集”与“论”原书均已亡佚。后者仅存十余则,散见于《艺文类聚》《太平御览》等之中,清代严可均《全晋文》、张鹏一《关陇丛书》有辑佚本。从其现存片段看,论述到的文体有颂、赋、箴、铭、诔、哀辞、对问、碑铭等十一种,可以想见原书分类之细。刘师培对此有高度评价:“溯其起源,考其正变,以明古今各体之异同,于诸家撰作之得失,亦多品评,集古今之大成。”(郭绍虞,王文生《中国历代文论选》)可以说,《文章流别论》是我国第一部文体专论,主要考察了各种体裁的起源、性质、发展、演变,而且主要针对应用文体裁。

首先是考察各种文体的起源。《文章流别论》称:“王泽流而诗作,成功臻而颂兴,德勋立而铭著,嘉美终而诔集。祝史陈辞,官箴王阙。《周礼》太师掌教六诗:曰风,曰赋,曰比,曰兴,曰雅,曰颂。”对此我们可结合历代的解释来互证。挚虞认为:帝王德泽流布,而有诗歌;功成治定,就兴起了颂。据《诗大序》:“颂者,美盛德之形容,以其成功,告于神明者也。”孔颖达《正义》:“以其成功告于神明,解颂体也。”挚虞认为:铭是记德善、勋劳的。郑玄注《礼记·祭统》:“铭,谓书之刻之以识事者也。”挚虞认为:诔,是为有美善德行的人逝世而写的。郑玄注《礼记·曾子问》:“诔,累也。累列生时行迹,读之以作谥。”挚虞认为:箴是戒王者之过的。杜预注《左传》襄公四年:“阙,过也。使百官各为箴辞戒王过。”《文章流别论》一一考察了各种文章体裁的起源,明确了不同文体源于实际社会生活中的不同需要。就文体研究的方法而言,这种新的视角比陆机又前进了,因为,理清渊源才能使人们对各种文体的性质、特点把握得更准确。同时,这也继承了前人所说文章起于实用的主张。其次是考察文体性质和发展、演变。本文限于篇幅仅以其谈颂为例:“颂,诗之美者也。古者圣帝明王,功成治定而颂声兴。于是史录其篇,工歌其章,以奏于宗庙,告于鬼神。故颂之所美者,圣王之德也,则以为律吕。或以颂形,或以颂声,其细已甚,非古颂之意。昔班固为《安丰戴侯颂》,史岑为《出师颂》《和熹邓后颂》,与《鲁颂》体意相类,而文辞之异,古今之变也。扬雄《赵充国颂》,颂而似雅;傅毅《显宗颂》,文与《周颂》相似,而杂以风雅之意。若马融《广成》《上林》之属,纯为今赋之体,而谓之颂,失之远矣”“后者为诗者多矣,其称功德者谓之颂,其余则总谓之诗”。显然,挚虞对颂的考察是十分详尽的。第一,指明颂的性质是为帝王“功成治定”歌功颂德,用途是“奏于宗庙,告于鬼神”,本是庙堂之作。第二,阐明颂的种种流变。例如,东汉班固为窦融封安丰侯作颂,史岑为汉安帝舅邓骘出征西羌、汉和帝邓皇后作颂,与《诗经》中《鲁颂》主咏僖公功德而不是颂天子,体意类同,文辞不同,是古今之变。再如,西汉末西羌有警,成帝思念名将赵充国,命扬雄作《赵充国颂》,已似雅;东汉傅毅颂汉明帝,是依《诗经》中《清庙》颂周天子而作,也杂以风雅。又如,东汉马融上邓太后《广成颂》《上林颂》,实际上已是汉赋体。还有后世诗中称颂功德的可以叫做颂,其余则是诗，因为与颂的性质相去甚远了。由于挚虞把握了颂的文体性质，理清了古今流变，所以全面、准确地判别了发展、演变过程中的种种现象，诸如颂形、颂声已非古颂之意，古今的颂在体意、文辞上的正变，颂与后来赋、诗的区别等等。其中也涉及评价班固、史岑、扬雄、傅毅、马融之作，但目的是考察文体的渊源流变。这种考察文体渊源流变的研究方法，是前人所没有的新视角，对中国古代写作理论的文体论和古代应用文写作理论做出了重要贡献。我们以概括文体特点为例。曹丕对奏议、书论、铭诔、诗赋简括为雅、理、实、丽。陆机从内容与形式的主从关系考虑，提出的“诗缘情”“赋体物”触及到文学的感情与形象的根本特征。但是，对一般文章包括应用文，还较少深入到性质去概括特点。譬如称“颂优游以彬蔚”，优游固然指意，然而为什么优游呢？挚虞从文体本源的视角考察，指出颂本是为圣帝明王歌功颂德的，是和以律吕歌于庙堂的，才从容而不窘迫，对“优游”进行了本源上的解释。我们再以考察文体的源与流为例。对诔、哀辞、哀策三体，挚虞提出了“嘉美终而诔集”“诔无定制”“作者多异”，见于典籍的有《左传》哀公十六年为孔子诔；进而指出哀辞为“诔之流也”“以哀痛为主，缘以叹息之辞”，和哀策为“古诔之义”。由上可见，对文体溯其渊源、考其正变，是《文章流别论》的核心。这种研究方法使文体理论趋于系统，具有了一定的科学性。其后，刘勰论文体，研究方法以及不少观点、材料就采自《文章流别论》。

《文心雕龙》全面继承了前人对应用文体裁的研究而且更有创建，这主要体现在三点。

第一，论述应用文体裁完备周详。《文心雕龙》共有文体论20篇，即《明诗》《乐府》《诠赋》《颂赞》《祝盟》《铭箴》《诔碑》《哀吊》《杂文》《谐隐》《史传》《诸子》《论说》《诏策》《檄移》《封禅》《章表》《奏启》《议对》《书记》，占了全书篇幅的五分之二。其中14篇兼论两种体裁，共详论了34种文体，大多是应用文，如颂、赞、祝、盟、铭、箴、诔、碑、哀、诏、策、檄、移、章、表、奏、启、议、封禅等；又于《书记》中简述24种体裁，绝大多数是应用文。其论述应用文体裁完备周详，远远超过前人，可谓当时的“应用文体大全”。

第二，文体研究有明确的系统的理论，表现有二。其一，刘勰把“文笔说”引入文体研究，并采用了层次递进的研究方法。汉代曾有“文笔”的提法，如王充《论衡·超奇》中有“乃其中文笔不足类也”，但是没有形成理论体系。到南朝，颜延之有文、笔、言三分法。刘勰借鉴了“文笔说”，第一层先“论文叙笔”，从表达形式上把文学体裁与各种文章体裁区分为两大类；第二层再进行个体研究。他在《序志》中提出：“若乃论文叙笔，则囿别区分”，并在《总术》中具体解释为：“今之常言，有文有笔，以为无韵者笔也，有韵者文也。”《文心雕龙》全书的文体论正是据此而定：前10篇谈有韵文，其中不少是应用文；后10篇谈无韵笔，主要是应用文。这种层次递进的文体研究方法显然不同于曹丕、陆机。其二，刘勰以明确的研究理论指导个体研究。他在《序志》中提出：“原始以表末，释名以彰义，选文以定篇，敷理以举统。”意思是探究各种文体的渊源，表明流变过程；解释文体名称，阐明其涵义；选取各体文例，确定评述的篇章；阐述各体的写作理论，构成体系。由于自觉地以明确、系统的理论为指导，在论述各种文体时不仅能够在前人基础上确定性质，概括特点，理清发生、发展、演变的概貌，而且概念准确，含义清楚，品评中理论结合写作实践，并提出写作规律。《文心雕龙》的文体论，实际上具有了分体的文章、文学史的性质，也为全书的创作论奠定了基础；既是对以往文体研究方法、成果的总结，又更加全面、系统而更具科学性。这表明中国古代写作理论的文体论形成了完整的体系，也表明古代应用文写作理论的文体论已形成。

第三，对前人文体研究的方法、成果，于继承中有所鉴别。刘勰在《序志》中总结了汉魏晋以来的研究的得失，认为是“各照隅隙，鲜观衢路”，指各家只是从个别角度而很少有全面论述。他具体指出：曹丕的《典论·论文》“密而不周”，即评论作家、作品和提出“文气说”都细致深入，但谈文体过于简括；陆机的《文赋》“巧而碎乱”，即探索创作规律精当，但内容不够严密；挚虞的《文章流别论》“精而少功”，即溯渊源、析正变精辟，但没有具体到写作规律因而缺少功效。并评论曹植《与杨德祖书》、应玚《文质论》、李充《翰林论》，以及桓谭、刘桢、应贞、陆云之作“泛议文意，往往间出，并未能振叶以寻根，观澜而索源。不述先哲之诰，无益后生之虑”。正是由于对前人的研究能够全面、深入地体察，才可能做到不是一般性地继承而是有鉴别、有超越，形成了科学的理论体系。

三、应用文写作规律

论述应用文写作规律的主要是曹丕、陆机和刘勰。曹丕肯定了应用文写作要讲究写作艺术，在《典论·论文》中对建安时期重要作家和作品包括应用文进行了扼要而中肯的评价。例如称“琳、瑀之章表书记，今之隽也。”我们可以与他的《与吴质书》相参照，其中论陈琳为“章表殊健，微为繁富”，谈阮瑀为“书记翩翩，致足乐也”。翩翩，形容文采优美，所以“足乐”。可见曹丕充分肯定应用文章须有文采和较高的艺术欣赏价值。

陆机的《文赋》论述了创作中一系列重要问题，有不少涉及应用文的写作规律。本文择其要者简述有二。第一，突出主旨。在文章写作中怎样突出主旨是十分重要的问题，陆机对此提出了独到见解：“立片言而居要，乃一篇之警策。”立警策，目的是为了使文章主旨突出；方法是以简要的语句揭示文章主旨，全文都围绕这个中心，使主旨十分鲜明，文章有条理不紊乱。这与“秀句”“佳句”“警句”不同，但也包括了锤炼语言、熔铸警句。第二，讲究布局谋篇。《文赋》指出了“或仰逼于先条，或俯侵于后章”的现象，指行文前后矛盾，有时后文干扰了前文，有时前文妨碍了后文发展。对此，陆机提出了精辟见解：“选义按部，考辞就班。”指谋篇之始，要选择义理构思适当的结构布局，考虑确切的词句安排在恰当的位置。这都是文章写作中带有普遍性的规律，也是应用文写作中的重要规律。像“片言居要”这种突出主旨的方法，在历代不少应用文名篇中都可以见到。应用文是很讲究章法的，以至相当种类的应用文有相对固定的写作程式。

论述应用文写作规律最为深入、全面、系统的，当属《文心雕龙》，既见于其文体论也见于其创作论。

在文体论中论述应用文写作规律的主要有两类。第一类，对功用相同或相近的应用文体裁，从类别上概括共同的规律。例如对制、诏、策、戒等下行公文，提出："授官选贤，则义炳（即显露出）重离（指日月）之辉；优文封策，则气含风雨之润；敕戒恒（意永久）诰，则笔吐星汉（指天河）之华；治戎燮（意协和）伐，则声有存（重叠连续）雷之威；眚灾（遇天灾君主引咎自责）肆（指缓刑）赦，则文有春露之滋；明伐敕法，则辞有秋霜之烈：此诏策之大略也。"再如，对奏、启等上行公文，提出："以明允笃诚为本，辨析疏通为首。强志（指主导思想）足以成务，博见足以穷理，酌古御今，治繁总要。"而按劾之奏则要"明宪清国""必使笔端振风，简上凝霜（指肃杀威严）者也"。又如，对用于军事的檄和露布，提出"植义辞，务在刚健，插羽以示迅，不可使辞缓，露板以宣众，不可使义隐；必事昭而理辨，气盛而辞断。"据《汉书·高帝纪》，插上羽毛的檄叫"羽檄"，表示军情急迫必须飞速传递，语言当然不能"辞缓"。露板是把檄文写在木简上，露而不封以布诸视听，也叫"露布"，既然为了宣众，就当然不能"义隐"。由此，他提出了具体的写作要求：事昭理辨才能不义隐，气盛辞断才能刚健。可见军用文告不同于一般公务应用文之处。

第二类，对大量应用文体裁进行个体论述。本文限于篇幅，仅举一例：颂。刘勰谈颂，既不同于陆机只概括文体特点，也不同于挚虞虽然探究渊源但是没有提出写作规律。《颂赞》中的论述分为两层。第一层，借鉴了挚虞的研究方法，考察渊源流变。其一，溯其渊源。首先指明："颂者，容也，所以美盛德而述形容也。"并以尧父帝喾命咸黑歌九韶为例，证明颂本是舞歌，讲究容状，为帝王"美盛德"。然后指出颂转为诗后与风、雅的区别："夫化偃一国谓之风，风正四方谓之雅，容告神明谓之颂。"这样就从文体产生的本源把握了其性质、用途。再后，指出颂的特点："颂主告神，义必纯美。"古代告神，出于对自然神、祖先神的敬仰、崇拜。颂既然是告神，特点自然是"纯美"，并且于论述中以《鲁颂》《商颂》为例（据郑玄《鲁颂谱》，周公摄政治理天下制礼作乐，周成王命其子在鲁国按天子祭天的礼节祭河、海、泰山，"孔子录其诗之颂，同于王者之后"。另据郑玄《商颂谱》"以《那》为首，归以祀其先王"），证明颂是"宗庙之正歌，非宴飨之常咏"。这样就从文体的性质把握了文体的特点。其二，析其流变。首先指出了颂体演变过程中在开始时的渐变。以周公作《时迈》、晋文公城濮之战听众人诵、孔子相鲁鲁人谤诵和屈原的《橘颂》为例，说明颂从歌功颂德演变为"哲人之颂"、短辞以讽人事和咏物寓意。然后分析了颂自先秦以来的种种流变。以秦代刻石、汉代乐舞，和扬雄、班固、傅毅、史岑、马融、崔瑗、蔡邕、曹植、陆机之作为例，详析颂而似雅、变为序引、雅而似赋、序详颂略以及魏晋褒贬杂居的种种现象。第二层，概括写作规律。《颂赞》中指出："原夫颂惟典懿，辞必清铄，敷写似赋，而不入华侈之区；敬慎如铭，而异乎规戒之域；揄扬以发藻，汪洋以树义，虽纤巧曲致，与情而变，其大体所，如斯而已。"即首先要求颂要典雅美好，这出于"容告神明"

“义必纯美”。然后具体要求颂的内容要称扬、深广，敬慎像铭但是无规戒之意（铭有表扬功德和警戒的作用）；言辞要清丽光美，铺陈像赋而不华侈。这样既提出了颂在内容、言辞上的写作要求，又指出了颂与其他文体在文、意上的区别和交叉。

现在看来，上述刘勰对颂的论述并非没有值得斟酌之处。例如就思想性来说，历史上为帝王歌功颂德的颂，很少是有价值的。相反，如果从刘勰自己提出的“文变染乎世情，兴废系乎时序”的角度看，陆机的《汉高祖功臣颂》对所歌颂的人也感叹缺失，虽然“褒贬杂居”，却不必评之为“末代之讹体”。更何况西晋刘伶的《酒德颂》，不歌王朝却疾呼酒德，蔑视、嘲弄统治者，却是真正优秀的作品，是传统名篇。不过尽管如此，刘勰的研究角度、深度和概括的写作规律，全面继承了前人的研究成果又更有创见，具有较强的科学性。而且他的研究结合了自先秦至魏晋大量的写作实践，因而提出的理论有坚实的基础。

《文心雕龙》的创作论中也对应用文写作规律进行了深入、广泛的研究，本文仅简介两点。第一，关于意与言。他在《附会》中谈了附辞会义，即情意与文辞密切配合，并举两例以说明。一是汉武帝时，廷尉张汤有疑案上奏，却两次被退回。属员不知如何是好，请倪宽重新起草。结果汉武帝深为赞赏。二是魏司马师命中书令虞松作表，但两次都不满意。虞松用尽心思，想不出怎样修改。钟会替他改了 5 个字，司马师十分满意。刘勰就此评价说：“乃理得而事明，心敏而辞当。”即说理恰当叙事明白，心思灵敏措辞得当。这表明，应用文既要考虑命意谋篇，又要考虑言辞合于主旨。

第二，关于用事。《事类》谈引事、引言即运用事料。在阐述用事贴切时，举陈琳《为曹洪与魏文帝书》中误用了《孟子·告子下》王豹、高唐的例子作为反证，说明应用文使用材料要精当贴切，校核务精。在《文心雕龙》全书中，像这样的论述大量可见。

总观上述文论著述中对应用文写作理论的论述，我们可以得出两点结论。

第一，汉魏六朝对应用文写作理论的研究有两个特点。其一，论题全面，理论系统。其主要论题包括应用文功用、应用文体辨析、应用文写作规律等，与中国古代写作理论体系的主要内容大体相应，这两者是分支与整体的关系。这是认为中国古代应用文写作理论形成于汉魏六朝的重要依据。其二，清楚地呈现出继承与发展的历史轨迹。在几百年间经过几代人承先启后的努力，就具体论题进行了多角度、多层面的研究，经历了不断深化、不断丰富的发展过程，使论题渐趋全面、理论渐趋系统。

第二，中国古代应用文写作理论来源于写作实践，又指导实践。一方面，这些文论著述大多是在品评历代重要作家、作品的基础上提出应用文写作理论，从评价个体到认识整体，到上升为理论，有坚实的基础。另一方面，研究理论用于指导实践。王充作《论衡》，宗旨是“疾虚妄”。陆机作《文赋》，因切身体会到“能之难也”。刘勰在“长怀序志”中陈诉为文起因，虽有儒家传统“君子处世，树德建言”，但也出于重视文章功用，和认为前人论文“无益后生”不尽如人意。萧统的《昭明文选》更引人深思。他在《昭明文选序》中力图划分文章与文学，用很大篇幅进行文体辨析，因而论及大量应用文，这当然值得我们重视。从另一个角度看，《昭明文选》本身的编选，表明应用文写作理论已经实际运用于指导文章编选。《昭明文选》选录了自周代至六朝130余位作家的700余篇作品，按体区分、从类编排为38类，其中应用文达20余类。像诏、令、策、表、上书、启、弹事、笺、奏记、檄、颂、赞、箴、铭、诔、哀、碑、墓志、吊、祭等文体，均各成一类。这部富于创造性的规模巨大的文章总集的编选，除了作家辈出、文章纷呈、社会需要等因素外，如果没有相应的理论作为指导也是难以想象的。这在一定程度上表明了古代应用文写作理论已经用于指导实践。正因为研究理论用于指导实践，中国古代应用文写作理论的形成才具有深远的历史意义。我们今天整理历史遗产，继承优秀的传统文化，也是很有意义的。

参考文献：

[1] 刘壮. 古代应用文概念的由来和发展[J]. 首都师范大学学报，1994,（4）.

[2] 刘盼遂. 论衡集解[M]. 北京：北京古籍出版社，1957.

[3] 史记卷九十七[Z]. 北京：中华书局，1959.

[4] 汉书卷三十[Z]. 北京：中华书局，1962.

[5] 十三经注疏[Z]. 北京：中华书局，1980.

[6] 郭绍虞，王文生. 中国历代文论选：第一册[M]. 上海：上海古籍出版社，1979.

[7] 周振甫. 文心雕龙今译[M]. 北京：中华书局，1986.

[8] 刘师培. 中国中古文学史讲义[M]. 北京：人民文学出版社，1957.

[9] 王凯符，张会恩. 中国古代写作学[M]. 北京：中国人民大学出版社，1992.

（载于首都师范大学学报社会科学版2004年第3期）

【简析】本文在掌握大量材料的基础上，对中国古代应用文写作理论的形成这一论题进行了论述，全文层次分明、论证合理、论据充分。引言部分阐述了本论题的意义，本论分三点分别从应用文的功用、应用文文体辨析、应用文写作规律阐述了论题，最后得出结论。逻辑结构清晰，语言表达流畅。

【复习与训练】

试以自己感兴趣的某个课题为研究对象，按照学术论文的结构和写法，写一篇学业论文。

附录一

党政机关公文处理工作条例

（2012年4月16日）

第一章　总　　则

第一条　为了适应中国共产党机关和国家行政机关（以下简称党政机关）工作需要，推进党政机关公文处理工作科学化、制度化、规范化，制定本条例。

第二条　本条例适用于各级党政机关公文处理工作。

第三条　党政机关公文是党政机关实施领导、履行职能、处理公务的具有特定效力和规范体式的文书，是传达贯彻党和国家的方针政策，公布法规和规章，指导、布置和商洽工作，请示和答复问题，报告、通报和交流情况等的重要工具。

第四条　公文处理工作是指公文拟制、办理、管理等一系列相互关联、衔接有序的工作。

第五条　公文处理工作应当坚持实事求是、准确规范、精简高效、安全保密的原则。

第六条　各级党政机关应当高度重视公文处理工作，加强组织领导，强化队伍建设，设立文秘部门或者由专人负责公文处理工作。

第七条　各级党政机关办公厅（室）主管本机关的公文处理工作，并对下级机关的公文处理工作进行业务指导和督促检查。

第二章　公文种类

第八条　公文种类主要有：

（一）决议。适用于会议讨论通过的重大决策事项。

（二）决定。适用于对重要事项作出决策和部署、奖惩有关单位和人员、变更或者撤销下级机关不适当的决定事项。

（三）命令（令）。适用于公布行政法规和规章、宣布施行重大强制性措施、批准授予和晋升衔级、嘉奖有关单位和人员。

（四）公报。适用于公布重要决定或者重大事项。

（五）公告。适用于向国内外宣布重要事项或者法定事项。

（六）通告。适用于在一定范围内公布应当遵守或者周知的事项。

（七）意见。适用于对重要问题提出见解和处理办法。

（八）通知。适用于发布、传达要求下级机关执行和有关单位周知或者执行的事项，批转、转发公文。

（九）通报。适用于表彰先进、批评错误、传达重要精神和告知重要情况。

（十）报告。适用于向上级机关汇报工作、反映情况，回复上级机关的询问。

（十一）请示。适用于向上级机关请求指示、批准。

（十二）批复。适用于答复下级机关请示事项。

（十三）议案。适用于各级人民政府按照法律程序向同级人民代表大会或者人民代表大会常务委员会提请审议事项。

（十四）函。适用于不相隶属机关之间商洽工作、询问和答复问题、请求批准和答复审批事项。

（十五）纪要。适用于记载会议主要情况和议定事项。

第三章　公文格式

第九条　公文一般由份号、密级和保密期限、紧急程度、发文机关标志、发文字号、签发人、标题、主送机关、正文、附件说明、发文机关署名、成文日期、印章、附注、附件、抄送机关、印发机关和印发日期、页码等组成。

（一）份号。公文印制份数的顺序号。涉密公文应当标注份号。

（二）密级和保密期限。公文的秘密等级和保密的期限。涉密公文应当根据涉密程度分别标注“绝密”“机密”“秘密”和保密期限。

（三）紧急程度。公文送达和办理的时限要求。根据紧急程度，紧急公文应当分别标注“特急”“加急”，电报应当分别标注“特提”“特急”“加急”“平急”。

（四）发文机关标志。由发文机关全称或者规范化简称加“文件”二字组成，也可以使用发文机关全称或者规范化简称。联合行文时，发文机关标志可以并用联合发文机关名称，也可以单独用主办机关名称。

（五）发文字号。由发文机关代字、年份、发文顺序号组成。联合行文时，使用主办机关的发文字号。

（六）签发人。上行文应当标注签发人姓名。

（七）标题。由发文机关名称、事由和文种组成。

（八）主送机关。公文的主要受理机关，应当使用机关全称、规范化简称或者同类型机关统称。

（九）正文。公文的主体，用来表述公文的内容。

（十）附件说明。公文附件的顺序号和名称。

（十一）发文机关署名。署发文机关全称或者规范化简称。

（十二）成文日期。署会议通过或者发文机关负责人签发的日期。联合行文时，署最后签发机关负责人签发的日期。

（十三）印章。公文中有发文机关署名的，应当加盖发文机关印章，并与署名机关相符。有特定发文机关标志的普发性公文和电报可以不加盖印章。

（十四）附注。公文印发传达范围等需要说明的事项。

（十五）附件。公文正文的说明、补充或者参考资料。

（十六）抄送机关。除主送机关外需要执行或者知晓公文内容的其他机关，应当使用机关全称、规范化简称或者同类型机关统称。

（十七）印发机关和印发日期。公文的送印机关和送印日期。

（十八）页码。公文页数顺序号。

第十条　公文的版式按照《党政机关公文格式》国家标准执行。

第十一条　公文使用的汉字、数字、外文字符、计量单位和标点符号等，按照有关国家标准和规定执行。民族自治地方的公文，可以并用汉字和当地通用的少数民族文字。

第十二条　公文用纸幅面采用国际标准 A4 型。特殊形式的公文用纸幅面，根据实际需要确定。

第四章　行文规则

第十三条　行文应当确有必要，讲求实效，注重针对性和可操作性。

第十四条　行文关系根据隶属关系和职权范围确定。一般不得越级行文，特殊情况需要越级行文的，应当同时抄送被越过的机关。

第十五条　向上级机关行文，应当遵循以下规则：

（一）原则上主送一个上级机关，根据需要同时抄送相关上级机关和同级机关，不抄送下级机关。

（二）党委、政府的部门向上级主管部门请示、报告重大事项，应当经本级党委、政府同意或者授权；属于部门职权范围内的事项应当直接报送上级主管部门。

（三）下级机关的请示事项，如需以本机关名义向上级机关请示，应当提出倾向性意见后上报，不得原文转报上级机关。

（四）请示应当一文一事。不得在报告等非请示性公文中夹带请示事项。

（五）除上级机关负责人直接交办事项外，不得以本机关名义向上级机关负责人报送公文，不得以本机关负责人名义向上级机关报送公文。

（六）受双重领导的机关向一个上级机关行文，必要时抄送另一个上级机关。

第十六条　向下级机关行文，应当遵循以下规则：

（一）主送受理机关，根据需要抄送相关机关。重要行文应当同时抄送发文机关的直接上级机关。

（二）党委、政府的办公厅（室）根据本级党委、政府授权，可以向下级党委、政府行文，其他部门和单位不得向下级党委、政府发布指令性公文或者在公文中向下级党委、政府提出指令性要求。需经政府审批的具体事项，经政府同意后可以由政府职能部门行文，文中须注明已经政府同意。

（三）党委、政府的部门在各自职权范围内可以向下级党委、政府的相关部门行文。

（四）涉及多个部门职权范围内的事务，部门之间未协商一致的，不得向下行文；擅自行文的，上级机关应当责令其纠正或者撤销。

（五）上级机关向受双重领导的下级机关行文，必要时抄送该下级机关的另一个上级机关。

第十七条　同级党政机关、党政机关与其他同级机关必要时可以联合行文。属于党委、政府各自职权范围内的工作，不得联合行文。

党委、政府的部门依据职权可以相互行文。

部门内设机构除办公厅（室）外不得对外正式行文。

第五章　公文拟制

第十八条　公文拟制包括公文的起草、审核、签发等程序。

第十九条　公文起草应当做到：

（一）符合党的理论路线方针政策和国家法律法规，完整准确体现发文机关意图，并同现行有关公文相衔接。

（二）一切从实际出发，分析问题实事求是，所提政策措施和办法切实可行。

（三）内容简洁，主题突出，观点鲜明，结构严谨，表述准确，文字精练。

（四）文种正确，格式规范。

（五）深入调查研究，充分进行论证，广泛听取意见。

（六）公文涉及其他地区或者部门职权范围内的事项，起草单位必须征求相关地区或者部门意见，力求达成一致。

（七）机关负责人应当主持、指导重要公文起草工作。

第二十条　公文文稿签发前，应当由发文机关办公厅（室）进行审核。审核的重点是：

（一）行文理由是否充分，行文依据是否准确。

（二）内容是否符合党的理论路线方针政策和国家法律法规；是否完整准确体现发文机关意图；是否同现行有关公文相衔接；所提政策措施和办法是否切实可行。

（三）涉及有关地区或者部门职权范围内的事项是否经过充分协商并达成一致意见。

（四）文种是否正确，格式是否规范；人名、地名、时间、数字、段落顺序、引文等是否准确；文字、数字、计量单位和标点符号等用法是否规范。

（五）其他内容是否符合公文起草的有关要求。

需要发文机关审议的重要公文文稿，审议前由发文机关办公厅（室）进行初核。

第二十一条　经审核不宜发文的公文文稿，应当退回起草单位并说明理由；符合发文条件但内容需作进一步研究和修改的，由起草单位修改后重新报送。

第二十二条　公文应当经本机关负责人审批签发。重要公文和上行文由机关主要负责人签发。党委、政府的办公厅（室）根据党委、政府授权制发的公文，由受权机关主要负责人签发或者按照有关规定签发。签发人签发公文，应当签署意见、姓名和完整日期；圈阅或者签名的，视为同意。联合发文由所有联署机关的负责人会签。

第六章　公文办理

第二十三条　公文办理包括收文办理、发文办理和整理归档。

第二十四条　收文办理主要程序是：

（一）签收。对收到的公文应当逐件清点，核对无误后签字或者盖章，并注明签收时间。

（二）登记。对公文的主要信息和办理情况应当详细记载。

（三）初审。对收到的公文应当进行初审。初审的重点是：是否应当由本机关办理，是否符合行文规则，文种、格式是否符合要求，涉及其他地区或者部门职权范围内的事项是否已经协商、会签，是否符合公文起草的其他要求。经初审不符合规定的公文，应当及时退回来文单位并说明理由。

（四）承办。阅知性公文应当根据公文内容、要求和工作需要确定范围后分送。批办性公文应当提出拟办意见报本机关负责人批示或者转有关部门办理；需要两个以上部门办理的，应当明确主办部门。紧急公文应当明确办理时限。承办部门对交办的公文应当及时办理，有明确办理时限要求的应当在规定时限内办理完毕。

（五）传阅。根据领导批示和工作需要将公文及时送传阅对象阅知或者批示。办理公文传阅应当随时掌握公文去向，不得漏传、误传、延误。

（六）催办。及时了解掌握公文的办理进展情况，督促承办部门按期办结。紧急公文或者重要公文应当由专人负责催办。

（七）答复。公文的办理结果应当及时答复来文单位，并根据需要告知相关单位。

第二十五条　发文办理主要程序是：

（一）复核。已经发文机关负责人签批的公文，印发前应当对公文的审批手续、内容、文种、格式等进行复核；需作实质性修改的，应当报原签批人复审。

（二）登记。对复核后的公文，应当确定发文字号、分送范围和印制份数并详细记载。

（三）印制。公文印制必须确保质量和时效。涉密公文应当在符合保密要求的场所印制。

（四）核发。公文印制完毕，应当对公文的文字、格式和印刷质量进行检查后分发。

第二十六条　涉密公文应当通过机要交通、邮政机要通信、城市机要文件交换站或者收发件机关机要收发人员进行传递，通过密码电报或者符合国家保密规定的计算机信息系统进行传输。

第二十七条　需要归档的公文及有关材料，应当根据有关档案法律法规以及机关档案管理规定，及时收集齐全、整理归档。两个以上机关联合办理的公文，原件由主办机关归档，相关机关保存复制件。机关负责人兼任其他机关职务的，在履行所兼职务过程中形成的公文，由其兼职机关归档。

第七章　公文管理

第二十八条　各级党政机关应当建立健全本机关公文管理制度，确保管理严格规范，充分发挥公文效用。

第二十九条　党政机关公文由文秘部门或者专人统一管理。设立党委（党组）的县级以上单位应当建立机要保密室和机要阅文室，并按照有关保密规定配备工作人员和必要的安全保密设施设备。

第三十条　公文确定密级前，应当按照拟定的密级先行采取保密措施。确定密级后，应当按照所定密级严格管理。绝密级公文应当由专人管理。

公文的密级需要变更或者解除的，由原确定密级的机关或者其上级机关决定。

第三十一条　公文的印发传达范围应当按照发文机关的要求执行；需要变更的，应当经发文机关批准。

涉密公文公开发布前应当履行解密程序。公开发布的时间、形式和渠道，由发文机关确定。

经批准公开发布的公文，同发文机关正式印发的公文具有同等效力。

第三十二条　复制、汇编机密级、秘密级公文，应当符合有关规定并经本机关负责人批准。绝密级公文一般不得复制、汇编，确有工作需要的，应当经发文机关或者其上级机关批准。复制、汇编的公文视同原件管理。

复制件应当加盖复制机关戳记。翻印件应当注明翻印的机关名称、日期。汇编本的密级按照编入公文的最高密级标注。

第三十三条　公文的撤销和废止，由发文机关、上级机关或者权力机关根据职权范围和有关法律法规决定。公文被撤销的，视为自始无效；公文被废止的，视为自废止之日起失效。

第三十四条　涉密公文应当按照发文机关的要求和有关规定进行清退或者销毁。

第三十五条　不具备归档和保存价值的公文，经批准后可以销毁。销毁涉密公文必须严格按照有关规定履行审批登记手续，确保不丢失、不漏销。个人不得私自销毁、留存涉密公文。

第三十六条　机关合并时，全部公文应当随之合并管理；机关撤销时，需要归档的公文经整理后按照有关规定移交档案管理部门。

工作人员离岗离职时，所在机关应当督促其将暂存、借用的公文按照有关规定移交、清退。

第三十七条　新设立的机关应当向本级党委、政府的办公厅（室）提出发文立户申请。经审查符合条件的，列为发文单位，机关合并或者撤销时，相应进行调整。

第八章　附　　则

第三十八条　党政机关公文含电子公文。电子公文处理工作的具体办法另行制定。

第三十九条　法规、规章方面的公文，依照有关规定处理。外事方面的公文，依照外事主管部门的有关规定处理。

第四十条　其他机关和单位的公文处理工作，可以参照本条例执行。

第四十一条　本条例由中共中央办公厅、国务院办公厅负责解释。

第四十二条　本条例自 2012 年 7 月 1 日起施行。1996 年 5 月 3 日中共中央办公厅发布的《中国共产党机关公文处理条例》和 2000 年 8 月 24 日国务院发布的《国家行政机关公文处理办法》停止执行。

附录二

党政机关公文格式

（中华人民共和国国家标准 GB/T 9704—2012）

1 范围

本标准规定了党政机关公文通用的纸张要求、排版和印制装订要求、公文格式各要素的编排规则，并给出了公文的式样。

本标准适用于各级党政机关制发的公文。其他机关和单位的公文可以参照执行。

使用少数民族文字印制的公文，其用纸、幅面尺寸及版面、印制等要求按照本标准执行，其余可以参照本标准并按照有关规定执行。

2 规范性引用文件

下列文件对于本标准的应用是必不可少的。凡是注日期的引用文件，仅所注日期的版本适用于本标准。凡是不注日期的引用文件，其最新版本（包括所有的修改单）适用于本标准。

GB/T 148　印刷、书写和绘图纸幅面尺寸

GB 3100　国际单位制及其应用

GB 3101　有关量、单位和符号的一般原则

GB 3102（所有部分）量和单位

GB/T 15834　标点符号用法

GB/T 15835　出版物上数字用法

3 术语和定义

下列术语和定义适用于本标准。

3. 1

字　word

标示公文中横向距离的长度单位。在本标准中，一字指一个汉字宽度的距离。

3.2

行　line

标示公文中纵向距离的长度单位。在本标准中，一行指一个汉字的高度加 3 号汉字高度的 7/8 的距离。

4 公文用纸主要技术指标

公文用纸一般使用纸张定量为 60 g/m^2 ~ 80 g/m^2 的胶版印刷纸或复印纸。纸张白度

80%～90%，横向耐折度≥15 次，不透明度≥85%，pH 值为 7.5～9.5。

5 公文用纸幅面尺寸及版面要求

5.1 幅面尺寸

公文用纸采用 GB/T 148 中规定的 A4 型纸，其成品幅面尺寸为：210 mm×297 mm。

5.2 版面

5.2.1 页边与版心尺寸

公文用纸天头（上白边）为 37 mm±1 mm，公文用纸订口（左白边）为 28 mm±1 mm，版心尺寸为 156 mm×225 mm。

5.2.2 字体和字号

如无特殊说明，公文格式各要素一般用 3 号仿宋体字。特定情况可以作适当调整。

5.2.3 行数和字数

一般每面排 22 行，每行排 28 个字，并撑满版心。特定情况可以作适当调整。

5.2.4 文字的颜色

如无特殊说明，公文中文字的颜色均为黑色。

6 印制装订要求

6.1 制版要求

版面干净无底灰，字迹清楚无断划，尺寸标准，版心不斜，误差不超过 1 mm。

6.2 印刷要求

双面印刷；页码套正，两面误差不超过 2 mm。黑色油墨应当达到色谱所标 BL100%，红色油墨应当达到色谱所标 Y80%、M80%。印品着墨实、均匀；字面不花、不白、无断划。

6.3 装订要求

公文应当左侧装订，不掉页，两页页码之间误差不超过 4 mm，裁切后的成品尺寸允许误差±2 mm，四角成 90°，无毛茬或缺损。

骑马订或平订的公文应当：

a）订位为两钉外订眼距版面上下边缘各 70 mm 处，允许误差±4 mm；

b）无坏钉、漏钉、重钉，钉脚平伏牢固；

c）骑马订钉锯均订在折缝线上，平订钉锯与书脊间的距离为 3 mm～5 mm。

包本装订公文的封皮（封面、书脊、封底）与书芯应吻合、包紧、包平、不脱落。

7 公文格式各要素编排规则

7.1 公文格式各要素的划分

本标准将版心内的公文格式各要素划分为版头、主体、版记三部分。公文首页红色分隔线以上的部分称为版头；公文首页红色分隔线（不含）以下、公文末页首条分隔线（不含）以上的部分称为主体；公文末页首条分隔线以下、末条分隔线以上的部分称为版记。

页码位于版心外。

7.2 版头

7.2.1 份号

如需标注份号，一般用 6 位 3 号阿拉伯数字，顶格编排在版心左上角第一行。

7.2.2 密级和保密期限

如需标注密级和保密期限，一般用 3 号黑体字，顶格编排在版心左上角第二行；保密期限中的数字用阿拉伯数字标注。

7.2.3 紧急程度

如需标注紧急程度，一般用 3 号黑体字，顶格编排在版心左上角；如需同时标注份号、密级和保密期限、紧急程度，按照份号、密级和保密期限、紧急程度的顺序自上而下分行排列。

7.2.4 发文机关标志

由发文机关全称或者规范化简称加“文件”二字组成，也可以使用发文机关全称或者规范化简称。

发文机关标志居中排布，上边缘至版心上边缘为 35 mm，推荐使用小标宋体字，颜色为红色，以醒目、美观、庄重为原则。

联合行文时，如需同时标注联署发文机关名称，一般应当将主办机关名称排列在前；如有“文件”二字，应当置于发文机关名称右侧，以联署发文机关名称为准上下居中排布。

7.2.5 发文字号

编排在发文机关标志下空二行位置，居中排布。年份、发文顺序号用阿拉伯数字标注；年份应标全称，用六角括号“〔 〕”括入；发文顺序号不加“第”字，不编虚位（即 1 不编为 01），在阿拉伯数字后加“号”字。

上行文的发文字号居左空一字编排，与最后一个签发人姓名处在同一行。

7.2.6 签发人

由“签发人”三字加全角冒号和签发人姓名组成，居右空一字，编排在发文机关标志下空二行位置。“签发人”三字用 3 号仿宋体字，签发人姓名用 3 号楷体字。

如有多个签发人，签发人姓名按照发文机关的排列顺序从左到右、自上而下依次均匀编排，一般每行排两个姓名，回行时与上一行第一个签发人姓名对齐。

7.2.7 版头中的分隔线

发文字号之下 4 mm 处居中印一条与版心等宽的红色分隔线。

7.3 主体

7.3.1 标题

一般用 2 号小标宋体字，编排于红色分隔线下空二行位置，分一行或多行居中排布；回行时，要做到词意完整，排列对称，长短适宜，间距恰当，标题排列应当使用梯形或菱形。

7.3.2 主送机关

编排于标题下空一行位置，居左顶格，回行时仍顶格，最后一个机关名称后标全角冒号。如主送机关名称过多导致公文首页不能显示正文时，应当将主送机关名称移至版记，标注方法见 7.4.2。

7.3.3 正文

公文首页必须显示正文。一般用 3 号仿宋体字，编排于主送机关名称下一行，每个自然段左空二字，回行顶格。文中结构层次序数依次可以用“一、”“(一)”“1.”“(1)”标注；一般第一层用黑体字、第二层用楷体字、第三层和第四层用仿宋体字标注。

7. 3.4 附件说明

如有附件，在正文下空一行左空二字编排“附件”二字，后标全角冒号和附件名称。如有多个附件，使用阿拉伯数字标注附件顺序号（如“附件：1. ×××××”）；附件名称后不加标点符号。附件名称较长需回行时，应当与上一行附件名称的首字对齐。

7.3.5 发文机关署名、成文日期和印章

7.3.5.1 加盖印章的公文

成文日期一般右空四字编排，印章用红色，不得出现空白印章。

单一机关行文时，一般在成文日期之上、以成文日期为准居中编排发文机关署名，印章端正、居中下压发文机关署名和成文日期，使发文机关署名和成文日期居印章中心偏下位置，印章顶端应当上距正文（或附件说明）一行之内。

联合行文时，一般将各发文机关署名按照发文机关顺序整齐排列在相应位置，并将印章一一对应、端正、居中下压发文机关署名，最后一个印章端正、居中下压发文机关署名和成文日期，印章之间排列整齐、互不相交或相切，每排印章两端不得超出版心，首排印章顶端应当上距正文（或附件说明）一行之内。

7.3.5.2 不加盖印章的公文

单一机关行文时，在正文（或附件说明）下空一行右空二字编排发文机关署名，在发文机关署名下一行编排成文日期，首字比发文机关署名首字右移二字，如成文日期长于发文机关署名，应当使成文日期右空二字编排，并相应增加发文机关署名右空字数。

联合行文时，应当先编排主办机关署名，其余发文机关署名依次向下编排。

7.3.5.3 加盖签发人签名章的公文

单一机关制发的公文加盖签发人签名章时，在正文（或附件说明）下空二行右空四字加盖签发人签名章，签名章左空二字标注签发人职务，以签名章为准上下居中排布。在签发人签名章下空一行右空四字编排成文日期。

联合行文时，应当先编排主办机关签发人职务、签名章，其余机关签发人职务、签名章依次向下编排，与主办机关签发人职务、签名章上下对齐；每行只编排一个机关的签发人职务、签名章；签发人职务应当标注全称。

签名章一般用红色。

7.3.5.4 成文日期中的数字

用阿拉伯数字将年、月、日标全，年份应标全称，月、日不编虚位（即 1 不编为 01）。

7.3.5.5 特殊情况说明

当公文排版后所剩空白处不能容下印章或签发人签名章、成文日期时，可以采取调整行距、字距的措施解决。

7.3.6 附注

如有附注，居左空二字加圆括号编排在成文日期下一行。

7.3.7 附件

附件应当另面编排，并在版记之前，与公文正文一起装订。“附件”二字及附件顺序号用 3 号黑体字顶格编排在版心左上角第一行。附件标题居中编排在版心第三行。附件顺序号和附件标题应当与附件说明的表述一致。附件格式要求同正文。

如附件与正文不能一起装订，应当在附件左上角第一行顶格编排公文的发文字号并在其后标注“附件”二字及附件顺序号。

7.4 版记

7.4.1 版记中的分隔线

版记中的分隔线与版心等宽，首条分隔线和末条分隔线用粗线（推荐高度为 0.35 mm），中间的分隔线用细线（推荐高度为 0.25 mm）。首条分隔线位于版记中第一个要素之上，末条分隔线与公文最后一面的版心下边缘重合。

7.4.2 抄送机关

如有抄送机关，一般用 4 号仿宋体字，在印发机关和印发日期之上一行、左右各空一字编排。“抄送”二字后加全角冒号和抄送机关名称，回行时与冒号后的首字对齐，最后一个抄送机关名称后标句号。

如需把主送机关移至版记，除将“抄送”二字改为“主送”外，编排方法同抄送机关。既有主送机关又有抄送机关时，应当将主送机关置于抄送机关之上一行，之间不加分隔线。

7.4.3 印发机关和印发日期

印发机关和印发日期一般用 4 号仿宋体字，编排在末条分隔线之上，印发机关左空一字，印发日期右空一字，用阿拉伯数字将年、月、日标全，年份应标全称，月、日不编虚位（即 1 不编为 01），后加“印发”二字。

版记中如有其他要素，应当将其与印发机关和印发日期用一条细分隔线隔开。

7.5 页码

一般用 4 号半角宋体阿拉伯数字，编排在公文版心下边缘之下，数字左右各放一条一字线；一字线上距版心下边缘 7 mm。单页码居右空一字，双页码居左空一字。公文的版记页前有空白页的，空白页和版记页均不编排页码。公文的附件与正文一起装订时，页码应当连续编排。

8 公文中的横排表格

A4 纸型的表格横排时，页码位置与公文其他页码保持一致，单页码表头在订口一边，双页码表头在切口一边。

9 公文中计量单位、标点符号和数字的用法

公文中计量单位的用法应当符合 GB 3100、GB 3101 和 GB 3102（所有部分），标点符号的用法应当符合 GB/T 15834，数字用法应当符合 GB/T 15835。

10 公文的特定格式

10.1 信函格式

发文机关标志使用发文机关全称或者规范化简称，居中排布，上边缘至上页边为 30 mm，推荐使用红色小标宋体字。联合行文时，使用主办机关标志。

发文机关标志下 4 mm 处印一条红色双线（上粗下细），距下页边 20 mm 处印一条红色双线（上细下粗），线长均为 170 mm，居中排布。

如需标注份号、密级和保密期限、紧急程度，应当顶格居版心左边缘编排在第一条红色双线下，按照份号、密级和保密期限、紧急程度的顺序自上而下分行排列，第一个要素与该线的距离为 3 号汉字高度的 7/8。

发文字号顶格居版心右边缘编排在第一条红色双线下，与该线的距离为 3 号汉字高度的 7/8。

标题居中编排，与其上最后一个要素相距二行。

第二条红色双线上一行如有文字，与该线的距离为 3 号汉字高度的 7/8。

首页不显示页码。

版记不加印发机关和印发日期、分隔线，位于公文最后一面版心内最下方。

10.2 命令（令）格式

发文机关标志由发文机关全称加“命令”或“令”字组成，居中排布，上边缘至版心上边缘为 20 mm，推荐使用红色小标宋体字。

发文机关标志下空二行居中编排令号，令号下空二行编排正文。

签发人职务、签名章和成文日期的编排见 7. 3. 5. 3。

10.3 纪要格式

纪要标志由“×××××纪要”组成，居中排布，上边缘至版心上边缘为 35 mm，推荐使用红色小标宋体字。

标注出席人员名单，一般用 3 号黑体字，在正文或附件说明。下空一行左空二字编排“出席”二字，后标全角冒号，冒号后用 3 号仿宋体字标注出席人单位、姓名，回行时与冒号后的首字对齐。

标注请假和列席人员名单，除依次另起一行并将“出席”二字改为“请假”或“列席”外，编排方法同出席人员名单。

纪要格式可以根据实际制定。

11 式样

A4 型公文用纸页边及版心尺寸见图 1；公文首页版式见图 2；联合行文公文首页版式 1 见图 3；联合行文公文首页版式 2 见图 4；公文末页版式 1 见图 5；公文末页版式 2 见图 6；联合行文公文末页版式 1 见图 7；联合行文公文末页版式 2 见图 8；附件说明页版式见图 9；带附件公文末页版式见图 10；信函格式首页版式见图 11；命令（令）格式首页版式见图 12。

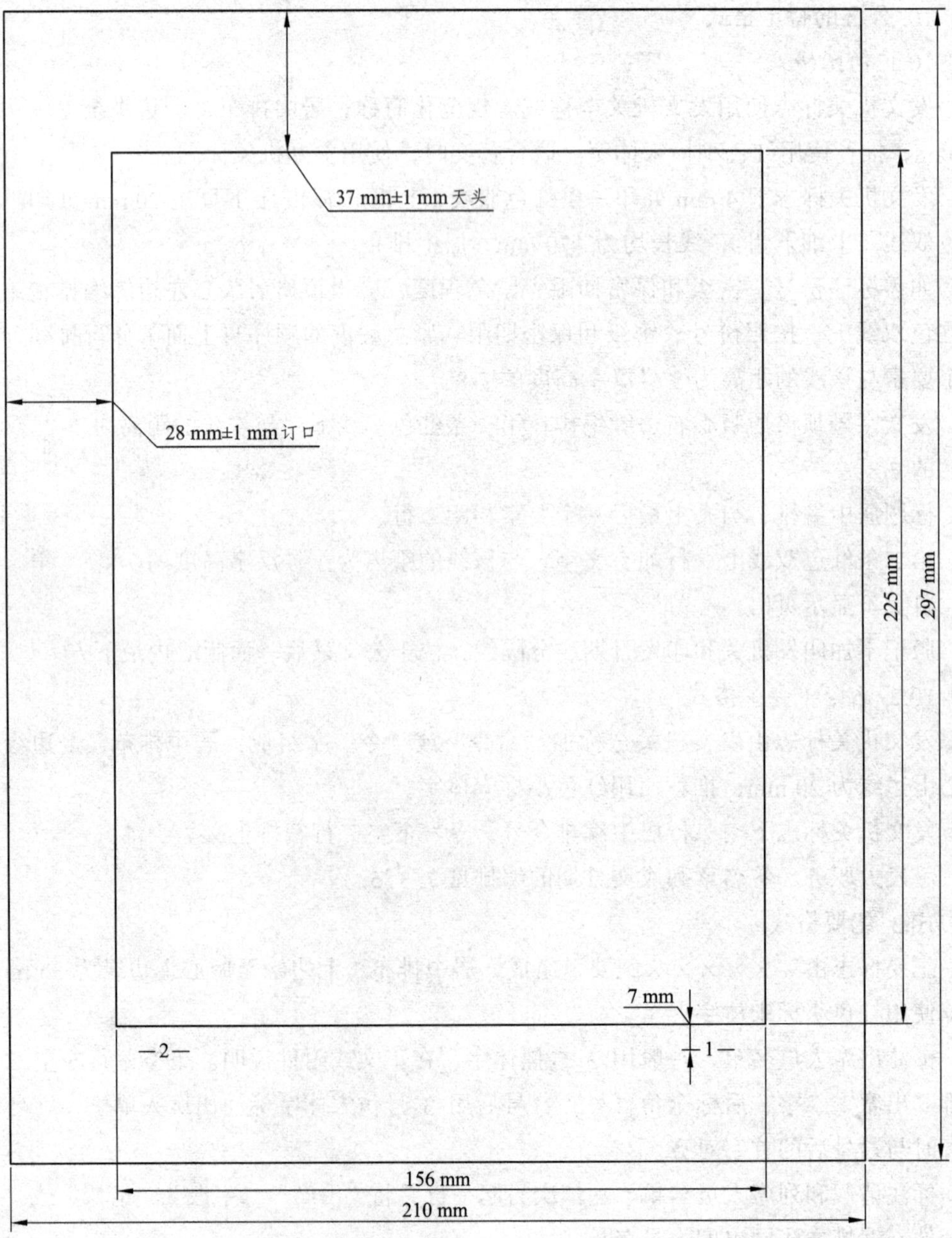

图 1　A4 型公文用纸页边及版心尺寸

000001

机密★1 年

特急

×××××文件

×××〔2012〕10 号

×××××关于××××××的通知

××××××××：

　　××。

　　×××××××××××××××××××××××××××××××××××××。

　　××××××××××××。

　　××

—1—

注：版心实线框仅为示意，在印制公文时并不印出。

图 2　公文首页版式

000001
机密★1 年
特急

×××××× × × × ×××××× 文件

×××〔2012〕10 号

××××××关于××××××××的通知

××××××××：

××××××××××××××××××××××××××。

×××。

×××××××××××××××××××××××××××

—1—

注：版心实线框仅为示意，在印制公文时并不印出。

图 3　联合行文公文首页版式 1

000001
机 密
特 急

××××××
× × ×
××××××

签发人：××× ×××
×××〔2012〕10 号 ×××

××××××关于×××××××的请示

××××××××：

××。

××××××××××××××××××××××××××

—1—

注：版心实线框仅为示意，在印制公文时并不印出。

图 4 联合行文公文首页版式 2

××××××××××××××××。

××。

××　××　部（印章）[1]

2012 年 7 月 1 日

（×××××）

抄送：×××××××××，××××××，×××××，×××××，×××××。

×××××××××××　2012年7月1日印发

—2—

注：版心实线框仅为示意，在印制公文时并不印出。

图 5　公文末页版式 1

① 原文为红色国徽印章，不宜采用单色印刷，故省略，下同。

××××××××××××××。

　　××××××××××××××××××××××××××××

××××××××××××××××××××××××××××

××××××××。

××××××××××

2012 年 7 月 1 日

（×××××）

抄送：××××××××，××××××，×××××，×××××，
　　×××××。

×××××××××　　2012年7月1日印发

—2—

注：版心实线框仅为示意，在印制公文时并不印出。

图 6　公文末页版式 2

××××××××××××××××。

××。

×× 部（印章）② ×× 部（印章）

2012 年 7 月 1 日

（×××××）

抄送：××××××××，××××××，×××××，×××××，×××××。

×××××××××× 2012年7月1日印发

—2—

注：版心实线框仅为示意，在印制公文时并不印出。

图 7 联合行文公文末页版式 1

② 原文为红色党徽印章，不宜采用单色印刷，故省略，下同。

××××××××××××××××。

　　××××××××××××××××××××××××××××

××××××××××××××××××××××××××××××

×××××××××××。

× × 部（印章）　× × 部（印章）　× × 部（印章）

× × 部（印章）　　　× × 部（印章）

2012 年 7 月 1 日

（×××××）

抄送：×××××××××，××××××，×××××，×××××，×××××。
××××××××××　　　　2012年7月1日印发

—2—

注：版心实线框仅为示意，在印制公文时并不印出。

图 8　联合行文公文末页版式 2

×××××××××××××××。

××××××××××××××××××××××××××
××××××××××××××××××××××××××××
××××××××××××。

附件：1. ××××××××××××××××××××××
×××××
2. ×××××××××××××

×××××××
× × × ×
2012 年 7 月 1 日

（×××××）

—2—

注：版心实线框仅为示意，在印制公文时并不印出。

图 9 附件说明页版式

附件 2

××××××××××××××

　　××××××××××××××××××××××××××
××××××××××××××××××××××××××××
×××。

　　××××××××××××××××××××××××××
××××××××××××××××××××××××××××
××××××××××××××××××××××××××××
××××××××××××××××××××××××××××
××××××××××××××××××××××××××××
×××××××××××××××。

抄送：××××××××，××××××，×××××，×××××，
×××××。

××××××××××　　2012年7月1日印发

—4—

注：版心实线框仅为示意，在印制公文时并不印出。

图 10　带附件公文末页版式

中华人民共和国×××××部

000001　　　　　　　　　　　　　　×××〔2012〕10 号

机　密

特　急

×××××关于××××××××的通知

×××××××××：

　　××××××××××××××××××××××××××

××××××××××××××××××××××××××××

××××××××××××××××××××××××××××

×××××××××××××××××××××××××。

　　××××××××××××××××××××××××××

××××××××××××××××××××××××××××

××××××××××××××××××××××××××××

×××××××××××××××××××××××××。

　　××××××××××××××××××××××××××

××××××××××××××××××××××××××××

××××××××××××××××××××××××××××

××××××××××××××××××××××××××××

××××××××××××××××××××××××××××

××××××××××××××××××××××××××××

×××××××××××××××××××××××××。

注：版心实线框仅为示意，在印制公文时并不印出。

图 11　信函格式首页版式

××××××令

第×××号

　　××××××××××××××××××××××××××
×××××××××××××××××××××××××××。
××××××××××××××××××××××××××××
×××××××××××××××××××××××××。

部　长　　×××

2012 年 7 月 1 日

—1—

注：版心实线框仅为示意，在印制公文时并不印出。

图 12　命令（令）格式首页版式

参考文献

[1] 徐中玉. 应用文写作（修订版）[M]. 北京：高等教育出版社，2008.

[2] 孙立湘. 实用写作与口才[M]. 2 版. 北京：机械工业出版社，2007.

[3] 吴慧媛. 经济应用文写作[M]. 成都：西南交通大学出版社，2012.

[4] 李振辉. 应用文写作实训教程[M]. 北京：机械工业出版社，2006.

[5] 杨少平. 现代应用文写作[M]. 杭州：浙江大学出版社，2005.

[6] 韩国海. 现代应用写作教程[M]. 杭州：浙江大学出版社，2002.

[7] 陈果夫. 实用写作教程[M]. 长沙：中南大学出版社，2002.

[8] 陈利加. 新编应用写作教程[M]. 广州：中山大学出版社，2004.

[9] 张微. 广告文案写作[M]. 武汉：武汉大学出版社，2002.

[10] 杨文丰. 高职应用写作[M]. 北京：高等教育出版社，2006.

[11] 张德实. 应用写作[M]. 北京：高等教育出版社，2003.

[12] 尹相如. 新编实用写作教程[M]. 北京：中国铁道出版社，2011.